市场营销管理小说系列丛书

丛书主编:郭震

本书的出版得到2015年度"河南省高等学校双语教学示范课程项目"的资助。

本书是2015年校级教学改革研究项目"基于'微课导学'模式《消费者行为学》微课程建设"、2014年校级本科教学工程"基于'一站式体验与实践'的《市场营销管理》课程教学范式改革研究项目"的阶段性研究成果。

以案说理

——《消费者行为学》自创小说及要义解析

《消费者行为学》实践课题组 著

经济管理出版社

图书在版编目（CIP）数据

以案说理——《消费者行为学》自创小说及要义解析/《消费者行为学》实践课题组著. —北京：经济管理出版社，2016.7
ISBN 978-7-5096-4393-8

Ⅰ.①以⋯　Ⅱ.①消⋯　Ⅲ.①消费者行为论—研究　Ⅳ.①F713.55

中国版本图书馆 CIP 数据核字（2016）第 102267 号

组稿编辑：杨　雪
责任编辑：丁慧敏
责任印制：司东翔
责任校对：超　凡

出版发行：经济管理出版社
　　　　　（北京市海淀区北蜂窝 8 号中雅大厦 A 座 11 层　100038）
网　　址：www.E-mp.com.cn
电　　话：（010）51915602
印　　刷：北京九州迅驰传媒文化有限公司
经　　销：新华书店
开　　本：720mm×1000mm/16
印　　张：13.5
字　　数：230 千字
版　　次：2016 年 7 月第 1 版　2016 年 7 月第 1 次印刷
书　　号：ISBN 978-7-5096-4393-8
定　　价：48.00 元

·版权所有　翻印必究·

凡购本社图书，如有印装错误，由本社读者服务部负责调换。
联系地址：北京阜外月坛北小街 2 号
电话：（010）68022974　　邮编：100836

《消费者行为学》实践课题组成员名单
（按编写章节顺序）

《希望的叶子》

贾子慧	顾瑞芳	罗　茂	王运良	史勇帅	宋文科	蒋海云	李　航
林冬琴	安允多	孙月华	罗焕嘉	史文睿	秦基敏	左士婷	王　中
吴懂懂	陈云莉	谢加民	张博翔	杨金城	刘景皓	陈瑜洁	韩胜楠
周嘉栋	郑　义	陈　涵	贾微岗	郭　昊	崔　兵	吴敦辉	李雨涵
李承昊	胡玉霞	李桃英	孙振国	潘秋宏	李媛璐	刘　晴	陈彦妃
姜妍开	叶嘉陶	辛垚锋	高　轩	张　顺	刘媛宁	步雨佳	尹东旭
贺振坤	康伟伟	李　松	肖杰安	赵　璇	许大虎	张　振	张志敏
王舒祺	郑佳鑫	韩雨倩	冀唯唯	张淑静	高宇歌	张　雪	刘铭旭
娄天宇	孔一媚	段　卉	周国宾	张文静	宋金慧	梁诗晗	李金续
王　凯	王天水	罗鑫杰	郭志鹏	罗宏扬	张飞飞	曹博宇	陈思涵
杜学丽	王珑慧	程万里	侯梦帆	马秀秀	郭丹妮	王一彬

《年少不知愁》

邓豪豪	刘振博	高 远	晏 鸿	楚克磊	宋俊鹏	顾质斌	吴柯锐
闫伟杰	杨潇潇	余乾龙	张萌萌	李睿颖	林亚利	刘红勤	史倩赟
任 培	米 雪	朱华华	林静静	武建强	刘新亚	刘 潜	陆宇姣
赵艳艳	韩诗奇	李焜琪	李坷垚	徐琳雅	王艳秋	谭炳新	丁小洁
杜婉婉	陈美齐	任 奇	郑元昌	刘建武	程 龙	李治科	邵铱铭
夏 森	徐智洲	王顺启	邓怀山	张 越	曹慧敏	张雪亚	杨纪超
杨里瑶	张记奎	靳淑华	张 鹤	杨子莹	巴倩倩	裴诗雨	谭孟孟
王春雨	王 琳	王匆匆	郝梦洋	张 伦	姚秀卿	杨 浩	张 弛
王瑞邦	王慧歌	贾清辉	程军帅	韩 阳	黄凯乐	沈伟男	王东生
宝朝坤	陈 宇	张广智	张慧泽	霍婉婷	胡栋灿	李 悦	李 卓
何羲雯	高睿晨	魏文婧	王 琼	钟 燕	李若晴	蒋文雅	胡家炜
杜 浩	崔 凯	孟 涛	陶述亮				

◎《希望的叶子》班级 1

◎《希望的叶子》班级 2

◎《年少不知愁》班级1

◎《年少不知愁》班级2

序
Preface

河南财经政法大学工商管理学院 1993 年在河南省（也是全国）率先开设市场营销本科专业，经历了十余年的探索，《消费者行为学》已经成为市场营销专业学生的必修课，而且受到相关专业学生的重视和欢迎，但是仍然存在一些值得我们思考的问题：

第一，学科性质让学生很难在学习中感受到自我探索、解决困难的愉悦。

第二，市场营销专业的课程特点是实践性强，应用性广，每一个案例、每一个章节都是丰富实践的具体提炼。目前教学设计侧重于案例式教学、情景模拟式教学、竞赛式教学，趣味性较强，参与度较高；但教学过程的沉浸性和临场感较弱，知识学习还是过于书面化。市场营销专业的毕业生往往"纸上谈兵"，在就业市场上很难和企业要求的实践型营销人才对接。

第三，市场营销专业课程集中安排在同一学期，如《整合营销沟通》、《消费者行为学》、《市场调查与预测》、《推销学》、《服务营销》，学生往往各自作战，不会融会贯通，因此，需要一门课程能带给学生一步到位的实践应用。

2015 年，我院优秀青年骨干教师郭震博士组织本校的市场营销专业学生在全国率先开展了消费者行为学体验与实践的小说写作，即在一个学期的 60 个课时里，通过设计、参与、评估一个完整的营销活动实践，让学生一次性感知、经历、应用、创造、反馈不同的课程内容，使学生在亲历的过程中理解并构建知识，发展能力、产生情感、形成思考的教学形式。其设计实施路径见图 0-1。"一站式体验与实践"的《消费者行为学》课程小说写作不仅弥补了现有教学研究的不足，而且是教学方式的重大改革。研究探讨和回答了如何在教学时间、教学资源有限的情况下，通过采用"课堂教学向课外实践延伸"的方式，将一门课程与另外几门相关课程形成一个完整的、相互联系的知识链并得以应用的过程。其意义在于：

首先，《消费者行为学》小说写作让学生们成为学习和实践过程的设计者、组织者、参与者、引导者、创造者、评价者，学生不仅学会吸收和应用，而且学会质疑、归纳、演绎和创新。"功夫在诗外"的过程会带给学生愉悦感和成就感。

其次，《消费者行为学》课程采用"一站式体验与实践"的教学模式，非常注重学生的沟通能力、分析能力和动手能力，既不等同于完全的课堂学习，也不等同于单纯的企业实习。这种模式既考虑了学生直接经验的获得与间接经验的再现，鼓励学生在实践的过程中对教学内容进行自我解读，也考虑了学生的主体性和社会适应性，是实现市场营销应用型人才培养目标的有效途径之一。

最后，基于"一站式体验与实践"的《消费者行为学》小说写作的教学改革，丰富了国内教学模型研究，拓展了学生分析及解决问题的视野。在教授一门课程的同时，也考虑了相关课程的应用问题，为在信息社会、竞争时代的社会背景下深入推进教学改革提供新的分析范式。研究结果和实践经验为科学地设计和实施教学改革提供了参考建议、体现了实践价值。

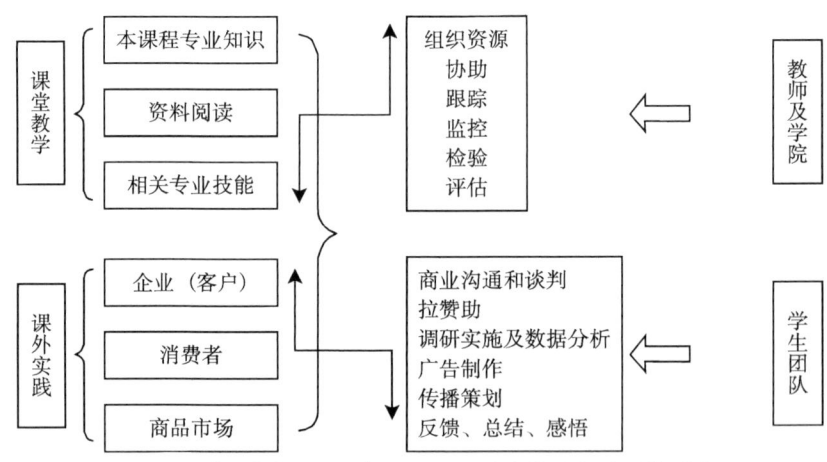

图 0-1 《消费者行为学》课程"一站式体验与实践"路径

郭震博士开展的小说写作教学范式改革，其探索精神是难能可贵的。当然，由于是探索，难免有不成熟之处，还望各界同仁不吝赐教。让我们不断努力，为提高市场营销专业人才培养质量做出更大的贡献。

河南财经政法大学工商管理学院院长　**牛全保**
2016 年 4 月

目 录
Contents

第一部分　《消费者行为学》自创小说解析 / 001

第一章　消费者行为与消费者行为学 / 003
自创小说 1 号：希望的叶子　章节 1 / 004

第二章　消费者的感觉与知觉 / 014
自创小说 1 号：希望的叶子　章节 2 / 015

第三章　消费者需要与动机 / 024
自创小说 1 号：希望的叶子　章节 3 / 026

第四章　学习与购买行为 / 039
自创小说 1 号：希望的叶子　章节 4 / 040

第五章　消费者的记忆与遗忘 / 048
自创小说 1 号：希望的叶子　章节 5 / 049

第六章　消费者行为研究方法 / 057
自创小说 1 号：希望的叶子　章节 6 / 058

第七章　消费者态度的形成、测量与改变 / 067
自创小说 1 号：希望的叶子　章节 7 / 068

第八章　消费者购买决策过程 / 077
自创小说 1 号：希望的叶子　章节 8 / 078

第九章　社会群体与消费者购买行为 / 085
自创小说 1 号：希望的叶子　章节 9 / 086

第十章　消费者行为与 4P 策略 / 095

　　自创小说 1 号：希望的叶子　章节 10 / 096

第十一章　文化与消费者行为 / 107

　　自创小说 1 号：希望的叶子　章节 11 / 108

第十二章　社会阶层与消费者购买行为 / 114

　　自创小说 1 号：希望的叶子　章节 12 / 116

第十三章　家庭与消费者购买行为 / 121

　　自创小说 1 号：希望的叶子　章节 13 / 122

第十四章　消费行为变化及趋势 / 127

　　自创小说 1 号：希望的叶子　章节 14 / 128

第二部分　《消费者行为学》自创小说欣赏 / 133

　　自创小说 2 号：年少不知愁　章节 1：时光如刀剑 / 135

　　自创小说 2 号：年少不知愁　章节 2：心悟 / 139

　　自创小说 2 号：年少不知愁　章节 3：共赴梦想 / 143

　　自创小说 2 号：年少不知愁　章节 4：新的征途 / 150

　　自创小说 2 号：年少不知愁　章节 5：人在旅途 / 154

　　自创小说 2 号：年少不知愁　章节 6：踌躇满志 / 160

　　自创小说 2 号：年少不知愁　章节 7：开门红 / 167

　　自创小说 2 号：年少不知愁　章节 8：遇见惊喜 / 173

　　自创小说 2 号：年少不知愁　章节 9：万事俱备 / 183

　　自创小说 2 号：年少不知愁　章节 10：迈进社会 / 188

　　自创小说 2 号：年少不知愁　章节 11：竞争 or 合作 / 194

　　自创小说 2 号：年少不知愁　章节 12：大结局 / 200

后　记 / 204

| 第一部分 |

《消费者行为学》
自创小说解析

第一章
消费者行为与消费者行为学

[名词术语]

消费者。狭义的消费者是指为了生活需要而购买与使用各种消费品或服务的个人或家庭。广义的消费者是指为生活或生产需要购买并使用各种产品与服务的个人或组织。消费者行为学主要从狭义的消费者角度进行研究。

消费者心理。是消费者在社会总体消费环境的影响下，调节、控制自身消费行为的心理现象。

消费者行为。美国市场营销学会（AMA）把消费者行为定义为"感知、认知、行为以及环境因素的动态互动过程，是人类履行生活中的交易职能的行为基础"。

[理论建设]

霍金斯的消费者心理与行为模式

霍金斯的消费者心理与行为模式（见图1-1）认为，消费者在内外因素影响下形成自我概念（形象）和生活方式，然后消费者的自我概念和生活方式导致一致的需要与欲望产生，这些需要与欲望大部分要求以消费行为（获得产品）的满足与体验来体现，同时也会影响今后的消费心理与行为，特别是对自我概念和生活方式的调节作用。

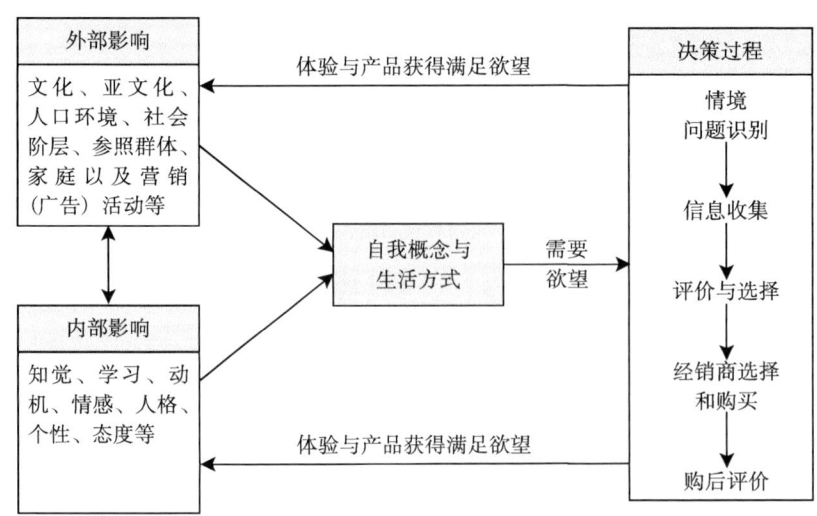

图1-1 霍金斯的消费者心理与行为模式

[教学思考]

上课的第一周，同学们对专业方面的知识还不熟悉，从校园生活切入是他们集体的想法。在开篇阶段，教师主要以激励为主，在专业分析上不对学生多做要求，由于第一周专业内容大多是概述性的知识，因此，学生做一个好的开场即可。在以后的写作中，营销专业术语、消费者行为、心理分析、社会分析更容易入手。本章节的应用小说写作的理论观点在于：一个人的生活方式是由有意识的和无意识的各种决策或选择所决定的。通常，人们能够意识到我们做出的选择对自己的生活方式所产生的影响，而不太可能意识到我们现在和欲求的生活方式，也会对自己的消费决策产生影响。

由于刚刚接触专业术语，学生们还不能完全把专业的术语、案例、分析融入小说，但已经可以将"生活中的营销"写入小说，如何察言观色揣摩消费者心思、如何给人以深刻的自我推销，将在这一章节完全体现。

自创小说1号：希望的叶子　章节1

当时间冲淡了岁月的痕迹，心灵的枷锁也已摒除时，少年时代的记忆总是不经意间冒出来，像是记忆中挥不去的尘土……

"哥哥,树的叶子都是被风吹落的吗?"

"树叶不全是被风吹落的,有些树叶,即使不刮风,也会自动脱落的。"

"为什么呢?"

"因为这些树叶自己放弃了,世上最无可救药的,就是自己放弃了自己,但有些树叶,就是刮再大的风,也不会脱落。因为它们没有放弃生命的希望,它们有自己的目标和方向。是希望,增强了它们与苦难命运抗争的勇气,让它们始终不放弃生存的念头,没有听从命运的摆布。"

男孩走时,阮小跳还是哭了,她知道哥哥在上海,自己好好学习,将来要考到上海的学校。再后来,阮小跳一路跌跌撞撞地考到上海的学校,但无论是黄浦江西岸一幢幢透出浓浓异国风情的西洋建筑,还是淮海路与南京路上来来往往的肤色各异的人群,再也看不到那个哥哥的身影了。

阮小跳很快就大学毕业了,有人说社会是一个学校,大学毕业不过是从一个学校到另外一个学校,人没有办法不活到老学到老。阮小跳曾经无数次想象自己在这座城市生活和工作的样子,每次想起仿佛都有一股浩然正气在心中激荡,鼓舞和推动着她努力学习,她知道,像她这样来自仁铜这种小地方的女生,只有不断努力,才能实现自己的那些愿望①。她充满期待地来到这里,却没有感受到钱多多那般兴奋的快乐。这个城市的繁荣让她压抑,让她感到深深的自卑,她的眼神总是怯怯地躲闪着人群②。

好在有钱多多的陪伴。钱多多是阮小跳大学玩得最好的同学,也是毕业后同甘共苦的室友。钱多多乐观开朗,可爱又细心,人缘很好。阮小跳羡慕钱多多没心没肺洒脱自在的样子,到哪里都没有负担,到哪里都快乐,自己却总是很敏感很拘谨地想很多。她想,如果没有钱多多的陪伴与支撑,她一

① 开篇同学们选择走向社会的场景,这是一个挑战,整个小说充满未知,主人公在内外因素的影响下先形成自我概念或自我形象,其后自我概念又将通过生活方式反映出来。自我概念是个体关于自身的所有想法和情感的综合体。

② 消费者行为是消费者在购买、使用及消耗各种商品或服务的具体反映方式和表现方式。消费者行为是消费者心理的外部表现,受消费者心理的支配;同时,人们可以根据消费者所表现出来的行为来推测消费者的心理活动。

定会六神无主，不知道怎么应对即将来到的明天以及这个繁华都市带给她的压抑沉重。此时的钱多多正兴奋地迎着黄浦江面吹来的微风张开双臂旋转呐喊：上海，We are here！阮小跳转过身，在黄浦江边望着闪耀了整个世界的霓虹灯，在心里默默地发誓：当一个人开始认真，就有百分的力量，我一定要让这座城市接纳我！

"咚咚咚——"

"有人敲门？"钱多多望向阮小跳，阮小跳从憧憬中回过神来，"我去吧！"

来的是一个陌生女人，四四方方的金属眼镜架在鼻梁上，长发中分并不能修饰她那张国字脸的坚硬棱角，阮小跳有点慌怯地说："您好，您找哪位？"陌生女人并没有回应她的话，只是面无表情地上下扫了她一眼，再向屋里扫视一遍，看到正在粉刷墙的钱多多，说了句："你们就是新搬来的吧？两位？"①

阮小跳正疑惑着陌生女人的问题，钱多多则看了女人一眼，反问道："怎么了？"

"你们房租就交了一个人的还只是一个月的是吗？"那女人瘪着嘴，一脸不满的样子，眼神像审问犯人。

阮小跳慌忙想解释，还没等她开口，那女人就不客气了："每个卧室只睡一个人，两个人睡一个房间算怎么回事？我们这里住的人每个人都是一人交一份租啊，你们住的是合租房，里边的卧室一人一个，就得人人交租，房租最少得交三个月，明白吗?！"

钱多多不知道什么时候挡到了阮小跳面前："哦，姐姐，您好漂亮呀，您这皮肤，一看就是天生的，哪像我们，天天找工作，日日被太阳晒。您看，我们刚毕业，也不容易，您通融一下行吗？我们刚毕业还没有工作，找到工作拿了工资我们一定交两

---

① 细致的人物描写，从人物表情观察心理，是每一个营销专业学生应具备的基本功。人是一种社会性动物，其需求和购买行为通常受社会文化和亚文化的影响，并遵从所处的相关群体、社会阶层和家庭等特定的行为规范。这些社会因素往往直接形成和改变人们的价值观、审美观和生活方式，进而在很大程度上决定个体的行为。

份租，要是我们有那钱也不会两人睡一起"，钱多多撅起小嘴连带着那委屈的小姿势，"please, please！①"

陌生女人显然非常受用，僵硬的嘴角释放出一丝淡淡的笑："给你们一个月的时间，下个月你们俩得搬出来一个人，到另外一个卧室，一人交一份租……"

"好的，一定，一定，我的好姐姐，"钱多多一点儿也不给她发泄的机会，"姐姐，我觉得您今天特漂亮，您教教我化妆吧。"

陌生女人嘴角微动了一下，说："这小妹妹倒是嘴甜，但是下个月不交两份租，我可是要撵人的。"说完她瞥了阮小跳一眼，转身离开。

钱多多关上门，她俩互相对视一眼，大笑拥抱跳跃。

"咚咚咚——"

又是谁来了？钱多多疑惑地看着阮小跳，阮小跳对着钱多多耸了耸肩，转身又开了门。

"哎，房租最少得交三个月，刚我说了吧？你看你们现在是不是得补上？"又是那个女房东。

钱多多迎上去："姐姐，您今天真的特漂亮，钱就别收了吧？"还是一样委屈的小姿势，委屈的小表情。她拽着女房东的衣角："求求您！下次吧，下次我们一定交，来，抱一个！"说着就一把抱住女房东，拍了拍她的背说："谢谢姐，谢谢姐姐。"②

女房东笑了出来："你们先去找工作吧，不工作没钱交房租，我还是照样撵，拍马屁也没用的！"③

"必须的，姐，您老教育的是，我俩明天就去找工作。"钱多多说。

女房东笑着走了，阮小跳和钱多多关上了门。

阮小跳笑了笑说："你这拍马屁的功夫真了不得啊！"

钱多多抬起头，显摆了一下她光洁的额头：

① 说话的艺术，属于广义的市场营销范畴。"劝说"也是一种市场营销哲学。

② 动作描述，学生们从行为学和消费心理学的角度理解消费者。消费者行为是复杂多样的。其复杂多样性不仅表现在不同的消费者在需求、偏好以及选择产品的方式等方面各有侧重、互不相同，而且同一消费者在不同时期、不同情景、不同产品的选择行为上也有差异性。

③ 人的心理活动是人脑对外部刺激的反映，是人脑所具有的特殊功能和复杂的活动方式。人的行为是由一系列反应和活动所构成的。任何行为的产生都不是无缘无故的，在很大程度上是内部心理活动的外部表现。人的行为的复杂性是由心理活动的复杂性引起的。

"任她再伶牙俐齿也敌不过我的糖衣炮弹，放心吧，今后我罩着你啊！"阮小跳脑子里忽然又冒出那个熟悉的声音：旅行的意义不在于目的地，而在于途中的风景，正所谓醉翁之意不在酒，在乎山水之间也，我说话的目的不在于让对方接受，而在于辩。阮小跳无奈地叹气，哦！简黎声，我怎么又想起你了，你还会想起我这片希望的叶子吗……

"多多，多多？我们该起床了！7点多了，赶快起来，我们该去找工作了。"

钱多多微微动了动睫毛，接着又没有了动静。不一会儿，终于勉强睁开了眼，刺眼的阳光，让她很不习惯，下意识地又闭上眼，然后再慢慢尝试地睁开，嘴巴很勉强地张开。

"啊，这才7点啊，好了好了，起起起。"

两人洗漱完毕，换上了租的正装，穿上同样的白色衬衣，黑色的一步裙。阮小跳看着有些清纯，有些生涩。钱多多看着莫名的成熟，多了一点诱人。就这样满怀忐忑地出门了。

她们要应聘的是上海的A公司。虽然是做口香糖的，但不容小觑，是行业的龙头企业。

"哎呀，别挤啊，我的鞋，谁踩我脚了？谁呀？"钱多多喊道。

"多多，算了，别人也不是故意的，我们也该下地铁了。"阮小跳小声说道。

刚出地铁口，刺眼的阳光让两人觉得有些烦躁。"哎呀，我不想走了，好热。"才走了一会儿，钱多多就说道。阮小跳心里有些怨气，心里想着这才走多远，便加快了脚步。刚走到一个路口，忽然一辆白色宝马车迎面驶来，阮小跳顿时傻眼了，站在路中央，钱多多看见了，大喊："小心！"

吱——（刹车声），白色宝马车一脚急刹车停在了阮小跳身边，车主慌忙跳出来说："对不起，对不起，撞到你没有？有没有事？"阮小跳两眼放空，一句话没说，出了一身冷汗。钱多多急忙跑过来："你没事吧，小跳？"摇了摇阮小跳，她才醒过神来。"额，没事，没撞着我。"钱多多本来想责备车主，但一瞥见他竟怔住了，只见他光洁白皙的脸庞，透着棱角分明的冷峻；乌黑深邃的眼眸，泛着迷人的色泽；那浓密的眉，高挺的鼻，绝美的唇形，无一不张扬着高贵与优雅。①车主说："要不要我送你去

> ① 细致人物描写为后面的职业、社会阶层、参照群体提供依据。消费者个体、消费者群体的消费行为会随着社会经济环境的变化而不断地改变和发展，尤其是当代社会经济高速发展，消费者行为也随之发生较大变化。

医院检查一下？"阮小跳想既然自己没有受伤，又赶时间，就说不用了。

面试考场里面坐着两个人。一个是人力资源总监史帅，身材彪悍，强壮高大，一看就是饱经风霜，有很丰富的社会阅历；另一个是企业总经理罗奇瑞，40多岁的样子，留着寸头，虽然身形小一点，但看着比较精干。其实还有一个人在幕后，A公司上海分公司地区总裁宋恩明，他在幕后总揽全局，默默地关注着这次面试。

钱多多面带笑容地走了进去，向两位面试的领导鞠躬致意。

"我叫钱多多，今年22岁，毕业于上海天宏大学市场营销专业，我想要应聘的是市场公关专员岗位，我性格活泼开朗，心态很好，大胆细心，乐于助人，在学校别人都叫我'便利贴'，就是哪里有需要，我就去哪里。我有一颗积极向上的心，如果公司录用了我，我一定发挥我的潜力，为公司创造利益和价值。"

总经理罗奇瑞用犀利的眼光看了一下钱多多，钱多多却迎着他面带微笑，钱多多心里很满意自己①，不论这样的开场白是否成功，但无疑引起了"一把手"的注意。

"从你的语言和行为举止看得出来你缺乏工作经验，但你看起来思维比较活跃，说话也比较顺畅，形象也大方得体，这正是一名公关人员应有的职业素质。"钱多多心想姜还是老的辣啊，一眼就能看出来，不愧是企业总经理。"好了，我们言归正传，"罗奇瑞说道："我问你一个问题，假如你是一名市场公关部门的负责人，我们企业请的明星代言人由于其自身问题，在我们公司录制广告时突然被警方带走，我们公司要求有关媒体不要报道这件事。而你作为这方面的负责人认为应该怎么办？"罗奇瑞想考一下

① 给人深刻的第一印象就是营销。在市场营销中，要先引起对方注意，才可能让对方记忆和理解。这个内容属于刺激性营销策略，也称激活营销。

钱多多的应变能力，所以给她出了个有误导性的问题。因为在这种情况下要求媒体不要报道这件事是不可能了，纸是包不住火的，如果钱多多认为应该马上以公司名义要求媒体不要报道这件事，并否认请过该明星代言的话，那她就中奖了，很遗憾她就会被淘汰。①出人意料的是，钱多多满怀信心面带微笑地答道："假如我是负责人，对于这件事情来说，不被媒体报道是不可能的，我们应该积极配合警方调查，如果该明星犯罪事实属实，应马上与该明星解除合同，同时向社会表示深深的歉意，并另请代言人。例如请一些做过公益大使的形象积极正面的明星……"②

钱多多谦卑地谢过几位领导，一路上一直隐忍着被录取的幸福，直到见到忐忑不安的阮小跳。钱多多悄悄地告诉阮小跳自己的成绩时，也不忘安慰道："别怕。放松心情，相信自己，一定能成功的，我在这等着你……么么哒。"

第二位面试者叫韦小少，高大英俊，清澈明亮的瞳孔，弯弯的柳眉，长长的睫毛微微地颤动着，白皙无瑕的皮肤透出淡淡红粉，薄薄的双唇如玫瑰花瓣娇嫩欲滴。脸如雕刻般五官分明，有棱有角的脸俊美异常。外表看起来好像放荡不羁，但眼里不经意流露出的精光让人不敢小看。刚进入面试室，韦小少就介绍自己道："大家好，我叫韦小少，今年25岁，毕业于北京会恩大学，工商管理专业。我性格开朗，擅长社交。我创办了一个名叫海归俱乐部的协会，里面聚集了从海外归来的社会精英，在我的召集下，我们会定期举办一些活动，我认为21世纪最重要的不是人才，而是人脉。我为人活泼开朗，有强大的社交能力，跟什么人都能打成一片。我认为我能够当总裁助理。"③罗奇瑞平时最讨厌这种反客为主的人，这公子哥一进来，就想应聘总裁助理，

① 消费者行为不限于个人的行动，可能是众多参与者的行为。消费者行为过程可能持续几小时、几天、几周、几年甚至更长。

② 公关危机的解决。消费者行为也并非完全不可捉摸。它虽然具有多样性，但在这些千差万别的行为背后，存在着一些共同的特征。原因在于任何消费者行为都受人类的需要支配，而人类的需要可以从生理、心理、社会等方面找到终极的源头。因此，通过细致的调研，消费者行为是可以被理解和把握的。消费者行为学就是要研究消费者行为中具有共性的知识。

③ "扬长避短"是市场竞争的重要原则之一，这就要求企业准确掌握竞争者的优势与劣势。个人竞争时可以应用此策略。

总裁助理可是公司高层啊，不是你想做就能做的，得先给韦小少当头一棒……

阮小跳看着第二位面带苦涩的表情走出来，心怀忐忑的她想到了简黎声曾经跟她说过的话：世上最无可救药的，就是自己放弃了自己，但有些树叶，就是刮再大的风，也不会脱落，因为它们没有放弃生命的希望，它们有自己的目标和方向。加油吧！

阮小跳刚走进面试室，坐在幕后的宋恩明立刻就认出了她，他随即走了出来，和另外两个面试官坐在了一块儿。

"请问你叫什么名字？"他满含笑意的眼睛里充满鼓励。

阮小跳惊呆了，张着嘴，半天说不出话来，过了好一会儿，才稍微镇定下来介绍自己。虽然还没有询问专业问题，宋恩明心中已经有所打算了。微笑地问道："人力资源包含几个模块？你是什么性格？你的优点和缺点都是什么？你有什么职业发展规划？"阮小跳虽然不是外向奔放的人，但这点专业知识还难不倒她，她顿了顿嘴角，回答了与人力资源专业相关的问题："我具备相关的专业知识，优点是为人比较善良，比较认真负责，热爱学习新知识，服从领导的安排。缺点是有时候不会主动与人沟通，做事时有点钻牛角尖，不完成不罢休。我愿意从基层一步步做起，结合公司的发展计划和我自身的条件，为公司创造利益的同时也能实现自己的人生价值……"①

今天真是太完美了，没想到这么幸运就找到了这么好的工作，对了，还有那位宋总裁，他会不会是因为车祸的事情而给予我这个机会，才让我通过得这么顺利呢？想到这里，阮小跳苦笑了一下。钱多多正在等她，看到阮小跳不慌不忙出来的身影，钱多多就猜到了，应该是阮小跳也被录用了。忽然

① 后面的话突出了可帮助企业选择适当的行动并实现每一次行动的预期目标。

间心里有点淡淡的失落，但面对好友，钱多多又有点愧疚，不知什么时候开始有这种情绪。

"我们都找到工作了，我们都有着落了，毕竟是个大事啊，我们是不是要庆祝一下啊？"钱多多问道。

"确实我们也该庆祝一下了，毕竟压抑那么久了。"

两个女孩也许是为这么幸运的一天太高兴了，尽管身上没几个钱，但还是走进了一家西餐厅，要了一瓶红酒和一些牛排①。阮小跳酒后自然话多了许多："多多，从上大学开始，自从遇见了你，我的人生就多了一份希冀。因为有你，我感觉我生活得更加快乐，无论有什么困难，都能在你的陪伴下，从容地去面对。多多，因为有你，我真的很幸福，这辈子让我们永远也不分开，好不好？"阮小跳心窝里都被这种天长地久的友谊涨得满满的，眼角不禁湿润了。

"小跳，自从遇到了你，我的感觉也是一样，人生从此不同了。虽然偶尔有痛苦，但更多的还是欢乐和喜悦，不管怎么样，我们永远在一起，时刻保持联系，做一辈子的好闺蜜。"钱多多也被这种浓浓的友谊感染了，但她没有想让这个话题继续下去，夹了块牛排到阮小跳的盘里，问道："面试都问了你什么问题？你是怎么回答的？"

阮小跳抿了一口红酒："我们不谈这个了，我告诉你一个消息，你肯定会觉得很神奇，我面试的时候遇到那个今天差点撞到我的人，没想到他是 A 公司的总裁，刚开始，真的吓了我一跳！"

"我懂了，不会是这个总裁看上你了吧？"

"别胡说了，我就是一个小小的职员，你想象力也太丰富了。"

"干杯！良好的开端是成功的一半，今天我们有

---

① 无论是家庭还是个体消费者，均呈现出各自独特的生活方式。一个人的生活方式是由意识到的和没有意识到的各种决策或选择所决定的。

工作了，明天会有面包的，豪宅会有的，名车会有的，帅哥会有的，什么都会有的……"钱多多忽然有了力拔山兮气盖世的豪情，迎接她们的将会是新的开始和未知的明天……①

[**实践活动**]

1. 以某一产品为例，通过访谈或设计调查问卷，分析当代大学生的消费心理和行为。

2. 从有关出版物上寻找某一产品或服务经营失败的例子，并思考该产品或服务的失败与企业对消费者缺乏了解或了解不够是否有关。

① 人们能够意识到我们做出的选择对自己的生活方式所产生的影响，而不太可能意识到我们现在和欲求的生活方式也会对我们的消费决策产生影响。

第二章
消费者的感觉与知觉

[名词术语]

感觉。是一种最简单的心理现象，是人脑对于直接作用于感觉器官的个别属性的反映。

刺激物。也就是直接作用于人体，能够引起人们感官活动的客观事物。刺激物对人施加的影响叫做刺激。刺激物作用于人并不一定都能引起感觉，只有达到一定强度时人才能感觉出来，其他的具有一定能量但是强度不够，不能够引起感觉的刺激被称为阈下刺激。

感觉器官。它们是能够将客观刺激物转变为主观映象的生理装置，人们通过各种不同的感觉器官来获取外界或自身的各种刺激信息。

感觉阈限。就是指持续一定的时间，能够引起感觉的刺激量。还可以用绝对感觉阈限来表示刚刚能够引起感觉的最小刺激量，低于这个值，人就感觉不到刺激的存在。

知觉。就是人脑对直接作用于感觉器官的客观事物的整体属性的反映。

[理论建设]

消费者的知觉过程

消费者购买决策过程中的信息处理就是刺激物被感知，被转化成信息并存储的一系列的活动，图2-1清楚地表示了这个过程。在这个过程中，展露、注意、理解、记忆四个阶段构成了消费者决策过程中的信息处理模型。其中，展露、注意、理解这三个阶段构成了消费者的知觉过程。

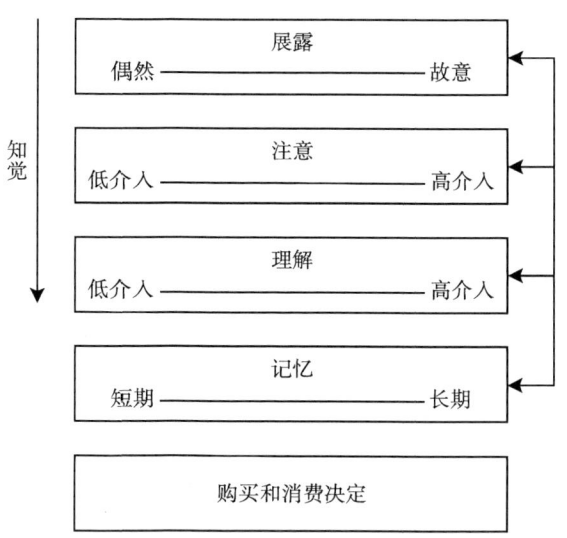

图 2-1　消费者决策过程中的信息处理模型

[教学思考]

这一章节学生们开始尝试着将营销案例、消费者行为写到小说里面。

第一，本小说涉及的是口香糖行业，对目标消费者进行了准确分析。消费者对产品的认知、感觉在小说中体现。

第二，小说中谈及了市场营销中的"促销"概念，在促销环节强调了人员推销的专业素质和心理状态，为以后推销演习提供了很好的素材。

第三，推销中，需要推销人员与消费者的双向沟通，也需要及时反馈消费者意见和反应，这些都在本章中得以体现。

自创小说1号：希望的叶子　章节2

新生活很快开始了，不出意料，钱多多和阮小跳都接到了A公司的录用通知。上班第一天，两人怀着喜悦和一丝忐忑站在公司大楼前，仰望着这栋高耸的建筑，阮小跳先开口："像做梦一样。"钱多多用力握了握阮小跳的手，意气风发地说："新生活，加油！"随后两人分别到自己的岗位报到，平淡无奇的一天很快过去。下班后阮小跳在大堂等钱多多，十多分钟后钱多多和另一个打扮成熟的同事一起下楼,两人边笑边向阮小跳走过来,那位女同事看起来30多岁,一头大波浪长卷发,合身的玫红色裙装,脚蹬一双7厘米的黑色细高跟,笑容成熟妩媚。不过在阮小跳眼里,却怎么也喜欢不起来,甚至有点反感①。来不及多想,钱多多挽着那位女同事走到阮小跳跟前,高兴地介绍两人认识:"美兰姐,这是阮小跳,我最好的朋友。小跳,这是我们的部门总监,美兰姐,她可是我们公司的大美人哦。"阮小跳笑意盈盈地和这位美人握了手,稍微客套了几句,美人便借口回家做饭,走了。

第二天下班的时候依旧是阮小跳等钱多多和那位美人一起下楼,美人前脚刚走,大雨就下了起来。钱多多只好拉着阮小跳回公司的大楼里避雨。雨一直下,<u>丝毫没有停下来的意思</u>,两人无语地抬头发呆,心想什么时候才是个头。突然背后传来一个低沉而又清朗的声音:"没带伞吗?"钱多多和阮小跳同时转过身,这不是宋恩明吗?只见他一手提着公文包,一手握着车钥匙,一副刚下班准备回家的样子,钱多多先反应过来,阮小跳也略微一点头②。宋恩明看了一眼阮小跳打湿的发梢,对钱多多说:"我下班准备回家,送你们一程。""太麻烦您了,我们等会儿自己回去。"钱多多看了看阮小跳说。宋恩明有点儿不耐烦:"没事,举手之劳,你们也是公司的同事。同事之间相互帮忙是应该的,跟我走吧。"钱多多见他这么说,也没好再说,拉着阮小跳上了车。不多久就到了她们的楼下。钱多多和阮小跳道了谢,拉开车门准备下车。宋恩明突然来了一句:"回去洗个热水澡,泡点姜糖水喝。别感冒!"钱多多回头道谢,却看见宋恩明这句话分明是对阮小跳说的。不过她还是不失笑意地转身上楼。

钱多多一边关门,一边对阮小跳说:"看来我们

① 刺激物出现在消费者的面前或者是他们的感觉神经能够接受的范围内。刺激物在消费者面前展露的条件仅仅是需要这些刺激物放置在与消费者个人相关的环境之中。展露的发生并不意味着个体一定会接受刺激物的信息。

② 首因效应又称第一印象,指的是在第一次与某人或组织进行接触后,由于所留印象极为深刻而形成的一种难以改变的心理定势。

总裁对你有意思啊。"阮小跳不明所以，但还是害羞地说了一句："你别乱说！"钱多多还想逗她几句，但是话到嘴边又咽了下去，心里多少是有点嫉妒的。或许是两个人太像，都是怀着梦想拥着青春的年纪，一起走过花样年华，或许越好的朋友越会妒忌①。日子不会因为生活中的一些小插曲就此停下，她们的故事仍然在继续。

时间就像夏日里的微风，静悄悄地飘走。转眼间两个人已经在公司待了一周，原本平静的日子被昨天的一个会议给打破了，为迎接公司的七周年庆典，公司特意开了一个会议，为了提高公司形象和扩大市场份额，公司决定搞一个大型促销活动，为期一周，并派一部分员工到一线直接参与销售，以便了解现在消费者的喜好，为公司未来的发展方向提供有用的信息。②她们两个很幸运地入选了，当然了，公司也不会故意为难她们两个人，对于她们来说，到一线工作也是学习经验最好的去处，她们很幸运地被分在了一个小组，她们小组还有一个成员，也是一位销售高手叫胡磊，负责进行技术指导，不过这些天他都被外派去调查市场，并不在公司里，所以阮小跳和钱多多并没有见过这位据说实力强大、外貌突出的同事。

钱多多和阮小跳被分配到的促销柜台在超市的收银台旁边，这里客流量最多，也是最嘈杂的地方，因为所有的顾客都需要经过这边去收银台，大部分人都是看一眼就匆匆走开，只有少部分对口香糖感兴趣的年轻人或者是在等待排队的人才会到柜前来购买③，所以工作量也并不如她们所想的那么大。

第二天早上天刚亮，钱多多就被阮小跳叫起床梳洗。"小跳，现在才六点都不到，一定要这么早就把我叫醒嘛。""多多，本来工作的地方就离我们住的地方挺远，不早点起床赶公车，你难道准备第一天

---

① 感觉是天生的反应，而知觉则要借助于过去的经验。

② 促销主题的选取非常好，为后面的营销作铺垫。大型促销活动要确认评估各种传播方法战略作用的一个综合计划的增加价值，例如，一般的广告、直接反应、促销和公关，并且组合这些方法，通过对分散信息的无缝结合，提供明确的、连续一致的和最大的传播影响。

③ 消费者观察：在这里口香糖的目标消费者是年轻人，学生们认知准确。市场细分是指根据市场需求的差异，把市场划分为若干个购买者群体，进而确定目标市场。

① 对于感觉来说，人们所感觉到的事物的个别属性必须具体到某种事物上，离开具体的事物，抽象的属性是不存在的。

② 推销人员的素质包括身体素质、心理素质、专业知识等。言语指导能够指示消费者知觉的内容。当提供物外部的标志不明显时，通过言语的指导可以唤起消费者过去的经验，有助于增加对于知觉对象的了解。

就迟到？"钱多多不满地努了努嘴，慢吞吞地起了床。过了一会儿，阮小跳和钱多多就收拾完毕。钱多多穿了一条水红色的纱裙，看起来既可爱又让人眼前一亮，阮小跳看了看钱多多，反观自己，白衬衫加蓝色布裙，和钱多多比起来，好像太过素净了①，阮小跳心里升起一丝不适，可是这不是自己一向的穿衣风格嘛。她在心里默默地为自己打了打气，希望自己干出一番成绩。便拉着钱多多出门了。

当阮小跳和钱多多走进超市向收银台走去的时候，远远地看到一个身影，个子高高的、四肢强壮，充满了爆发力，一看就是经常锻炼的人，穿着公司发的绿色工装，正在向一对情侣推销口香糖，她们心想：光瞅这身影，销售部的姐姐们诚不欺我啊，估计是个运动型男。当阮小跳走到胡大哥背后正想打招呼的时候，胡磊像有心灵感应似的回了一下头，只见胡磊一脸的大胡子，和头发一样长，不过修剪得很有个性②，看到这张脸以后，阮小跳打招呼的话语又生生地咽回了肚子里，突然间不知道该说什么好，这时钱多多从后边走过来很热情地开口说："胡磊大哥你好，我是钱多多，你可以叫我多多，这是我朋友阮小跳，跟我们是一个小组的，以后请多多关照。"胡磊上下审视了一下阮小跳和钱多多，然后笑着回应了钱多多，与他们聊了几句后就开始向旁边的小情侣做推销。这时阮小跳才发现自己失礼的地方，给钱多多递去了一个谢谢的眼神。

阮小跳看着那对小情侣在胡磊的介绍下，很快就买了一大袋不同类型的口香糖离开了柜台，眼光不自觉地就转向了胡磊，想不到这个看起来五大三粗的男人，口才如此之好，介绍商品时条理清楚，做促销时言语又不会浮夸让人生厌，而是一种隐隐的舒服感。阮小跳在这边看着胡磊暗暗盘算的时候，那一边的钱多多已经直接走到了胡磊的身边："胡大哥，你好厉害啊，这么快就卖了那么多，不准藏私，快教教我吧。"说着，钱多多拉过了胡磊的手臂摇晃起来，那模样就像是一个在向大人撒娇讨糖的小女孩。胡磊看了看钱多多，又看了看一旁欲言又止的阮小跳，眸光一闪。他不动声色地拿开了钱多多的手，笑着说道："哪有什么藏私啊，只不过是熟能生巧而已，做得久了，说不定你们做得比我还好呢。不过你小丫头嘴倒是厉害。对了，你俩怎么没穿公司发的工装啊？"钱多多不好意思地吐了吐舌头："昨天我和小跳去后勤部领工装，但是没有合适的号码了，所以后勤部的经理就让我们先穿着自己的服装，明天再调货给我们。"

接下来的时间里，胡磊带着阮小跳和钱多多熟悉了产品，并且教了她们一些简单的促销技巧，阮小跳看着一旁自信满满的钱多多，不知怎么的心里就生出了一丝退意，她知道产生这样的想法已经和失败没有什么差别了，但是她看着钱多多越来越灿烂的笑脸，心里的洞也越来越大。胡磊也注意到了阮小跳越来越不好的脸色："小跳，怎么了？看你脸色不怎么好，是不是太累了？要不要休息一下？"阮小跳连忙挥了挥手："没事，没事，我只是有点口渴，没什么事。"还没等胡磊答话，钱多多就快速说道："小跳才没有那么柔弱呢，胡大哥你快点接着说啊。"胡磊冲阮小跳点了下头，继续讲解。

下午的时候，胡磊让阮小跳和钱多多拿着样品分别站在柜台的两端进行实战，也算是一个小小的比赛。钱多多欣然地答应了，而阮小跳却显得有些犹豫。胡磊审视了一下她们两个人，钱多多站在柜台的右边，穿着水红色纱裙的她看起来像个跃跃欲试的小太阳，显然已经兴奋地进入了状态；反观站在左边的阮小跳，穿着素净地站在广告牌旁边，被衬托得更加不起眼，而且还带着一分扭捏，这对一个销售人员来说，是一个致命的弱点。① 胡磊不由地摇了摇头，仿佛已经看见了比赛的结局。果然，在接下来的几个小时里，钱多多的右方战队和阮小跳的左方战队就像是狮子和小猫，产生了鲜明的对比，同样的商品，钱多多面前门庭若市②，可阮小跳面前却是稀疏无几。而这边的阮小跳看着另一边钱多多红色的身影在人群中穿梭，只觉得白晃晃的灯光生冷地照进了她的眼里，映进了她的心里，来不及反

① 推销人员需要极强的沟通能力，如何将推销由被动变主动是一门学问。示范表演、解决问题以及成为某种品牌象征的一些有关人物角色。"营销即沟通，沟通即营销，两者密不可分。"

② 在消费行为中，消费者知觉的整体性还常常表现于某种商品的商标、品牌、价格、质量、档次、产地、款式、包装等因素，形成对该商品的整体认知形象。

应，以至于她只能手足无措地站在那里，像个无人搭理的小丑。

终于熬到了下班，阮小跳有些心灰意冷，她的销量并不好，甚至可以说是可有可无，她知道这种失败很大一部分原因是因为自己一整天都不对劲的状态。她看着钱多多像个胜利的公主走到了胡磊身边，事实上，钱多多今天的表现确实优秀，甚至无懈可击。这令她感到很难过。

由于搞促销活动，下班后天色渐晚，路灯已经亮起来了，商店大楼的灯也终于有了用武之地。阮小跳朝公交站牌走去，钱多多在她旁边，一路上两个人没有说一句话。钱多多好几次想和阮小跳聊一聊自己今天遇见的趣事，但每次扭头看到阮小跳时，她总是不容易开口。钱多多不知道阮小跳怎么了，阮小跳在思考什么。

阮小跳根本不知道自己是如何来到公交站牌的，眼睛虽然看着前方，但没有储存任何记忆。钱多多打了阮小跳一下："小跳，车来了。"小跳猛然一惊，看看钱多多，这才明白怎么回事，对着钱多多笑了一下。阮小跳对自己笑本来是一件很正常的事，但钱多多却感觉刚才那个笑很陌生。自己与阮小跳大学四年，两个人有太多欢快的记忆，有多少次她们哈哈大笑，有多少次她们坏笑、偷笑，有多少次她们会心一笑，但今天的笑有点牵强，有点陌生，有点不知所措①。

两个人上了车，车上只剩下两个座位，分别靠着窗户，一左一右。车上的人大部分是上班族，下班后尽显疲惫，没有人说话，车上静悄悄的。钱多多一屁股坐了下去，终于松懈了，她要好好休息了。阮小跳将视线移到了窗外，窗外的世界还是和以前一样，没有因为自己而有所不同。自己属于这座城市吗？阮小跳在心底这样问自己。一阵风将一股莫

① 在知觉过程中还有记忆、思维的参与；知觉并非是感觉的简单叠加，它要比感觉复杂得多，对事物的反映要比感觉完整、深入。

名的臭味吹过来，阮小跳感到有点恶心。她是对这座城市厌恶呢，还是对自己①？

公交车停了下来，两人很快到家了。钱多多虽然一身疲惫，但会犒劳一下自己，更何况自己今天确实干得不错。阮小跳说今天太累了，洗了个澡，直接回卧室了。躺在床上，阮小跳怎么也睡不着，她在想该如何面对以后的生活呢？为什么自己如此无能？她问了自己好多问题，但是并没有回答出来一个。她越是思考那些问题，问题就越多，那些问题翻来覆去地出现，让阮小跳更加讨厌自己②。自己是一个无能的人吗？她一直重复问自己。一个小时过去了，阮小跳仍没有睡着，她的大脑反而更加清醒了，她意识到她不应该思考那些问题了，她决定分散一下自己的注意力，她决定看一部电影。她搜到了一部《穿普拉达的女王》，影片讲述一个刚离开校园的女大学生进入了一家顶级时尚杂志社当主编助理的故事，她从初入职场的迷惑到从自身出发寻找问题的根源再到最后成为了一个出色的职场达人与时尚达人。看完电影已经到了凌晨，她深深地爱上了这部电影，电影中的女主角和自己有一些相似之处，都处于职业的迷茫期，但是女主角通过自己的努力实现了华丽的转型。阮小跳突然感觉，面对未来，她需要更大的勇气，更多的努力，只有改变自己，才能改变生活。阮小跳似乎看到了生活的曙光，她要睡了，明天会不会有一个全新的自己呢？带着对崭新黎明的期望，阮小跳几乎僵硬了一天的小脸儿终于放松下来，闭上眼睛，嘴角微微上扬，暗自对自己说了声加油，便慢慢睡着了。

太阳还在天边，像一个红彤彤的圆盘挂在青白素净的天空，阮小跳第一次醒得这样早，钱多多正睡得香，均匀的带着温暖气息的呼吸声让阮小跳的心一下子暖化了，阮小跳侧过身看着躺在边上的钱

① 消费者个人主观的经验、情绪、动机、兴趣、需要等也会影响知觉的选择性。

② 消费者还存在知觉防御现象，即对于那些感到恐惧或威胁的刺激，倾向于回避、阻滞或反应迟缓。

以案说理——《消费者行为学》自创小说及要义解析

① 色彩和运动都可以引起注意。在商品的包装中，色彩鲜亮的包装比色彩暗淡的包装吸引人；而在印刷广告中，彩页广告比黑白色的广告更能引起消费者的注意。同样，具有动感的刺激物比静止的刺激物更能引起人们的注意。

② 独特的服装款式和颜色给消费者与众不同的感觉，营销需要推销人员的装饰与产品相匹配。

③ 个人的知识经验对于知觉的理解性起着非常重要的作用。例如，对于一个新电器产品的说明书，销售人员比一般消费者要知觉更快、更精准、更深刻。

④ 知觉的恒常性除了视知觉的恒常性之外，还有声音的恒常性等。这些都是过去的经验对于当前的知觉起的纠偏作用。在营销实践中，知觉的恒常性有利于企业系列产品的销售，因为消费者常常根据他们原有的信息来解释新的信息，并凭借原有的经验来确认当前的新产品。

多多，她和钱多多有着四年多的友情，曾经的一切琐碎渗透到生活的点点滴滴，一起吃饭，一起洗澡，一起窝在床上看一整天的《加勒比海盗》，一起自习，一起绕着操场走圈聊八卦或梦想，她们之间没发生过什么惊心动魄的大事件，却深深温暖着彼此，不知多少次，她们无需多言，手心相扣，便是对一切伤痛最大的治愈，然而就在前一天，自己却像陌生人一样冷淡了这样一个热情温暖的小火炉，心一紧，眼一酸，泪水挣脱了阀门，阮小跳一下子回过神，抹了抹眼泪，摇醒了钱多多，自己也下床洗漱去了。太阳高了许多，阳光照在身上像给人镀上了一层玫瑰金，阳台上一个昨天带回来的冰蓝色口香糖促销装的大盒子闪闪发光，透着一股劲爽活力，阮小跳突然意识到，自己昨天的装束太过于素净文艺了，气质与商品的外观不相匹配，况且宣传的主题"劲爽一夏，赢活力，炫青春"更是与主题相差太远了①。想到这里，阮小跳找出了后勤部发给她的印有宣传语的过大的蓝色工装穿在身上，腰间打了一个节，就不再长一大截了，配上黑色紧身裤，蓝色运动跑鞋，淡蓝色眼影，又扎起了利落的高马尾，别有一番活力与灵气，竟颇有些韩范街舞美女的味道，整个人不知精神了多少倍，简直就是为本次促销宣传量身定制的形象代言啊。②

今天的阮小跳显然与昨天的阮小跳判若两人，不是性格变了，而是状态变了，因为大学时曾经一起报过爵士舞的兴趣班，她和钱多多遥相呼应，配合宣传音乐，不时地给过往的顾客跳上一段，同组的胡磊大哥则充当主持人的角色，尽显他过人的销售口才，促销摊位前迅速聚集了大批顾客③，音乐的选择已经和超市的负责人协调过，是快节奏的英文摇滚与甜美的美国乡村风格的音乐穿插播放，快歌时跳舞来吸引顾客注意力，慢歌时介绍产品④，阮小跳、钱多多更多地其实是带动顾客参与互动，让顾客免费品尝，写下意见，赠送促销期"萌版"包装的单片口香糖，让顾客爱不释手，互相看其他人手中的包装上印的文字，品尝的人很多，促销摊位前飘散出清爽宜人的淡淡的香，这香气和嘈杂的人群本身又是吸引客流的好帮手。一天下来，的确产生了许多赠予品尝的成本，但与她们的销售额相比，显然是九牛一毛，况且这次成功的促销活动所带来的珍贵的顾客品尝评价与良好的品牌效应价值，更是不可小觑。是的，阮小跳和钱多多赢了，她们是这次新员工大阅兵中的佼佼者①。

还没等钱多多、阮小跳和胡大哥去庆祝，竟发现宋恩明已经悄悄等在超市门口了，那辆白色宝马太容易辨认了，阮小跳竟然有些脸红，却又红得没理由，只得转身去整理最后的货物，装作没看见，钱多多这时候也发现了宋恩明，兴高采烈地跑了过去："宋总，真的好高兴您这么体恤我们新员工，这么晚还来视察工作。""你们今天表现很好，出乎我的意料，今天请你们到美林酒庄庆祝，就当是表扬晚宴了。"钱多多惊讶的表情都僵住了，阮小跳心里有点乱。

[**实践活动**]

1. 联系几个同学一起到附近的连锁超市，观察超市的店内布置和陈列，从信息展露和注意的角度分析其优点和缺点，并提出改进的建议和措施。

2. 麦当劳、肯德基、家乐福等各种形式的连锁店企业靠什么进行快速扩张？消费者为什么要认牌、认店购物？

① 晕轮效应在营销中有广泛的应用，光环效应又称为晕轮效应，指的是人们在社会知觉中将知觉对象的某种特征不加区别地扩大到其他方面或总体特征的现象。

第三章
消费者需要与动机

[名词术语]

消费者需要。是指消费者生理和心理上的匮乏状态，即感到缺少某些东西并想获得它们而内心紧张的状态。

动机。就是人类个体从事某种活动的具体原因。换句话说，动机是引起和维持个体活动并使这些活动朝某一目标行进的内在动力。

双趋动机冲突。指消费者同时面临两个具有同等吸引力的目标，又不能同时选择，必须选择其一时所产生的动机冲突。

双避动机冲突。指消费者同时面临两个具有威胁性的目标，但必须接受其一时所产生的动机冲突，这种情况下消费者的选择一般是"两害相权取其轻"。

趋避动机冲突。指消费者在面临同一目标时，同时产生的既好而趋之，又恶而避之而产生的动机冲突。

[理论建设]

马斯洛的需要层次理论（见图 3-1）。

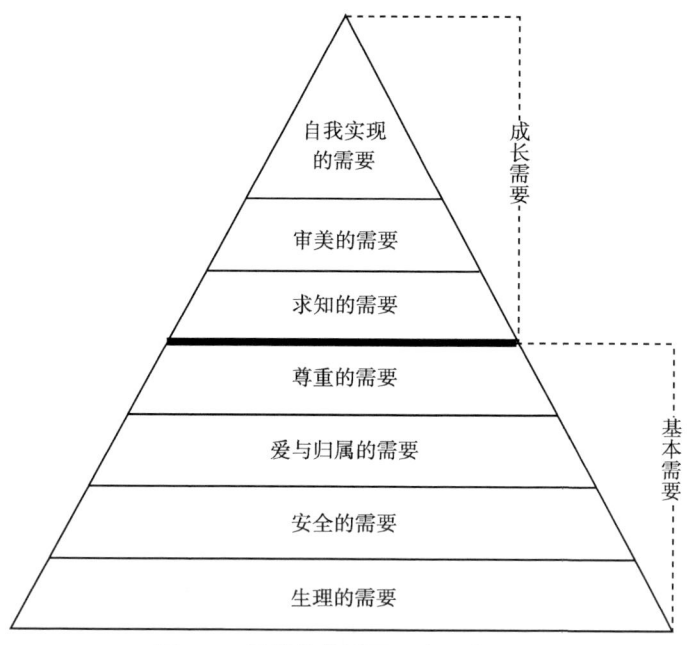

图 3-1 马斯洛的需要层次理论图示

动机测量的研究技术（见表 3-1）。

表 3-1 动机研究技术

词语联想	给消费者看一张文字表，然后要求他把反应过程中最初在头脑中涌现的那个词记下来
连续词语联想	给出一张文字表，每念出表上的一个词，要求消费者将所联想的词语记录下来，直到表上的词念完
对词语联想和连续词语联想的分析与运用	分析消费者做出的反应，看是否存在负面联想。对反应的延迟时间进行测量，以此估计某个词的情感性。这些技巧能挖掘出比动机研究更丰富的语义学含义，并可以运用于品牌命名和广告文案测试
语句完成	让消费者完成一个诸如"买马自达汽车的人——"的语句
故事完成	让消费者完成一个未叙述完的故事
对语句完成和故事完成的分析与运用	分析回答的内容以确定所表达的主题。另外，还可以分析对不同的主题和关键概念的反应
卡通技巧	让消费者看一幅卡通画，然后填上人物对白或描述某一卡通人物的想法
第三人称技术	让消费者说出为什么"一个正常的女人"、"大多数医生"或"大多数人"购买或使用某种产品
看图说话	给消费者一张画着购买或使用某种产品的人物图片，让他以此编一个故事

[教学思考]

第一，这个章节同学们利用酒庄、饭店描述了环境营销，由于我们这周学习了环境激发对于消费者认知的作用，所以饭店的装饰有利于消费者印象深刻。同学们充分发挥自己的观察能力和想象能力，将环境营销、色彩营销写到小说里面。

第二，这个章节同学们学会了将专业课的内容和知识（如零售、消费者行为学、竞争战略）写到了小说里面。

自创小说1号：希望的叶子　章节3

阮小跳面对突如其来的邀请有些惊慌失措，整理货物的手也渐渐慢了下来。"咚"的一声将阮小跳从九霄云外拉了回来，眼前刚整理好的货物因为自己没注意倒了下来。看着四散的货物堆，阮小跳呆了一下，无奈地叹了口气，刚要蹲下去整理，背后就传来宋恩明的声音。"小跳你没受伤吧？都工作一天了，累了吧？你休息休息，让其他人整理货物就好了。"这次不仅是阮小跳和钱多多呆了，就连待在公司里十多年的胡磊都有些吃惊。堂堂的总裁到最基层来也就算了，竟然对一个刚进公司不满一周的新人这么关照，这不得不让人浮想联翩。宋恩明看着呆掉的三个人才意识到自己的话不妥，连忙对着钱多多和胡磊说："你们也辛苦了，稍微休息一下，一会儿一起去吃饭吧。"看事情发展成这样，三个人也不好推辞，各怀心思地同宋恩明去吃饭。

阮小跳坐在车里，望着车窗外美丽繁华、人流涌动的夜景，再看看自己坐的这辆白色宝马7奢华的内设，不禁想：自己要奋斗到什么时候才能在这样的城市拥有一辆自己的车，一套自己的房，顿时有种莫名的伤感①。宋恩明通过后视镜看到轻声叹气的小跳，笑着对她说："今天你比昨天进步了很多，

① 消费者未被满足的需要、欲望和需求是一切消费行为的源泉，但需要通过激发才会产生紧张状态，继而产生满足这些需要的驱使力。消费者会通过行为有意识或下意识地去减轻这种紧张的状态，他们期望通过购买行为满足自己的需要并减轻他们所感受到的压力。

无论是形象还是销售业绩都进步很大,加油吧,我看好你!"听到宋恩明对自己的夸奖,阮小跳心中的忧愁好像一朵乌云,被微风轻轻吹散,仿佛再一次被阳光充斥,温暖。阮小跳脸一红,低着头小声说:"嗯,谢谢总裁,我会加油的。"坐在一旁的钱多多听着两人的对话,心中泛起莫名的酸楚和嫉妒。但想到阮小跳和自己这么多年相互照顾的场景,她甩了甩头,将目光转向窗外,试图赶走这些消极的情绪。①

四人驱车到了美林酒庄,阮小跳和钱多多下车后,映入眼帘的是一幢幢欧式风格的建筑,被一片绿林环绕,正前方是一个大大的水池,水池里有一组很漂亮的喷泉。在夜幕的映衬下,水池里的灯光伴随着轻缓的音乐逐一被点亮,各种颜色的灯光照亮了水池的四周,紧跟着,水面渐渐有了波动,忽然一股高高的水柱喷向空中,还未来得及散去,又有新的水柱从别的位置升起,如梦如幻,阮小跳和钱多多不禁看呆了②。胡磊走过来拍了拍她们的肩膀,两人这才缓过神来,紧跟着宋恩明走进酒庄。服务生直接将他们带到了宋恩明早已预订好的包间里。宋恩明径直进入包间,拉开一把椅子,钱多多很识趣地选择了对面的座位坐下,胡磊也很明白地坐在了钱多多旁边,最后进来的阮小跳看着已经就座的两人和站在对面的宋恩明,脸上一阵红一阵白,刚想要说和胡磊换一下座位,双眼不经意间触碰到宋恩明的眼神,立刻低下了头,又瞄了瞄低着头玩手机的胡磊,只能作罢,乖乖地坐在宋恩明身边。

看到三个人按照自己的想法坐了下来后,宋恩明也满意地坐了下来。

"可以上菜了,"宋恩明头也不回地对服务生说。又问了问身边的这几个人:"你们要喝点酒吗?"钱多多听到要喝酒时双眼放光,小鸡啄米般地一直点

---

① 细致的心态描述,消费者行为中的心理分析。人们在满足了生存、安全等方面的需要之后,还会产生自我尊重、自我实现的需要。人的需要和消费总是随着社会生活的进步由低到高发展。

② 酒店的环境营销,是学生们以自己的经验写出的效果。引人入胜的幻境:针对产品及其用途,设想出一种引人入胜的情境。气氛或想象:借助产品营造某种气氛或想象,如美丽、爱情或者安宁等。

头,又接着说:"小跳平时也喜欢喝一点。"宋恩明听后转头看了一眼阮小跳,阮小跳也没说什么,只是慢慢地点了点头。

"Waiter,再来一瓶 2004 年的 Lvsa-Lvsi(吕萨吕斯)。"宋恩明不紧不慢地说。钱多多听到这个名字后虽然表面没什么变化,其实内心早已是狂风暴雨:"吃个饭而已,用得着喝这么好的酒吗?不管了,今天跟着小跳有口福了。"

宋恩明抿了一口红酒,看着还有些拘谨的两人,想让她们放松下来,便主动打开了话题,询问道:"你们对未来有没有什么规划和想法,或者对公司有没有什么建议,说来听听,不要这么紧张嘛,庆功宴又不是批评会,在这里,不要把我当成你们的上司,就当我是你们的朋友就好了。"阮小跳和钱多多听宋恩明这么说,也就放下了本来悬着的心。钱多多放下手中的刀叉,看着宋恩明,眼神中流露着对未来的憧憬,说道:"我呢,就想在公司好好工作,做一个出色的公关人员,为公司排忧解难,让公司发展得越来越好。个人嘛,希望我能通过自己的努力让我和我的家人过上更好的生活。①"宋恩明点了点头,望向阮小跳,忽然特别好奇这个害羞的女孩想有一个怎样的未来。听完钱多多的话,阮小跳非常羡慕自己的闺蜜,她总是这么乐观自信地面对所有人,如果换做自己,可能就说不出对公司、对上司表达忠诚的话。这并不是说她觉得钱多多有多虚伪,相反她知道好友的心是善良的,只是羡慕她的自信和聪慧。上学的时候,她们就是两种人,钱多多从来不会为了课题和功课发愁,她不必放太多心思在学习上就可以将老师讲的东西轻而易举地融会贯通。而阮小跳呢,则是那种勤奋刻苦的孩子,虽然天赋没有钱多多高,但是她深知,做任何事情,勤奋认真都很重要,她肯付出多倍的努力,所以学业上不

① 消费者需要的伸缩性。指消费者对某些商品或服务的需求会因为价格、支付能力、利率以及对未来的预期而发生一定程度的变化,也就是需求具有弹性。此外,伸缩性还表现在消费者对需要追求的层次高低、内容多寡和程度强弱差别很大。

比钱多多差。就在阮小跳思绪飘飞的时候，宋恩明对着发呆的阮小跳摆了摆手："小跳，你呢，对未来有什么想法？"阮小跳这才回过神，顿了顿回答："我只是想通过自己的努力告诉其他人我能行，然后和我爱的人在这个陌生的城市一起生活，一起打拼未来。"随即好像有点自责自己为什么不说为公司努力工作，而鬼使神差地说了最后这句有点不挨边儿的话，于是她将头埋得很低①。宋恩明看着眼前这个单纯得像一张白纸、眼神清澈纯净的女孩，陷入了沉思。作为公司总裁，他见过太多只会阿谀奉承而不做实事的员工，他们一有机会就会向他推崇自身，讲空话，他觉得这个刚走出大学校园，没有被社会染缸所污染，还能保持一颗上进、质朴的心的女孩真的很难得，于是他赞同地对着阮小跳点了点头。

随着服务生慢慢地上菜，桌子上也越来越满，法式煎鹅肝，黑松露煎海鲈鱼，鱼子酱沙拉以及在灯光的映射下高脚杯里呈暗金色的葡萄酒。钱多多不知道什么餐桌礼仪，她只看到眼前摆着自己从没有吃到过的美味，面对着世界三大美食，已经顾不了那么多，大口大口地吃了起来②。阮小跳看着眼前的这一切，不禁有些迷茫，自己来到上海，就是为了眼前的这一切？能够出入高端场所、吃着山珍海味、喝着葡萄美酒就是自己的目标吗？她摇了摇头③，清晰地告诉自己，不，不是的。她来到上海不仅是为了生存，还是为了一个人，那个叫简黎声的人。

晚饭进行得差不多时，宋恩明接了一个电话，让他本来很好的心情变得有点焦虑了。阮小跳和钱多多看着眼前这位忽然眉头紧锁的上司，不知如何是好。原来刚刚市场部经理给他打电话报告了这个季度的销售业绩，发现自己公司一直以来的主要竞争对手——本市口香糖巨头——依琳公司，这个季度同样包装的口香糖销售额度远超自己公司，必须

---

① 人是社会的动物，只有被群体和社会所接纳，才会产生安全感和归属感。人的社会性需要得不到满足，虽然不会直接危及人的生存，但会使人产生不舒服、不愉快的负面体验和情绪，从而影响人的身心健康。

② 生理性动机，是指消费者以生物性需要为基础，为保持生命和延续生命而产生的动机。

③ 社会性动机，又称继发性动机、习得性动机和心理性动机，是指消费者因为社会需要而产生的动机。

想出解决方法，否则将影响本公司的长远发展。① 钱多多听后，觉得这是一个难得的表现才能的机会，于是拉了拉阮小跳，对着宋恩明说道："我们可不可以通过降低价钱，同时找当下比较出名的明星做代言，加大自身的宣传力度，从而提高销售额呢？"宋恩明听后摇了摇头说："这个方法可以是可以，不过，从长远上讲是不行的。第一，如果我们降低了价钱，考虑到利润，会通过降低制作成本来保持原来利润水平，但这样会改变当前产品的总体质量，使我们公司品牌与最初市场定位产生偏差，这样反倒起了负作用。第二，找新的明星做代言不是一件能够长久的事情，娱乐圈的事情天天在变，小明星起不了大的作用，当红的大明星又保不准能红几天，就算他真的能火一段时间，可他又可能不符合我们公司产品的定位形象，以往就有很多这种明星代言失败的案例，除此之外，还有昂贵的代言费用，所以我个人很不推崇不断更换明星代言这种方式。②"钱多多听后，觉得宋恩明说得很有道理，心里对他又膜拜了一番，同时也为自己的浅薄认知而感到有些羞愧。宋恩明将头转向阮小跳，恰好撞见了阮小跳看他的温柔目光，宋恩明微笑了一下，便问："小跳，你有什么好的想法吗？"阮小跳心里一阵慌乱，她轻轻地握了一下拳头，询问地回答道："我们可不可以联系其他两家口香糖公司，借用他们的广告投放渠道？因为从发展情况来看，这两家公司还没有实力成为我们的直接竞争对手，我们和他们建立资源共享平台是很可行的，因为我们手中的优质客户资源是他们感兴趣的，而他们也可以为我们提供更为多样化的广告宣传渠道，他们一直被依琳公司压制着，而只有我们公司和依琳公司势均力敌，但谁也奈何不了对方，倘若我们和其他两家公司利用联合营销的方法进行战略联盟，交换或联合彼此

① 营销难题：当竞争者恶性竞争时，如何吸引消费者？凶暴型竞争者：对任何进攻都会做出迅速而强烈的反应。这类企业多为实力强大的企业。

② 对于"价格战"的看法，对于明星做代言的看法。学生将读到的专业案例融入小说。

的资源，合作开展营销活动，在最短的时间内提高我们品牌的知名度，让更多的客户认准我们的品牌，以此创造竞争优势，这样我们可以在业绩上超过依琳公司，而他们也可以从中获益，提高自身品牌的知名度，我想他们应该不会拒绝的①。"

宋恩明和钱多多惊讶地看着阮小跳，他们都不敢相信一向老实内敛的阮小跳竟语出惊人，提出一个极佳的解决方法。钱多多用力搂过阮小跳的肩膀，欢呼道："小跳，看不出来嘛，你竟然能想出这么棒的方法，你真是太厉害了！"一旁的宋恩明也将赞许的目光投向阮小跳，高兴地说道："很好，小跳你真的很有想法、很有能力，你是怎么想到这个方法的？"阮小跳的脸还是像往常一样红了起来，有点羞涩地回答："没有您说的那么神啦，如果您开会讨论，我相信其他人也会想出好办法的。我能想到这个办法，是因为我刚刚想到了，大学时市场营销老师给我们讲的 TCL 冰箱和农夫山泉的联合营销案例，TCL 冰箱和农夫山泉饮料都有自己的'短肋'和欲求。饮料业自己实施'户外 Show'，成本会很高，但'户外 Show'的促销效果却非常好。而家电业的大型'户外 Show'频率很高，是一种主要的促销方式，饮料并没有占用多大的空间，相反它的现场派送和附赠还会增强现场气氛。TCL 想搭乘农夫山泉在央视的广告快车，同时 TCL 认为自己以往的终端形象展示点、路演活动和媒体资源的价值并未得到充分的利用，与其让这些自己用不上的资源闲置，还不如进行资源共享和置换，将彼此的传播资源加总起来放大②。所以 TCL 冰箱开放它所有的渠道和农夫山泉共享，TCL 在大型的'户外 Show'活动中提供农夫山泉露脸的机会，农夫山泉的饮料可以在 TCL 卖场免费展示形象，TCL 冰箱则可以借农夫山泉饮料表白自己的'新鲜'价值。农夫山泉也将自己的广告

---

① 通过不相关行业的渠道合作创造品牌优势。同学们将零售和渠道的知识融入小说里。产品组合不是静态的而是动态的，企业的内外部条件在不断变化，产品组合也应随之进行调整，增删一部分产品线及产品项目，使产品组合经常达到合理化、最佳化的状态。

② 原有经典案例。分销渠道是指商品从生产企业流转到消费者手中的全过程所经历的各个环节和推动力量的总和。

进行了微调，以广告下的游动字幕广告对联合营销活动进行预告。对农夫山泉来说，这是举手之劳。就这样农夫山泉的电视广告与TCL的"户外Show"在联合营销中实现了'等价'交换和资源共享。就是根据这个案例，我觉得我们也可以利用联合营销解决您说的这个问题。"宋恩明听后，再一次赞许地点了点头，暗暗地将这个单纯质朴、才华出众的女孩子记在了心里。

吃过晚饭后，宋恩明把阮小跳和钱多多送回了家。在楼下，宋恩明告别了几句便回去了，只剩阮小跳一个人把喝多了的钱多多扶回家。开了门，打开灯，阮小跳想要把钱多多扶回卧室，就在离卧室没几步的时候，钱多多突然推开了阮小跳，大喊着说："你走开，我没醉，我没醉……"然后就"咚"的一声摔倒在地上。小跳无奈地摇了摇头："又耍酒疯了。"把钱多多拖回卧室安顿好，自己也洗了澡就睡了。对于钱多多的那一推，并没有在意①。

年末是公司最繁忙的时候，除了各种业务的总结、结算，还有就是公司年底最重要的两个部分：公司年会总结与晚宴。这两者之间，年会的晚宴才是最引人注目的。在每年的晚宴上，不仅公司的员工要出席，公司还会宴请一些有合作的公司，可谓是公司最热闹的一个晚上。与其说是一场晚宴，不如说是一场盛大的交际舞会，每个人都会把自己最光鲜亮丽的一面展示出来，这不仅是为了一场舞会，更是为了际遇。

两个人在晚宴的前一天结伴去了礼服店并且选好了礼服，但是令阮小跳没有想到的是，晚上宋恩明竟然要单独约她出来。

"宋总单独约我出来是有什么要紧的事情吗？"阮小跳小心翼翼地问道。

"也没有什么要紧事。明天不是公司的年会晚宴

① 精神需要是指消费者对意识观念的对象或精神产品的需要。它主要反映人们在认知、审美、交往、道德、创造认识和追求真理以及友情、爱情和亲情方面的需要。这类需要主要不是由生理上的匮乏感而是由心理上的匮乏感所引起的。

吗？我还没有女伴，所以想邀请你做我的女伴，不知道可以不可以？"宋恩明满脸笑意地问道，并且拿出了一个包装精美的礼盒，递给阮小跳说："这是我为你准备好的礼服，你打开看看，不知道是否合你的心意。"阮小跳听完宋恩明的话，有点晕晕的，脑袋里乱七八糟的想法不断地往外跳，手也不听使唤地接过了宋恩明递过来的礼盒。看着手里华美的礼盒，阮小跳发誓，这辈子都没有见过这么漂亮的盒子，又鬼使神差地打开了盒子，迫不及待想要看看里面的礼服。

映入眼帘的是一袭黑色长裙，加以明亮的装饰、裙摆上的镂空蕾丝、面料上暗花的点缀，加上一条别样的披肩，给人冷艳、神秘、高贵的感觉①。阮小跳从来没有见过这么漂亮的衣服，正在幻想自己穿上这件衣服是什么样子的时候，宋恩明打断了她的幻想。

"怎么样？还满意吗？"宋恩明眼里透着自信和不容拒绝的灼热。阮小跳看了看宋恩明，偷偷掐了一下自己，暗暗告诉自己：阮小跳，你要清醒一点，你只是一个来上海打拼的小职员，不是什么名流淑女，宋恩明只是你的老板，你并不能从他身上得到什么，千万不要犯傻。

"对不起，宋总。我仔细想了一下，还是不能答应您的请求。"阮小跳一边冷静地回答，一边将礼盒重新盖好递还给宋恩明。"不管是您的亲自邀请，还是这件精致的晚礼服，我似乎都没有拒绝的理由。但是，我觉得这些不适合我，我只想有一份安稳的工作，有一份体面的薪水。我和您不是一个世界的人，不能像您一样出入上流社会，结交达官贵人，所以对不起。"②

阮小跳说完之后直视着宋恩明，此刻她不能害怕也不能慌张，只能坚定自己的立场。宋恩明见状

① 消费者对提供物的需要在满足了基本的使用价值需要之后，还会产生对提供物审美的需要，要求提供物在工艺设计、造型、色彩、装饰、包装、风格、服务环境等方面具有较高的审美价值。

② 人们大致可以将需要看成是引起动机的内在条件，将诱因看成是引起动机的外在条件。换句话说，外因是变化的条件，内因是变化的根据，外因通过内因起作用。

也不好多说，只是尴尬地笑了笑说："那没事了，我送你回去吧。"阮小跳同样谢绝了，说："我自己回去就可以了，家也很近。"说完便和宋恩明道别离开了。

回到了家里，钱多多追问阮小跳发生了什么。阮小跳想想没什么，就把事情的经过给钱多多讲了一遍。钱多多听后用指头戳戳阮小跳的脑袋，一脸嫌弃地说："你呀，多好的机会都不珍惜，煮熟的鸭子就这么飞了。飞了就飞了吧，以后我们一起赚钱，你嫁不出去了我就把你养在家里。"阮小跳听了心里暖暖的，还是钱多多对自己好啊。和钱多多打闹了一会儿就各自洗漱睡下了，毕竟明天还要好好准备年会晚宴呢。

晚宴在上海太原路的马歇尔别墅举行。别墅的建筑极其优美，由一幢主楼和四幢副楼组成，颜色是柔和的土黄和灰粉色，陡坡的四坡屋顶上铺着青瓦，屋面靠檐口处有五扇拿破仑头盔似的天窗，屋檐下连续排列着白色的木托架，底层宽敞的门廊用三根古希腊风格的陶立克柱支撑，门廊上方是露天大阳台，极具法国文艺复兴时期的浪漫。①

先到别墅的是钱多多。在第一次看到马歇尔别墅的时候，钱多多就被眼前华丽的建筑物深深地吸引着，来上海这么久，都没有好好地出来游玩一番，都不知道上海有这样的地方。就在钱多多感叹之际，阮小跳也到了。阮小跳也是第一次到马歇尔别墅，面对眼前的法式建筑，阮小跳仿佛在16世纪的法国散步，直到钱多多过来叫醒了她。

"又神思到哪里了？"钱多多戳了戳阮小跳说。

阮小跳回过神来，看了看眼前的钱多多，不由得有些入神。钱多多身着一袭红色长裙，长长的裙摆没过脚踝，灿灿生光，衣料是极为光滑的丝绸，显出凹凸有致的曲线，头发编成样式华丽的长辫，

① 潜在产品，即该产品在将来最终可能会实现的全部附加部分和转换部分（产品将来的发展方向），如全套家庭式旅馆的出现。

显得整个人雍容华贵。一向活泼外向的钱多多认真打扮起来却如此吸引人。

"我是不是特别漂亮啊。"钱多多看着微微有些入迷的阮小跳说。阮小跳回过神吐槽说:"你没听说过'静若处子,动如脱兔'吗?你只有安安静静的时候才是个美女,玩闹起来的时候就是个小疯子。"钱多多吐吐舌头以示抗议,然后又盯着阮小跳说:"你也不赖嘛。"

阮小跳今天穿着一袭纯白色的露肩长裙,美丽的锁骨若隐若现,裙子的衣料白得仿佛透明,微微反光,就像天使的翅膀,却一点也不暴露。腰线收得极细,束腰上勾勒着银白色的花纹,带着中世纪欧洲宫廷的韵味。裙子的下摆是由高到低的弧线,优雅地微蓬起来,露出少女那双如玉般洁白修长的美腿,裙角缀满钻石,星星点点的钻石,恍如无数美丽的晨露。

阮小跳低头看了看自己的脚尖,害羞地说道:"哪有,比起你差多了。"其实阮小跳也是第一次穿正式的礼服出席如此规格的晚宴,打扮好后看着镜子里的自己,也十分喜欢,如果让她每天都是这个样子,她会毫不犹豫地点头。

"好啦好啦,今天就顾着准备了,也没好好吃东西,进去找东西吃吧。"钱多多拉起阮小跳走入别墅。从别墅东侧的自动玻璃门进入室内,便是一间典雅华丽的大厅。厅内的地板用大理石铺就,四周墙面由柚木护壁,上面还镶嵌着巨幅彩色陶瓷壁画。大厅顶上安装巨型水晶吊灯,使四壁生辉。大厅左侧是陈设考究的会客厅,顶上悬挂着一架特地从英国运来的特制铜质花纹大吊灯。会客厅旁就是100平方米左右的中西餐厅,中间用于隔断的活络屏风上雕刻有中国古典小说《红楼梦》和《三国演义》中的人物和景物。① 阮小跳和钱多多只是随意扫了几眼周围的环境,便在餐厅大吃起来。

两个人就顾着自己吃,都没认真听宋恩明致辞。当她们停下来看着彼此有些凸起的小腹,两个人傻笑了起来,却没注意到舞会已经开始了。宋恩明这个时候走了过来,看着傻笑的阮小跳,眼前一亮,虽说阮小跳平时没有那么显眼,但是认真打扮过后,

---

① 餐厅的环境营销。有形物品、服务、人员、组织、观念或其组合构成了产品。

尤其是今晚一袭白色礼服,在人群中显得那样出众,看起来就像天使一般。心里的那种感觉又加深了一些。

"我能邀请你跳一支舞吗?"宋恩明说着向阮小跳伸出了手。阮小跳看着宋恩明有些犹豫,而钱多多看着犹豫的阮小跳直接拉起她的手放到了宋恩明手中。音乐声响起,宋恩明托起阮小跳的手,开始跳起舞来。她的裙裾开始翻飞起来,雪白的大摆裙在幽深的光影里带出了一种神秘而令人窒息的蓝影,荧荧地发着光。裙摆是重的,悬感带出了立体的效果,露出的那一小截雪白的腿,众人还没来得及看清,就犹抱琵琶半遮面地收住,留给人多少遐思。鞋跟轻轻点地,掠水的蜻蜓一般,轻轻地就那样抚一下,而鞋尖撑着地面,左左右右地画着弧,一个个的圆圈圆满地描出。

钱多多看着舞池中央的阮小跳和宋恩明,心里还是有些嫉妒。同样是公司的新人,明明自己做得比阮小跳更出色,但是为什么阮小跳得到的总是比自己多?但是身为好朋友,又为阮小跳感到很开心。在不断的矛盾之中,钱多多端起酒杯,一饮而尽,希望能借这杯酒让自己冷静一下①。

就在这个时候,别墅的门再次打开,此时此刻,全场的焦点再也不属于舞池中央的这对佳人,而重新聚焦于刚进来的年轻人身上。他穿着一身笔挺的黑色礼服,淡淡的神情里,有一丝骄傲,有一丝冷漠。黑色的晚礼服衬托出了他的高贵、他的优雅。他脱下绣着细致花纹的黑色风衣,抖去了浮尘。旁边的女助理从他手上接过衣服,他径直走到桌前,端起一杯红酒,在手中晃了晃,深邃的黑色眼睛看着晃动的液体,细细品尝。自从他进场后,不断有女性向他的方向围拢,都想亲眼看看这个精致的如同画里的人②。

① 人类具有求食、逃避、好奇、好斗、生殖、求知、自夸、自卑、爱子女等一系列本能行为,是一种原始的动态过程,使得个体的行为趋向特定的目的。

② 高成就的需要者追求的是个人的成就感,并非一定要获得成功之后的荣耀与奖赏。高成就的需要者也是完美主义者,他们总是渴望自己把事情做得更加完美、更有效。高成就的需要者并不是赌徒,他们不指望靠幸运获得成功。

① 动机是引起和维持个体活动并使这些活动朝向某一目标行进的内在动力。

② 趋避动机冲突是指消费者在面临同一目标时，产生的既好而趋之，又恶而避之的动机冲突。

阮小跳自从那个人进场以后便松开了宋恩明的手，就那样站着，什么都不做，一动不动死死盯着那个刚进来的人。对，没有错，是他，一定是他，我不会忘了他的脸，更不会忘了他的一切。不过她又开始有些怀疑自己的判断，已经那么多年没有见过那个人了，自己真的还记得清吗？就算真的是他，怎么会刚好来参加晚宴？阮小跳又陷入了胡乱的猜测之中。

"你认识他？从他一进来，你的目光一直在他身上，没有离开过。"宋恩明看着一直盯着那人看的阮小跳问道。阮小跳听后鼓起勇气问道："和我以前认识的一个人很像，他是？"宋恩明听了阮小跳的话后，有些惊讶，但又不紧不慢地回答道："简黎声，天启集团的继承人，据说不是在简家出生，是后来被接了回去。从那以后便作为继承人培养。近些年来，简黎声在商业界开始崭露头角，并被誉为天启集团的'天启之星'……"

阮小跳没有再继续听下去，直接走到喝闷酒的钱多多身边，拉着钱多多从后门逃离了别墅。钱多多问她怎么了，阮小跳只是说有点不舒服，想要早点回来休息，钱多多也没有多问，就这样两个人一直沉默地回到了家①。钱多多收拾好后，一头栽倒在床上睡着了。阮小跳也躺在床上，但是此时此刻，她怎么都睡不着。脑海里到现在都是那个穿着黑色西服的人，那个她找了好久的简黎声。但是好不容易找到了，她却又不敢去接近他，就连自己也不知道自己在害怕什么②。

[实践活动]

1. 有一种说法是："广告诱导并操纵了消费者，创造了根本不存在的欲望和需求。"对此你怎么看？请举出市场上的一个例子说明它是正确的，再举出一个反面的例子说明它是错误的。

  2. 选择某种产品测试 20 位同学或朋友，分析他们购买此产品的主要动机。

第四章
学习与购买行为

[名词术语]

消费学习。是长期记忆和行为在内容或结构上的变化，是信息处理的结果。从心理学角度看，学习是某种体验（直接经验、间接经验）所产生的一种相对持久的行为变化，是通过神经系统不断接受环境变化信息，消费者通过学习而获得新的行为模式的过程。

经典条件反射。是指将一个能够诱发某种反应的刺激与另一个原本不能单独诱发这种反应的刺激相配对，随着时间的推移，因为与能够诱发反应的第一种刺激相联结，第二种刺激也会引起类似的反应。

操作性条件反射。又称为工具性条件反射，是指个体学会那些能够产生积极结果并避免负面结果的行为。

行为学习理论。在刺激与反应的联结过程中，经过反复联系和强化而形成习惯，只要原来的（或类似的）刺激情景出现，个体性的习惯性反应就会自动出现。

[理论建设]

观察学习理论（见图 4-1）。

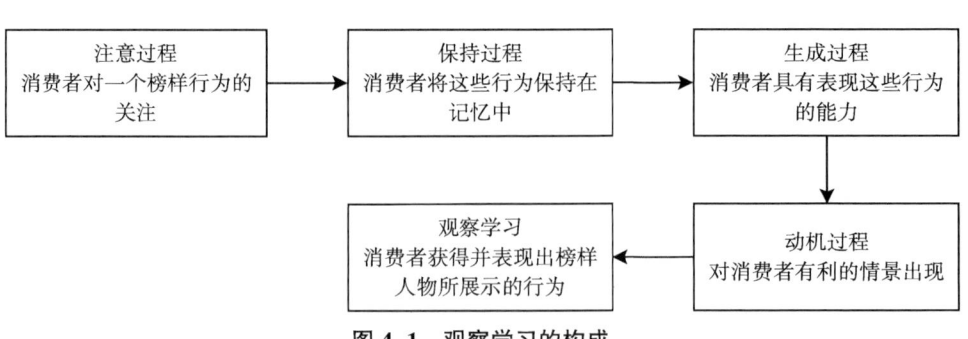

图 4-1 观察学习的构成

[**教学思考**]

此章节写作于专业课学习的第七周,在这一章节里,学生们大胆创新,不仅制造出越来越多的冲突矛盾,而且小说场景多变,同学们将本周刚学过的"经典条件反射""工具条件反射""记忆"等专业内容写到小说里,可见同学们已经将课堂内容消化吸收。同学们将营销管理中的 SWOT 分析法把口香糖的竞争对手、目标市场、市场定位、广告融入小说,但是精彩的营销策划方面写得过于简单,有纸上谈兵的感觉。所以,教师应在课堂上引导学生增加实践环节,同学们才能将感悟跃然纸上。教师认为,随着时间的推移和专业知识的积累,同学们会越来越专业地体验、分析、写作。这个过程对同学们走向未来的岗位来说,是十分必要的。

自创小说 1 号:希望的叶子 章节 4

整个夜晚,阮小跳都在无尽的思绪中度过,她甚至不知道自己有没有睡着,想着那个自己努力了这么多年靠近的简哥哥,却是天启集团的继承人,这根本就是天上和地下的区别……

钱多多和阮小跳两人着一身职业装匆匆忙忙来到公司,大家都用不一样的眼光看着钱多多和阮小跳,仿佛还在议论着什么。为此两人感觉很莫名其妙,也没有兴趣去询问,只是相视一笑便各自走到了自己的办公桌旁。新的一天开始了,阮小跳似乎无法投入到工作中去,她还在想着昨天晚上看到简黎声的事情……每每想到自己的简哥哥,之前再多的决定仿佛瞬间失去了作用①。就在阮小跳走神的同时，她的手机响了，打断了她的思绪。她拿起了手机，是宋恩明给她发的短信："昨天晚宴你们怎么不辞而别……"看了一会儿，阮小跳不知道该怎么回复，想了一会儿回复道："昨天晚上身体不舒服，就让多多陪我提前回去了，现在已经好了。""那就行，多喝点开水，好好工作吧。"宋恩明很快给予了回复。

快到中午的时候一位漂亮的职业女性来到阮小跳的办公桌旁说："宋总请你去他办公室一趟。"小跳有点紧张，最重要的是不知道宋恩明找她有什么事情。

阮小跳安静地坐在侧椅上，若有所思地盯着眼前的玻璃杯。与阮小跳不同，钱多多则好奇地打量着宋恩明奢华的办公室，钱多多走到宋恩明办公椅旁，不由自主地坐到上面，迎面就是繁华的大上海全景，原来自己生活的这个城市如此美好，钱多多就这样沉浸在这美好的环境中，陶醉地享受着原本不属于她的短暂时光。此时此刻，仿佛眼前的一切都是她的！心想，什么时候自己也能做出这一番成就，那该有多好啊②。

就在这时，宋恩明进来了。看到眼前的这个人，钱多多慌忙而又尴尬地站起来，连忙向他问好，阮小跳也赶紧起来向他问好，看到眼前的这两个小姑娘，宋恩明也笑着回复了她们，还开玩笑地对钱多多说："怎么样，做总经理的滋味还不错吧！"钱多多则拉着阮小跳的手指，尴尬地低下头。宋恩明调侃了几句后，就开门见山地向她们两个说明了问题："自从上次听了你们两个关于公司营销策划方面的建议后，我感觉你们两个的想法很独特，具有可行性，方案可以实施，而公司业绩最近一直下滑，就决定将提升业绩的重任交给你们两个，期间的一切费用都会由公司提供。不知你们两个人有没有信心完成这项任务呢？"③多多和小跳听后既兴奋又激动，异

① 学习是基于经验而导致行为或行为潜能产生较为持久改变的历程。消费者的行为很大程度上是后天习得的，随着人们不断地面对新的刺激，并不断地接受随之而来的反馈，他们会不断地修正自己对这个世界的认识，使得以后当他们面临相似的情景时，会主动调节其行为。

② 人们通过学习而获得大部分的态度、价值观、行为偏好、象征意义和感受力。家庭、学校、社会文化等为人们提供了各种学习体验，这些体验极大地影响着人们所追求的生活方式和人们所消费的产品。

③ 营销难题：产品生命周期不同阶段的特征和相应的营销策略。同学们需要具备根据产品生命周期不同阶段调整营销策略的能力。

① 刺激甄别是指当受到一种类似于条件刺激的刺激时,非条件刺激的行为并不发生。

② 介入程度高低是决定信息如何被学习的主要因素,在高介入状态下,消费者会有意识、有目的、主动地处理和学习信息。

③ 营销战略的SWOT分析法,对竞争对手、产品定位、目标市场进行细致分析。改革新产品:指从不同侧面对原有产品进行改革创新而创造的产品。如采用新设计、新材料改变原有产品的品质、降低成本,但产品用途不变;采用新式样、新包装、新商标改变原有产品的外观而不改变其用途;把原有产品与其他产品或原材料加以组合,使其增加新功能;采用新设计、新结构、新零件增加其新用途。

口同声地向宋恩明保证说:"保证完成任务。"因为她们两个人清楚地知道这是她们一次很重要的证明自己的机会。无论如何,也要抓住这次难得的机遇。

她们经过详细的市场调研,对目前口香糖市场进行细分和详细的SWOT分析后得出结论,目前主要的竞争对手有三家,分别是绿箭、益达和炫迈。这三个品牌的市场占有率达到了惊人的80%,剩下的则是一些不起眼的小品牌产品①。想要在激烈的市场竞争中有一块立足之地,就必须有独特的自身优势。绿箭的主要功能是清新口气,益达是饭后去除异味,炫迈则是亮齿固牙。如果将三者的优势集于一体,势必形成强大的市场竞争力。至于新产品的名字,她们通过网上征集的方式并通过公司董事会商定,最终决定为KACHI,一方面,英文品牌比较国际化,有利于占据国际市场;另一方面,这个词语容易记忆,能够给人深刻的印象②。代言人方面,她们在国外联系了知名篮球运动员,国内分别联系了老中青三个年龄段的大众明星③。钱多多和阮小跳夜以继日地连续工作了好几天,最终将策划书交给了宋恩明,宋恩明看过后欣喜若狂。公司的广告在热门电台黄金时间播出后立即引起了巨大反响,同时借助"双十一"进行线上线下热销,迅速占领了全国市场,KACHI品牌也迅速深入人心。

在高强度的工作下,阮小跳不知不觉生病了,整个人全身无力。一开始她还扛着,第二天实在不行了,整个人疲软地趴在键盘上。于是那天下午在钱多多"要钱不要命"的催促下,阮小跳去了医院。

正往输液室走的时候,忽然看到走廊对面走来一个人。

她微微一怔,那人……简黎声。对,就是他。一身休闲装刚刚得体,阳光适时透过玻璃窗洒了他一身,抬头看他,眉眼如旧。时间仿佛静止。

"咳咳……咳咳……"关键时刻,阮小跳突然咳嗽了。

这不咳嗽不要紧,一咳嗽便吓了她一大跳,吓得她惊慌失措地往输液室跑去。

此时简黎声也注意到阮小跳了,呆呆地望着她的背影,愣在了原地,觉得这女孩似曾相识,但又说不出来在哪里见过。是她吗?

回到住的地方,钱多多已经坐在饭桌前等她了,看着一脸关切望着自己的钱多多,阮小跳内心突然涌出一股暖流,在这座熟悉又陌生的城市,除却自己执着的那份等待,陪在自己身边的一直是这个女孩。阮小跳接过钱多多递过来的碗筷,感动的话却说不出口,心里默默地想:"无论将来发生什么,我阮小跳一定和钱多多是一辈子的好朋友,不离不弃。"钱多多等阮小跳吃完饭,按住了想要收拾桌子的阮小跳,有些责怪却又有些关爱地说:"小跳,还不赶紧去休息,还嫌身体不难受,我收拾就好了,快去洗澡睡觉!"阮小跳看着已经挽起袖口开始收拾的钱多多,嘴角不自觉牵起笑容,低声回了句"嗯"站起身想去浴室,钱多多爽朗的声音再次响起:"明天醒来还回来那个活蹦乱跳的小跳哦!"阮小跳扬起手做了个 OK 的手势就钻进了浴室。

是夜,有月光洒进室内,被感冒后遗症折磨得半夜醒来吃完药躺下的阮小跳睡意全无,她想起了记忆里那个大哥哥,无论如何都无法将记忆里的那个男孩与如今那个天启集团继承人完全糅合在一起,心里有个声音告诉自己那就是她的简哥哥,有一种冲动让她想天亮就去找他,告诉他这么多年她的坚持与等待,可是想到这里心却有些颤抖,在医院的时候不就已经假设了很多可能吗?现在的自己冒冒失失,即使他也认出自己,又能改变什么?也许在别人眼里,在这个城市仅能勉强生存的自己是在做一场灰姑娘遇上王子的梦,是在妄想与天之骄子的简黎声攀上关系。想到这里,阮小跳心痛到不行①,她突然又想到那天宋恩明问她对未来的打算,她还记得自己的回答,她伸出手看着在自己指尖跳跃的月光,感受到身边钱多多轻浅的呼吸声,又回忆起第一天上班时的那种期待以及促销工作取得突破进步时的开心,心里突然就放下了②。对于自己而言,

① 负强化。当厌恶刺激或不愉快情境出现时,个体做出某种反应,从而避免了厌恶刺激或不愉快情境,这类强化被称为负强化。

② 正强化。当环境以给予奖励的方式来提供正强化时,反应就得到加强并使个体学会适当的行为。

以案说理——《消费者行为学》自创小说及要义解析

简黎声就是自己心里的月光，自己一直不停地追随他的身影，也一直以再次与他相遇为目标，与其每天挣扎在到底要不要与简黎声相认，还不如激励自己变得更优秀。阮小跳收回手臂，转过身看着熟睡的钱多多，温暖洋溢全身。阮小跳，加油，明天还有更重要的工作要做，没有了对简黎声的挣扎，又怀揣着向往和对明天的期待，阮小跳觉得睡意袭来，失去意识前阮小跳想明天身体应该会变好的吧……

无论昨天如何过去，明天都是崭新的一天。有希望，有展望。

开会的时候，会议室里特别安静，与其说是安静，不如说是死气沉沉的。可能大家都看出来领导的表情不对。美兰总监说："由于目前公司的口香糖销量有所下滑，所以决定在原来新产品的基础上，改进产品包装。这个就交给阮小跳、钱多多、胡磊做。其他人负责市场开发，寻找新的渠道、① 销售产品。一周之内，给我答复。我只要结果。有问题吗？"虽然这个问题是问在场所有人，但是总监唯独盯着钱多多，钱多多虽然觉得心里有些不舒服，但是暗自下定决心把这次的工作做得漂亮，证明自己的实力。胡磊倒是挺开心的，一直都是和一群大老爷们工作，这次和两位美女一起，感觉就挺好的。

经过两天的商讨和头脑风暴，终于有了结果。"小跳，你看一下我设计的口香糖包装，采用了运动风。"钱多多设计的运动风是以一副乒乓球拍为表现形式，每个球拍里镶嵌一整个柠檬，好像要出来的样子，柠檬的表皮上粘了一周口香糖颗粒。这个是柠檬口味的口香糖，用运动与顾客建立联想，突出记忆②。整体是橙色的背景，看着非常的温暖、阳光。阮小跳高兴地说："太好了！不过，广告语呢？""胡磊想了一个，是'一点一点向你靠近，给你温暖

① 产品包装策略，如何改进产品包装，如何利用"条件反射"进行营销推广是课堂上所讲内容。改变包装等同于产品创新，促进销售；采用新的包装材料、形式、技术，显现有产品特点，体现消费潮流，节省包装成本。

② 联想也称为条件性联结，是指过去所经历的、在空间上和时间上同时出现或相继出现的，在外部特征和意义上相似或相反的事物反映在人脑中并相互建立联系，当其中一个事物出现时，就会在头脑中连带性地呈现出另一个与之相关的事物。

清新'。"①"嗯，挺切合这个主题的，那我用电脑加工一下，一会儿交给总监，应该没问题。"虽然他们三个都还挺满意的，但是钱多多内心多少有点不好的预感，那是所谓的女人的直觉……

"总监，这是我们做的新产品包装的详细报告，请您过目。"钱多多边说边把报告递了过去。阮小跳有些忐忑地看着总监从钱多多手里接过报告，认真看了起来，但是渐渐地她的眉头皱了起来，等看完后她脸上的笑容完全消失了，她盯着阮小跳等人，寒声说道："这就是你们这几天的成果？""我们做得不好吗？"阮小跳弱弱地问道。"简直不知所以。"说完，她狠狠地把报告扔在桌上。"新人毕竟是新人，当初就不该把任务交给你们，白白浪费时间。你们走吧，我会找人重新做的。"

"等等，美兰，严格是要严格，但这工作还得她们去完成，新人是需要培养，需要我们给机会历练的，有做不好的地方你要给他们指点一下，有批评才有进步嘛。我刚刚看了你们的报告。你们知道你们最大的错误是什么吗？"宋恩明见阮小跳她们一阵摇头，笑着说："你们的错误有两点，一，口香糖给人的第一印象是什么？小巧，易携带，它是人们茶余饭后用来清洁口腔的，你们见过谁出门吃饭还带个乒乓球拍？你们的创意不错，可实用度不高②。二，你们设计的乒乓球拍型包装的口香糖能装几颗口香糖？10颗还是20颗，我想它的包装成本比口香糖的成本还高吧。"③听了宋恩明的一席话，阮小跳等人恍然大悟，请求道："宋总，请再给我们一次机会吧。"宋恩明扭头对美兰说："年轻人嘛，就该多锻炼锻炼，再给他们一次机会吧。""既然宋总都为你们求情了，我就再给你们一次机会，两天后，交给我一份满意的报告，你们出去吧。"美兰不情愿地说道。

---

① 经典条件反射应用于营销时，强调了音乐与品牌、体育与品牌的条件反射的应用，同学们将课堂专业内容消化吸收并创作于小说之中。包装设计时，使包装物不但能包装商品，而且在商品用完后还能移作他用，以此给予消费者额外的利益。

② 很多新产品的失败，相当程度上可归因于缺乏刺激的泛化，或归因于新产品难以与其他同类产品相区分。新产品成功的必由之路应该是先经过刺激泛化，再进入刺激甄别。原因在于，购买者对新产品的第一反应是想弄清楚与该产品最相似的产品是什么。只有弄清楚这一问题，购买者才会将已知产品的某些特性赋予新产品上，也就是对刺激予以泛化。

③ 专业分析，口香糖的包装成本问题及口香糖的定位。企业依据产品的不同档次、用途、营销对象等采用不同的包装。如高档商品的包装要显得名贵精致，中档商品的包装可稍微简略朴素。

阮小跳等人从总监办公室出来后，钱多多愤愤不平地说道："亏我一直把总监当好人，没想到她这么尖酸刻薄，还是宋总裁好，宽容大度。""好了，别生气了，都到饭点了，我请你们吃饭吧。"胡磊提议道。钱多多大吼一句："我要化悲愤为食欲！！"

一个小时后，阮小跳三人酒足饭饱，看着餐桌上的水果拼盘，灵光一闪，阮小跳说："我想到了，我们的新产品主要是八种水果口味的口香糖，我们可以做个口香糖版的水果拼盘，不同口味的糖用不同颜色的纸包装，然后随机混合。"① "对，"胡磊接着说道，"我也想到了，看过《七龙珠》没？集齐七颗龙珠可以实现一个愿望，而我们可以集齐八种不同颜色的包装纸，再换一条新的口香糖。""这样不会赔本吗？"钱多多怀疑道。"完全不会，"胡磊自信地说，"一条口香糖有5支，要集齐8种，至少要买2条，甚至更多，而且，我们在生产时可以控制1~2种口味的产量，这样的话，嘿嘿，你懂的。"② "这主意太棒了，这次一定能通过，我们快回去写报告吧！"钱多多雀跃道。

阮小跳三人起身离开了饭店。第二天，阮小跳和钱多多把重新修改过的方案第一时间交到总监那里，但发现总监并不在办公室，这让她们感到很奇怪，因为记忆里身为女强人的美兰从来都不迟到的，正在她们回自己办公桌时，忽然听到刚从电梯上来的同事们在小声谈论："我们总监的脚扭了，根本就不能再走动了，只能去医院了。"

阮小跳似乎明白了点什么，当回到自己的办公桌时，她担心的不再是方案能不能通过的问题，反倒不由自主地开始惦记美兰了，是的，即使是总监，哪怕是总裁，也有情感，在危难的时刻也有被关爱的需求。她隐隐觉得自己应该站出来为总监遮风挡雨。于是她找到钱多多："咱们去医院看看我们总监

---

① 独特的包装设计能够对某一个特定品牌产生一种强烈的联想。

② 在工具性条件反射中，营销者需要给予消费者正强化，正强化的表现有买赠活动。通过一段时间的正强化，让消费者产生忠实购买。赠品包装策略指利用包装物附赠物品或给顾客各种奖励，借以吸引顾客购买和重复购买。其形式多种多样。

吧，反正方案都已经写好了。"多多回过头用一种惊讶又很赞赏的眼神看着她说："呦，不错哦，我家小跳也学会关心他人了。"小跳有点不好意思地说："好了，人家不都是跟你学的吗？走吧走吧。"

她们跟胡磊打了电话，问明地点，买了鲜花往医院赶去。

[实践活动]

组织一个实验，让消费者对某一产品种类中的三种品牌进行评估。把三个品牌分别放在背景音乐不同的三个房间中，并确保这些品牌在质量和价格方面没有区别。在第一个房间放西方古典音乐，第二个房间放摇滚乐，第三个房间放中国民乐。让消费者挑出他们最偏爱的品牌和音乐。分析消费者对品牌的偏好是否与对音乐的偏爱有关，并用学过的理论解释消费者的行为。

第五章
消费者的记忆与遗忘

[名词术语]

记忆。是过去感知过的事物在人脑中的反映。人们感知过的事物、思考过的问题、体验过的情感或操作过的动作,都会以映像的形式保留在头脑中,在一定条件下还能恢复。

瞬时记忆。客观刺激停止作用后,感觉信息在一个极短的时间内保存下来,这种记忆叫作瞬时记忆或感觉记忆,它是记忆系统的开始阶段。

短时记忆。短时记忆是感觉记忆和长时记忆的中间阶段,保持时间为5秒到1分钟。它一般包括两个部分:第一部分是直接记忆,即输入的信息没有经过进一步加工。编码方式以言语听觉形式为主。如果信息得到及时复述,则可能转入长时记忆系统而被长久保存。第二部分是工作记忆,指长时记忆中存贮的、正在使用的信息,是将储存在长时记忆中的信息提取出来解决当前问题的过程。

长时记忆。长时记忆指信息经过充分的和有一定深度的加工后,在头脑中长时间保留下来,这是一种永久性储存。它的保存时间很长,从1分钟到很多年甚至终生,容量没有限度。

遗忘。记忆的内容不能再认和回忆,或者再认和回忆时发生错误,就会发生遗忘。从信息加工论的角度来说,遗忘是指已编码储存的信息提取不出来或者提取错误。

[理论建设]

记忆的过程（见图 5-1）。

图 5-1　基于信息论的记忆过程

瞬时记忆、短时记忆和长时记忆之间的关系（见图 5-2）。

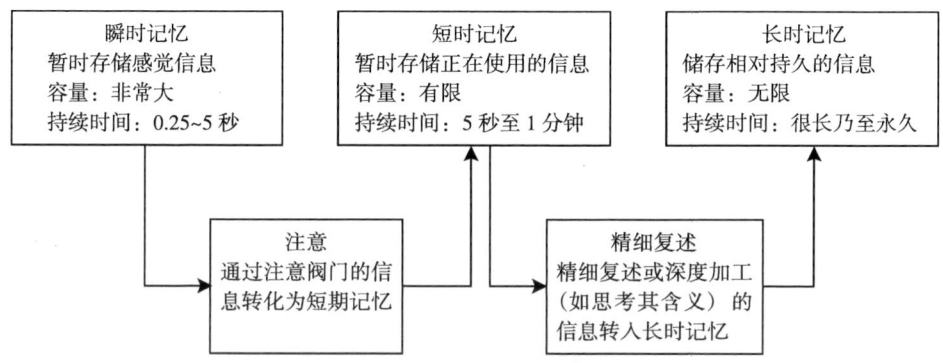

图 5-2　瞬时记忆、短时记忆和长时记忆之间的关系

[教学思考]

本章节同学们的知识更细化、更专业，他们用自己的观察和体验分析了口香糖的市场细分。在这个章节之前，教师可以引导学生学习新的知识点：如何激发消费者动机、情境的影响等。同时，在激发消费者动机时，又复习了以前市场营销管理中的术语，如 STP、创造需求等，同学们将上学期的专业术语融合到这学期的《消费者行为学》，可见，同学们真正用他们的认知来理解营销。

自创小说 1 号：希望的叶子　章节 5

落日留下长长的影子，天色很快暗淡下来，夜晚悄无声息地降临了。整

以案说理——《消费者行为学》自创小说及要义解析

① 凭借记忆，消费者在购买决策过程中，能够把过去关于某些产品的知识和体验与现在的购买问题结合起来，从而迅速地做出判断和选择；反之，缺乏记忆或没有记忆的参与，消费者就无法积累和形成经验，就不能形成概念和在此基础上进行判断和推理，从而无法适应复杂多变的环境，甚至连最简单的消费行为都难以实现。

② 消费者动机来自于环境激发。个体在特定时间所体验到的一系列需要经常是靠环境中的一些具体信号来激发的。没有这些信号，需要可能依然处于潜伏状态。

③ 形象记忆是以感知过的事物的具体形象为内容的记忆。它保存事物的感性特征，具有显著的直观性。

个城市由白天的宁静变得喧嚣起来，到处灯火辉煌，车水马龙，空气中传来了一阵阵喧闹声。一辆辆载满乘客的出租车呼啸而过，对钱多多和阮小跳的招手视而不见。突然，钱多多看到出租车上滴滴打车的广告优惠活动，灵机一动，从包里掏出手机，打开滴滴打车发出了一个打车的信号①。钱多多看了看还在不停对出租车招手的阮小跳，不禁笑出了声。阮小跳疑惑地转过头看着她，却来不及多问，一只手抱着康乃馨，另一只手依旧执着地招手，希望有一辆空车可以把她们送到目的地。②

几分钟后，一辆出租车在她们面前停了下来，司机很客气地对她们说道："您好，是你们二位预订的车吧？"

"我们什么时候预订的车啊？"虽然已经坐上了车，阮小跳的心里还是有些不安，想想最近网上传播的出租车事件，急忙向钱多多递去了自己的疑问。

钱多多看了一眼阮小跳，笑道："小可爱，现在这个时代办点事还是要用点技术的，嗯，看看这个吧。"说着便把自己还未关掉的打车界面递到了阮小跳面前。

"哦，滴滴打车呀！"阮小跳看着滴滴打车的Logo木讷地念道③。"看来自己的思维还是不够宽广，以后做事还是要学会变通，学会节约时间成本，提高效率，顺便尝试新事物，与时俱进嘛。"阮小跳在心里默默念叨。

"以前叫滴滴打车，现在叫滴滴出行，是不是觉得我很机智？"钱多多沾沾自喜地对小跳说道。

"嗯，机智，简直太机智了，给你点 32 个赞，我突然发现每一件事物都有它存在的价值，没想到我们今天竟成了滴滴打车的客户。"

"对啊，存在的就是合理的，这不是黑格尔的至理名言嘛。滴滴打车放眼于整个社会，目标客户的定位非常准确。我想滴滴打车主要是通过深入研究不同社会群体打车的动机,从而应运而生的吧。当然它满足了用车客户的需求,例如我们!①"钱多多说得头头是道,阮小跳在一旁不停地点头附和。司机插话道:"虽然我不懂什么目标定位,但是自从安装了这个软件,我每天的收入也增加了不少哪。"说话之间,车已经到了医院门口,钱多多拉着想要付钱的阮小跳下了车,说道:"我已经付过了。"

"付过了?"阮小跳虽然不知道钱多多什么时候付的钱,但想到此次前来医院的目的,心不由地紧了一下。11月的天气已有些渐凉,阮小跳捋了捋额头上的头发,把手中的康乃馨交给了钱多多,自己从车座上拎出水果,挽着钱多多径直向医院走去。阮小跳和钱多多来到病房门口,钱多多大步上去试图打开病房的门。

"等一下,"阮小跳急忙拉着钱多多,"多多,要不我们先敲门吧,这么突兀进去似乎不好吧!"阮小跳看着钱多多有些忐忑地说道。说话间钱多多又从房门玻璃上往病房里瞄了几眼,然后故作模样地清清嗓子,敲了三下门。

"请进",病房里传来了美兰总监略显不耐烦的声音。

钱多多对阮小跳撇了撇嘴,阮小跳听到声音也皱了皱眉。不过最终还是硬着头皮走了进去,病房里美兰总监平稳地躺着,钱多多缓缓上前,默默地将花插在桌子上的花瓶里。"总监,你感觉好点了吗?"阮小跳试探性地问道。

"不是说了让你们不要来了吗?"美兰脸上没有一点表情地说道。

"美兰总监,我和小跳给你熬了些鸡汤,这是药膳鸡汤,不但很补,还能起到食疗的作用,最重要的是还有抗疲劳和美容养颜的疗效。"钱多多急迫地

① 客户需求。每个消费者都通过先天遗传和社会交往获得一系列相似的动机。

向美兰总监解释道。美容养颜？想到自己刚拿到的检查报告单，美兰讪讪一笑，美容养颜对现在的我有什么用？

人是一种情感动物，最脆弱的时候往往最能感受到亲情和友情的珍贵。正所谓"在家靠父母，出门靠朋友"，就是这个道理。美兰在社会打拼了这么多年，也懂得了世间的人情冷暖，想到自己可能有点误会她们了，心里着实有点过意不去。聊到工作的时候，美兰看了一眼钱多多问道："你们的产品包装方案做好了吗？拿过来让我看一下。"

钱多多赶紧拿出早已做好的设计方案。趁着总监看的间隙，钱多多向美兰解释道："总监，我们是在吃饭时受到水果拼盘的启发。我们可以做个口香糖版的水果拼盘，不同口味的糖用不同颜色的纸包装，然后随机混合①。经过开会交流，总结出我们的卖点是突出口香糖的多样性，集齐各种口味，可以再换一条新的口香糖。不仅外观鲜亮吸引眼球，给人一种新鲜感，且内部的口香糖口味多变，我想总有一款满足消费者的需求。"②

"听了你的汇报，倒也是有几分道理，不过我还要看过你们具体的报告后才能做决定。"只见美兰总监淡定地说道，脸上依旧没有丝毫表情。

"您有什么建议吗？总监，我们好及时做一下调整。"阮小跳问道。

"你们知道伊利是如何根据不同的客户群体来销售牛奶，以实现利润的不断增长吗？其实牛奶在含量上大体是一致的。然而伊利却能从中搞出大学问。过去，消费者可能只知道'喝牛奶对身体有好处'，而且喝的大多是被称为'白奶'的液态奶、纯牛奶。而现在，随着生活水平的提高和健康保健意识的深入人心，消费者的需求也越来越精细化，"美兰看着阮小跳说道，"所以伊利推出了③喝伊利早餐奶能增

① 形象记忆与人的形象思维有着密切联系，并随着形象思维的发展而发展。形象记忆可分为视觉记忆、听觉记忆、触觉记忆、嗅觉记忆和味觉记忆等，多数人以视觉记忆和听觉记忆为主。

② 营销学中的通过生理唤醒激发消费者购买动机。对于消费者来说，大多数身体信号都是本能的，然而它们却激发了相关的需要，导致了令人不适的紧张感直到需要得到满足。

③ 经典案例，是对目标市场战略的重新回顾。这个公司在目标市场战略中，强调了差异化营销的运作，即先将消费者依据年龄进行市场细分，然后针对不同的目标消费者采用差异化营销策略。

加糖分和淀粉量，为一天的工作生活注入能量；晚上喝伊利纯牛奶可以帮助快速入睡，提高睡眠质量；青少年喝伊利牛奶可以增加骨密度，促进骨骼发育，并促进青少年智力发展；中老年人喝伊利牛奶可增强骨骼牙齿强度；年轻女性喝伊利牛奶能起到美容作用，使皮肤保持光滑、丰满……"

"哦，我明白了，"阮小跳打断道，"我们设计的这个水果拼盘的方案，具体实施起来的话，可能只会对青少年群体起到一定的吸引作用，而对商务人士、中老年群体基本上起不到什么作用，因为他们根本不关心这个，他们关心的是我们的口香糖能为他们带来什么。"

"嗯，果然聪明。"美兰满意地点了点头。

"这叫马斯洛需求，"站在一旁的钱多多插话道，"我记得大学时候消费者行为学老师讲课的时候讲过这个，而且我记得当时还让我们的一个小组试着去推销醒酒奶糖，不过我现在也不知道醒酒奶糖是什么味道。"①钱多多边说边做咂嘴的模样，惹得美兰都笑了出来。

从医院出来，两人又来到那家西餐厅，点了同样的红酒和牛排，好好地庆祝了一番。畅快地喝着、笑着。或许是因为她们的方案得到了总监的认可，或许是因为美兰对她们的态度有了转变，这些谁又知道，谁又想知道。其实她们并不需要特意地改变什么，就像超人和蜘蛛侠也不曾为谁改变过。

"小跳，"总裁助理小米来到了阮小跳身边，"总裁让我转告你，你们总监还没有出院，明天会上就由你来做一下新包装方案的报告吧，要好好准备一下哦。"

不知为什么，听到小米的话，阮小跳却丝毫也高兴不起来。是日，会场一片安静，阮小跳深吸了一口气，鼓足勇气站了起来，开口说道："各位领导

① 消费者就是这样积累对商品的认识和购买经验，并通过种种不同的体验和记忆，不断丰富着自己的消费实践。

和同事,大家好,我是市场部的阮小跳,由于我们总监还没有出院,下面就由我来为大家做一下我们产品包装方案的报告。"

阮小跳顿了顿继续说道:"首先,我们通过研究不同的消费群体以及他们的消费需求和动机,做了如下方案。对于小孩子群体来说,容易发生吞咽,而我们的口香糖不存在粘连肠子的危机,如果吞咽了,消费者吃个香蕉就会加速口香糖在胃里的排泄,因此,我们可以突出口香糖的安全无副作用。针对青少年群体,我们打算做个口香糖版的水果拼盘,不同口味的糖用不同颜色的纸包装,然后随机混合。在生理上满足对多重口味的需求,而且形式新颖,从心理上激发他们的购买欲望。尤其对于学生群体,我们突出口香糖的薄荷口味,清脑提神,减轻学习压力。对于一些商务人士,这部分群体每天西装革履,比较注重自己的形象。我们要着重突出我们的口香糖清新口气的特点,可以在包装上标明清新口气、劲爽每一天等激励他们上进拼搏的标语,相信对他们的工作状态也有很大的提升,满足他们自我实现的需要。对于女性群体,咀嚼口香糖的同时在做面部微运动,可以延缓衰老,因此,职业女性在没有太多时间美容的情况下,口香糖可以成为美容的替代品,我们可以在包装上突出可以促进有嚼劲的口香糖面部运动。面对中老年群体呢,他们更加看重产品的功能价值,我们可以突出我们无糖的特点,大多中老年群体都有高血糖,这部分群体辛苦了半辈子,比较注意养生,我们可以以此来吸引他们。而且父辈们都是非常节俭的一代人,所以针对他们应该着重开发大容量的包装,让他们打从心里觉得我们的口香糖既健康美味,又经济实惠①……以上就是我们报告的大致内容,大家可以看一下手上发的资料,不足之处还望大家批评指正,谢谢大

① 在消费者市场方面,用细分的变数,通常可归纳为人口统计、地理、心理和行为等基本因素。同学们按年龄将消费者细分为:儿童市场、青年市场、中年市场、老年市场;针对目标市场进行市场定位,即针对竞争者现有产品在市场上所处的位置,根据消费者或用户对该产品某一属性或特征的重视程度,为产品设计和塑造一定的个性或形象,并通过一系列营销努力把这种个性或形象强有力地传达给顾客,从而适当确定该产品在市场上的位置。

家!"阮小跳由开始的紧张慢慢地变为自信,每讲一处,在座的人都频频点头认可,结束后会场爆发出了一阵热烈的掌声,大家都向阮小跳投来了赞许的目光,宋恩明微笑地看着她,满意地点了点头。坐在一旁的钱多多也在笑着鼓掌,可是她的心里却有一股莫名的情绪悄然生出。

"小跳讲的这个创意非常好,可以看出你们三个人花了很大的心思,在这里提出表扬,这个项目我们不仅要做,而且要做得漂亮,投入我们公司最精锐的人员去做。钱不是最重要的,市场更重要!"宋恩明起身说道:"这是一次挑战,同样也是个机会,你们也知道,这个行业是没有秘密的,所以我们必须打'短、平、快'的战略,迅速打入市场,生产部马上回去按这个理念做产品开发,一周之后我要看到你的样品,市场部和销售部也做好准备。美兰总监不在,我来安排吧,成立一个销售小组,马上去做调研,一周后我要一份调研报告,胡磊任组长,小跳任副组长,人手你们自己从部门里选吧。"

会议结束后,各部门都开始忙碌。阮小跳心里的石头也终于落了地,兴冲冲地拉着钱多多的手:"多多你知道吗,刚才紧张死我了……"兴奋地絮叨着,而钱多多抬头瞥了一眼小跳,笑了笑:"没事,你表现得挺好的。"笑得有些勉强,也有些心不在焉,偏过头望着窗外。窗外有大片茂密的芭蕉林,在灰蒙蒙的湿热午后轻轻摆动。

一天的忙碌过后,两人回到家时已是华灯初上,简单的交谈之后就各自回了房间。阮小跳躺在床上一直无法入睡,想着接下来会是一场恶战,有些莫名地兴奋。从大学开始到现在,她一直有这种说不清道不明的情愫。越是大战之前就越是激动,就像士兵即将征战沙场的那种感觉,斗志昂扬①。

美兰总监在病床上躺了好几天,脚仍不见好转。

① 从消费者的主观能动性上看,如果消费者积极主动地注意事物,并对事物表现出极大的兴趣,则会积极地调动身体各器官更好地感知事物,这样记忆就会保持更长久。

美兰总监正准备叫护士陪她去洗手间，看到阮小跳和钱多多赶来，便叫她们俩过来扶自己。钱多多赶快放下手中带的早餐，扶着美兰总监走进了洗手间。阮小跳为美兰总监准备好早餐，便在病床上坐了下来。阮小跳无意中扫到枕头上的湿迹斑斑，嗯？总监哭过了？这和我心目中的女强人不同呢。小跳看到枕头下还露出一张纸角。这是什么？阮小跳掀起枕头，化验单？这是什么情况？

看过化验单后，阮小跳呆住了，听到美兰总监从洗手间出来的声音，阮小跳赶快把化验单放好，并把枕头也放好。看到美兰总监，阮小跳勉强地挤出笑脸说道："总监，我们还有事，早餐给您放在桌子上了，今天我们就先走了。"说完，便先走出了病房。

阮小跳木木地走在医院的走廊上，突然传来一阵急促的对话声，阮小跳并没有注意到这些，还陷在刚才看到化验单后的伤感中。

"怎么回事？不是稳定了吗？怎么又加重了？"简黎声边说边加快步伐往病房里赶。"咚"，匆忙中，在拐角处简黎声和一个人撞到了一块儿，对方好像弱不禁风的样子，瞬间被撞了出去。

"你没事吧？"简黎声把被撞的人扶了起来，开口询问道。

"怎么会没事？你这人怎么走路的？医院这么大的地方偏偏往我们小跳身上撞。"

"我没事。"阮小跳从简黎声的怀中挣脱，看也没有看撞倒自己的人又继续木然地向医院门口走去。

"如果我家小跳有事，你就给我等着，哼。"多多心口不一地说了句，然后急忙朝阮小跳赶去，"小跳，你这是怎么了？"阮小跳一句也没有回答。

简黎声走进病房，看到母亲虚弱地躺在病床上，上前紧紧地握住了母亲的手掌。"妈，"简黎声轻声地叫道，"我来了。"

[实践活动]

1. 有意义的事物容易保持记忆，无意义的事物则容易被遗忘。现在有很多企业对产品的宣传广告语都模仿了这样的方式，请就快速消费品领域举例说明。

2. 下列哪种情况你会描述为：①持续不断地搜寻；②在具体购买过程中搜寻；③消极地获取。为什么？

——一位消费者听到一则人寿保险的电台广告。

——一位消费者在采购一套用来工作面试的服装。

——一位消费者正在阅读几种有关古典家具的专业杂志。

第六章
消费者行为研究方法

[名词术语]

现代消费者行为研究。以实证主义（Positivists）方法为主流，实证主义的研究方法来源于自然科学，它包括实验、调查、观察等方法，其结果是对比较大的总体进行描述、检验和推理，收集的数据是量化的实际数据，并利用计算机对它们进行统计分析。

李克特量表。要求消费者对一系列与态度相关的陈述句表明同意或不同意的程度，为了量化分析，给每一类反映都赋予一个数值。

语义区分量表。利用两极形容词让消费者表明他或她对某个目标对象的态度，一般在品牌个性和自我概念方面运用较广。

专题小组言谈。在一个轻松自在的环境下，由被访者畅所欲言地表达自己的意见、体验、态度和看法。

知觉图。把消费者对在各种竞争产品的相对位置直观地展示出来。

[理论建设]

消费者行为研究方法的路径选择（见图6-1）。

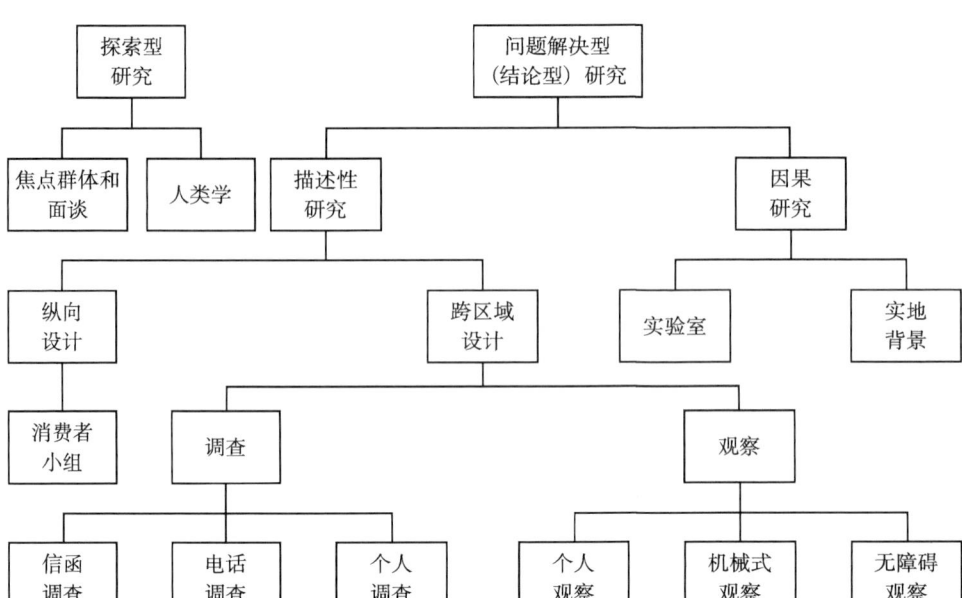

图 6-1 消费者行为研究方法的路径选择

[教学思考]

此章节写作于专业课学习的第九周,在这一章节里面,同学们对消费者、产品、行业的分析越来越细致,由于开篇介绍了主人公是在口香糖企业,所以,全班都是围绕这个产品、这个企业来写,越到后面,小组写作越需要创新。

本周教师引导学生做了关于如何测量消费者动机的调研,这组同学结合课堂小调研的结论和经历,写出了这个章节,比起前三组同学来说,更为专业、更为细致、更有创新、更有感悟、更为曲折。

自创小说 1 号:希望的叶子 章节 6

夜深了,阮小跳却十分清醒,早早躺下之后,她心里依然十分混乱,无法入睡,美兰总监的病历和简黎声的相撞……医院里的种种事情让阮小跳一整天都过得恍恍惚惚。看着窗外的夜空,阮小跳振作了起来。不论发生什么,生活总要继续,现在只有把眼下的事情做到最好才是正确的选择!今天已经和胡磊大哥选好了参与调研的小组，明天就要开始正式调研了①，今天一定要好好休息，明天拿出十二分的状态，加油！

隔天，调研小组的成员们准时在公司集合完毕，阮小跳拿着名册做着最后的确认："那么大家就按照我们事先分好的小组，各组注意带好自己调研用品和相关资料，遇到问题就报告给每个小组的负责人②，或者直接联系我和胡磊组长。"接着胡磊用洪亮的声音说道："听好了，这是一场战役！事关我们公司的生存与发展，每个人都要用最大的力量完成自己的任务！好，出发！"小组成员们向着各自的目的地出发了。

胡磊身为组长，又有多年的营销经验，直接带了两个小组奔向繁华的市区。而阮小跳和钱多多这一小组第一天负责对学生群体进行调研。她们的第一个目的地是一个大学园区，公司已经在这里临时租用了一间咖啡小屋。小跳事先用心地把内部装饰得非常自然舒适，各个角落里也布满了公司的产品与海报，准备把学生们招呼到这里进行调研③。

"你好，能不能耽误您几分钟时间？""不好意思，我现在要去上课。"

"请问您有没有兴趣……"

"抱歉，下次吧。"④

一上午了，愿意过来参与调研的人寥寥无几。阮小跳失落地坐在店里的桌子上吃着工作餐，这时去各个学校里分发问卷的钱多多回来了，看到失落的小跳后不禁问道："这是怎么啦？早上还干劲十足的。"阮小跳无奈地指了指一旁还没有半厘米厚的调查结果。"我还以为出了什么事呢，原来是这事，小跳你就是缺了一点拉拢人的能力，来，我帮你一起做，不过还是先等我吃完饭。""吃货！"小跳笑出声来，心情瞬时又好了很多。⑤

---

① "研究"是探寻消费者行为规律、消费行为发生的原因、影响因素以及消费者行为之间的关系。

② "研究"不是毫无目的地收集消费者行为方面的事实和信息。

③ 消费者行为调研包括活动分析、问题分析和产品分析，同学们将活动分析写到这里。

④ 消费者调研中的调查方法，通过询问消费者相关信息得到结论。受访者在购物中心接受访问可能感觉不自在。

⑤ 在活动分析中，需要消费者就活动主题发表意见或建议，小说中将他们不成功的活动分析引进来，为后面的情节做铺垫。

以案说理——《消费者行为学》自创小说及要义解析

① 研究设计应将日常问题转换为可实证的科学问题，形成研究框架和研究流程，并回答采用什么具体方法、如何测量和分析数据。

② 调研方法包括入户访问、购物中心拦截访问、办公室访问、中心地区电话访问、计算机辅助电话访问、完全计算机化访问、在线调查、邮寄问卷、小组自我操控、留置问卷。

饭后，钱多多拉着阮小跳来到了旁边一家餐厅门口，刚好出来一对牵着手的情侣，钱多多没有放过这次机会，直接迎了上去，"二位刚吃过饭吗？一看你们感情就非常好啊！送你们一条 KACHI 口香糖。怎么样，如果你们愿意参与我们的一项小调查，我们可以再送一盒哦。"男生爽快地笑着答应了，带着女朋友走进了咖啡屋。"怎么样，小跳？大学生情侣在一起时都很在意自己的形象，拒绝调研的概率也会低一些哦！同时在饭后送口香糖来清新口气是很好的选择，可以迅速提高对方的好感度。"接着他们就在餐厅附近招揽"顾客"，不一会儿调研结果就有了厚厚一摞①。饭点过去后，钱多多又带着阮小跳几个人去了后面的一所财经类大学，因为这里的很多学生都学过市场营销这门课程，对调研的了解也更深入，所以有很多人都愿意接受钱多多他们的调研。就这样，第一天的任务圆满完成了。

与此同时，公司其他调研小组的工作也有条不紊地进行着，以胡磊为首的针对市区进行调研的小组也是异常活跃，对街道的随机人群调查。另外，又进行了各大商铺的随机调查以及写字楼的精英人群的调研。针对性别的不同有控制地进行了随机调研。当然，网络的调研也是必不可少的，阮小跳在进行着自己的调研工作的同时也每天汇总着来自其他城市分公司的调研结果以及网络调研结果，②虽然很忙很累但是她感到内心非常充实。市场调研如期进行着，可靠的胡磊大哥有序地组织指挥着各个调查小组进行行动，阮小跳也在最前线带领小组成员们活跃着，期间活泼的钱多多也帮助阮小跳化解了不少尴尬和麻烦。

三个人在公司忙到了深夜才回家，虽然有点疲惫，但是他们做出了自己非常满意的报告，所以今天阮小跳也是自信满满地来到了公司。"小跳，报告说明就像之前说好的，交给你了，一定要把咱们这些天的成果展现出来啊！"胡磊拍了拍阮小跳的肩膀。"嗯！我会努力的！"

时间差不多了，阮小跳径直向会议室走去，她推开门和大家打了招呼，坐到了自己的座位上。

"报告准备得如何？"一个熟悉却又带着些许疲惫的声音从旁边传来。阮小跳吃了一惊，循声望去。

"美兰姐？你出院了？可是……你……"

"嗯，已经没有什么大碍了。"

此时的美兰总监虽然看上去还是有些柔弱，但是她的脸上已经恢复了往日的威严和自信。"先别管我了，你一会儿要进行调研报告吧？来让我看看你们的成果吧。"美兰总监的语气一如既往地沉稳。"嗯，我知道了。"阮小跳决定把这件事先放在一边，眼下要把注意力集中在报告上，不能辜负大家的期望。"首先，我们在上周的会议里也说到过，我们这次的产品主要细分了不同的消费群体以及消费需求和动机。因此，我们首先对此做了调研①，结果请看图表：我们的口香糖在以中大学生为主的青年消费群体的渗透率达到了71.4%，排名第一，而且其中有80%以上的受访者表示对收集7种颜色可换新的一包口香糖的方式感兴趣，因此，这个群体就是我们的主要客户。而我们为此设计的水果拼盘口香糖以及针对学生的薄荷口香糖就成了主要的产品。其次，以商务人士为主的中年消费群体达到61.4%，也十分高，因此，这一部分的市场也是不容我们小视的。而我们的口香糖在老年群体中也有着31.3%的渗透率。此次调查中，有78%以上的受访者表示，如果我们推出大容量的经济装低糖口香糖，他们会继续购买。我相信在新款口香糖上市后，这个渗透率会进一步上升。"②

"然后是性别对于口香糖渗透率的调研，"阮小

① 消费者行为研究的对象决定了研究过程也存在主观性问题，正确选择研究方法是可以保证最大限度减低研究者和研究对象出于主观性而给研究结果带来的潜在影响。

② 学生根据课堂调研结果，将他们的实施过程和结论写在小说里。对现有产品给消费者带来的利益进行分析，从而找到产品需要改进的方向。

跳接着说,"我们的口香糖在男女消费者间的渗透率大体相同,分别是58.2%和56.3%;但是我们进一步对口香糖的食用频率做了调研,研究结果发现,男性消费者的食用频率要高不少,具体数值都在诸位手上的文件中,不过平均下来,男性是一周3~5次,而女性是2~4次。而这中间食用频率最高的是青年消费者,所以我们由此也可以预估出我们针对男性、女性的口香糖的生产比例。"①

"最后是儿童群体,我们调研小组在对儿童群体展开调研时,首先在他们的家长中展开,其中只有36.6%的家长表示给孩子买过口香糖,但是在听过我们最新的儿童安全口香糖介绍后,有52.4%的家长表示愿意买来给孩子吃,这是很好的开头。而之后我们给孩子们试吃我们的新口香糖后,87.9%的孩子都表示喜欢,这一部分我会在后面针对新产品受欢迎程度的部分详细说明。"② 之后,阮小跳分别就口香糖包装分析、市场主要竞争对手、消费者的生活形态、新产品开发等方面做了全方位的介绍。这期间,宋恩明在下面不住地点头,并投去了赞赏的目光。而美兰总监虽然一言不发,但是她的视线始终没有离开阮小跳。

"很好,这份调研报告十分出色。"宋恩明边鼓掌边站了起来,顿时整个会议室响起了雷鸣般的掌声。

"我们接下来将面临一场硬战,全新包装的KACHI口香糖如何才能打进市场这又成为我们新的一个问题,此次战役不仅关乎公司的发展,也给了你们一个机会。我在这里宣布一件事情,美兰总监申请了离职,近期会离开公司,市场公关部总监的位置空了出来,公司将选出 名新的总监,我将根据这次新包装口香糖的销售方案做出对公司最有利的决定。这个社会没有永远的敌人,更没有永远的

① 学生们上课比较了性别对于口香糖的语意差别量表后的结果。

② 消费者的兴趣包括工作爱好、度假、社交、运动休闲等工作、娱乐、食品、媒体等兴趣。

朋友，这是一场个人战役，你们都给我紧张起来，成败在此一举。今晚你们把方案做好，明天我们将进行方案汇报。好了，散会。"

宋恩明讲完这段话后，大家都惊讶地看着美兰总监，曾经雷厉风行的女强人好不容易做到总监的位置后竟然突然辞职了，这不得不让人困惑，只有阮小跳心里明白这是怎么回事，在病魔面前，再强大的人也会败下阵来，更何况美兰总监是一个可怜的单身女人，这样也好，不再忙碌的美兰总监可以专心养病了。可是阮小跳依然不舍得这个表面凶巴巴内心却充满苦楚的姐姐，想到这里，阮小跳不由地悲伤了起来。

"小跳，你看你看，雨涵餐厅有买双人套餐送面具的活动，我们去吃吧，那个面具好好看！"钱多多一边说一边拉着阮小跳往里面走。"好，都依你。"小跳实在太累只能任由钱多多决定。

"两位小姐你们好，今天是万圣节，本店特推出买双人套餐送一对万圣节面具的活动。"服务员微笑地对着刚刚就座的钱多多和阮小跳说道。

"可以，就点一个双人套餐。"钱多多进来时就做好了决定，她想要面具，大学时万圣节的鬼面舞会让她好生怀念。

"请问一下你们送的面具是本店自行购买的吗？"心细敏感的阮小跳下意识地问了一下，大学时老师总说生活处处有营销，她不免多关注了一下。

"小姐你好，这是我们和 CC 玩具厂商联合做的一个活动。"

"CC 玩具？我怎么都没听说过。"阮小跳不解地问道。

"这是一家新的玩具厂商。"说完服务员拿着菜单离开了。

"不过是 CC 玩具想利用万圣节以低价和店铺联合，想打出自己的品牌和提高短期销售额罢了，这么简单的营销手段难不倒我们。"钱多多不紧不慢地说道。

"对呀！这么简单的营销手段我们怎么就没想起来呢！多多，再过 11 天就是'双十一'了吧，我们何不趁这个大节日把我们的新包装口香糖卖出去？这是多好的一次机会！"①

> ①"双十一"促销，商家的联合行动。一举多得。营销创造出的流行时尚（如时装、快餐）与大众消费文化（如流行歌曲、网络游戏、动漫）影响和改变消费走势。

"'双十一'还远着呢，先吃饭吧，晚上还有重要的任务呢。"多多并不认同阮小跳的说法，她觉得"双十一"不过是个好事的单身节日，故不以为然，而阮小跳却在心里打好活动的草稿，准备回去收集资料写一份口香糖销售报告，让美兰总监能安心地离开公司。

到底要怎样才能将口香糖卖出去？阮小跳咬着笔坐在电脑前冥思苦想，自从下班后她就一直在想"双十一"的事情，时间紧迫，她不能松懈下来，此时的钱多多也在绞尽脑汁地想方案。

"小跳，你想当这个总监吗？我其实很想当，我想出人头地，我不甘心在这个灯火通明的城市竟没有我的一盏灯。"钱多多停下手中的工作认真地问起了钱小跳。

"多多你一定可以的，我相信你，你知道我的，我向来不爱争，只想做好自己分内事而已，我一定会支持你的。"阮小跳心不在焉地回答道，她并没有想过要当什么总监，她想努力做好这个方案让美兰总监安心地离开，同时她又希望她的简哥哥能看到她的努力。

次日，钱多多醒来后看到在电脑桌旁睡着的阮小跳，心里颤了一下，难道阮小跳就那么想坐这个总监，竟一夜未眠地在做方案，这不免让钱多多有些生气，昨晚说着不争却做出了争的准备。她正想把阮小跳叫起来时，看到电脑桌面上阮小跳关于"双十一"口香糖促销的文案，以为阮小跳只是随口说说，没想到竟做得那么好，钱多多一时间慌了，她想起以前和阮小跳的往事，曾经她们彼此都没有秘密，可如今阮小跳却有话不肯说，从进入公司她就做得比阮小跳优秀，可机会却一次一次地落在阮小跳的身上，她不甘心，如果不是宋恩明喜欢阮小跳她怎么可能有那么多机会……

"钱多多，该你了。"钱多多旁边的同事见她一直发呆就喊了她一声。

钱多多顿时清醒过来，看到大家都看着自己，脸一下子就红了，跟大家说了声对不起，调整了一下自己的情绪，就开始讲自己的销售方案。

"我的方案分为两个部分，第一部分是我根据万圣节的所见，对即将到来的'双十一'全球狂欢日去推广销售我们的口香糖，昨天是万圣节，我跟小跳去吃饭，饭店推出了一个买双人套餐送面具的活动，他们的面具不是自己买的，而是跟一家新开的玩具厂联合做的活动，这个活动既给餐厅带来了客人，又提高了CC玩具厂品牌的知名度和销售额，达到了双赢，这就是捆绑销售。我们的口香糖就像这个品牌一样，知名度不高，但我们可以借着'双十一'这个机会，跟一些电商或者店铺合作，最好是跟一些与食品有关的店铺合作，这样消费者在购买食品的时候，就会想到可能需要口香糖，就会产生购买的欲望，看到我们的口香糖就很有可能会购买，还可以跟一些网上商城合作①，例如淘宝、京东、天猫等，我们可以借助他们的平台，利用他们的销售队伍，分销渠道，使顾客能够更方便地购买，得到更好的服务，来提高我们产品与其他产品的差异性，增强顾客的忠诚度②。第二部分主要是提高我们品牌的知名度，我上大学的时候做过一个扫码送礼的兼职，是一个房地产公司为了提高知名度跟销售额而组织的一次活动，路人只要扫一下二维码，然后关注，就会有一份精美礼品相送，我们也可以弄一个微信平台，'双十一'那天在市中心或者大型购物商场进行扫码送礼，礼品就是我们口香糖的小包装③。我们还可以投放广告，现在大多数学生跟商务人士的代步工具是地铁跟公交，地铁跟公交比较，更方便快捷，大多数人更倾向于地铁④，所以公交上可以少放点广告，在地铁上投放更多的广告……"钱多多也是非常聪明的，她不仅盗用了阮小跳的"双十一"方案，而且把她自己的想法也整合进去，这个方案无疑是最好的。

阮小跳僵着身子站在会议室门口，表情似惊讶似不可置信又似迷茫，她不敢相信自己听到的，她想她在做梦，她不相信钱多多会变成这样的人，但是现实有时就是这么残酷，她们曾经是最好的朋友，现在却是最熟悉的陌生人。

钱多多的方案得到了所有人的肯定，大家一致同意用钱多多的方案，总裁宋恩明也很满意，钱多多对他说阮小跳不参加今天的会议了，阮小跳这几天确实挺累的，再加上钱多多的方案也挺好的，所以就想让阮小跳休息一下，这次的广告就交给钱多多了。"多多，你的方案非常好，想法独特新颖，尤其是'双十一'这方面的，这次的地铁广告部分就

① 促销影响和改变消费者的购买决策，新的营销模式（如直销、大型超市、网络营销）影响和改变消费者的购买行为。

② 口香糖的广告策略（广告投放、媒体选择、投放时间等），这是留给下组写作的难题。口香糖的分销策略。生产商和中间商（电子商务）合作，也可以考虑外包的无品牌策略。

③ 识别消费者的核心价值，获得核心价值可能引导出的产品及产品属性。

④ 消费者被各种营销刺激（活动、购点气氛和产品包装等）所包围，为了争夺其注意力，大量的广告出现，影响和改变消费者对产品和品牌的认知和接受。

交给你了。"钱多多心里非常高兴,她对自己说一定要做好,自己离总监只有一步之遥。

"小跳,你来了。"胡磊打开会议室的门,看见阮小跳,但是阮小跳并没有回答他,眼光透过人群向钱多多看去,正好碰到钱多多向她看来的目光。

[**实践活动**]

在实践中,消费者行为调研会因地因时因行业因产品而有具体内容的差异。请设计某类产品的李克特量表,由被访消费者对句子和词语的认同程度进行评价。

第七章
消费者态度的形成、测量与改变

[名词术语]

消费者态度。是消费者对一个物体、人物、事件、商品或行为等对象的总体评估。它还反映了人们基于联想而对某物体产生的总体评估。态度由三部分组成，即认知成分、情感成分和行为成分。这三者共同形成对态度对象的评价。

认知成分。由个体对认知对象的各个属性的想法和信念所构成。

情感成分。是个体对认知对象的感情或情绪性反应。

行为成分。是个体对认知对象采取行动和观察行为的倾向。

态度测量。是指按照一定的程序与法则，将人们的社会态度数量化的过程。一个合格的态度测量至少要具备两个功能：一是分类功能，即把对待同一现象的正反态度（赞成或反对、喜爱或憎恶等）区分出来；二是确定等级功能，即分出态度的强弱力度。

态度的改变。是在旧态度的基础上发生新变化的过程。消费者态度的改变包括两层含义：一是指态度强度的改变；二是指态度方向的改变。

[理论建设]

态度的影响层级（见图 7-1）。

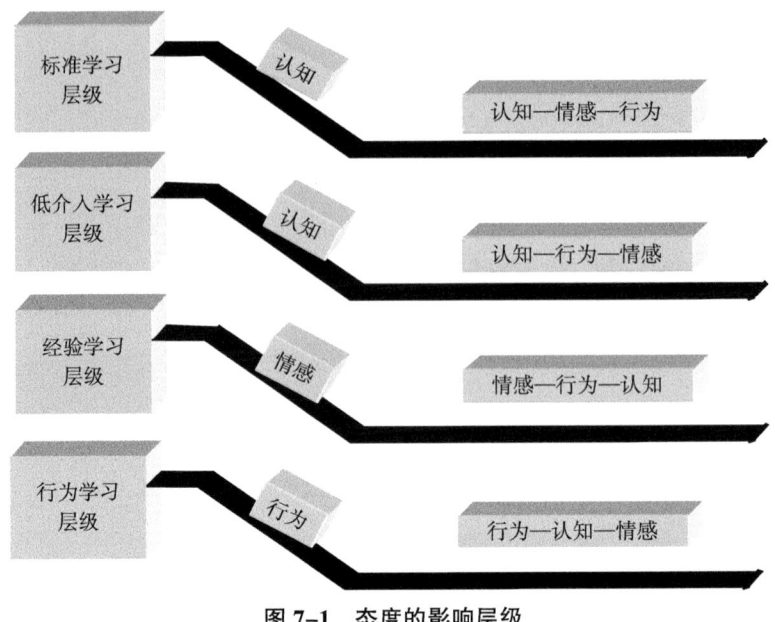

图 7-1 态度的影响层级

[**教学思考**]

在这个章节里,同学们将广告创意用文字进行了表达,同时,将在本章节所学习的消费者态度、消费者意念、消费者认知、消费者行动等概念消化到小说里。小说里面针对口香糖的系列产品,对消费者购买决策过程进行了思考。其中,内部信息搜集模式里的意识域、激活域、排除域、惰性域等专业术语,基于信息搜集模式的营销战略的瓦解战略、拦截战略都有淋漓尽致的体现。

自创小说 1 号:希望的叶子 章节 7

胡磊看了看钱多多,又看了看正向阮小跳走来的宋恩明,偷偷给众人使了个眼色,大家都心领神会地离开了。钱多多迎着阮小跳的目光,微微一颤,四年里她从未见过阮小跳这样的眼神。

"小跳,怎么不在家休息?"钱多多被宋恩明的话拉回现实,她立刻反应过来,微笑着走向阮小跳:"小跳我看你太累了,想让你多休息就没叫醒你,我的方案和报告大家都很满意,你放心吧。"

"哦,这次的方案由多多负责,小跳你有好方案的话也可以提出来。"宋恩明还是很想听听阮小跳的想法。

"我跟多多不分彼此,她的就是我的!"小跳的目光始终冷冷地看向钱多多①。

宋恩明从没见过阮小跳这样的眼神,究竟是什么事能让一向内敛温柔的阮小跳如此反常。"她的就是我的?"敏锐的宋恩明立刻捕捉到异样。

阮小跳跟宋恩明请了假转身离开了,宋恩明意味深长地看了阮多多一眼便大步离开了,只留下这个内心充满疑惑、妒火和一丝丝愧疚的姑娘。

"回家休息?和多多一起的家现在还算是家吗?"阮小跳越想越伤心,一个人漫无目的地走在街上,街道上两旁的商铺都沉浸在即将到来的"双十一"狂欢节喜庆的气氛中,就连鲜花市场也要凑个热闹,阮小跳看到了鲜花丛中的康乃馨,忽然想起了生病的美兰总监。

抱着一大束花来到医院门前,看到周围许多水果店都写着"双十一"购满几十元送果篮或者减免现金,阮小跳苦笑道:"生活处处是营销啊!"②

"小跳你来啦,快进来坐呀!好漂亮的花,不过下次记得要送玫瑰哦。"阮小跳看到美兰总监精神不错,也开心了很多,"好,下次一定给您送玫瑰。"说着把花摆好。"美兰姐我给你削苹果吧,我削的果皮都不会断呢!""好啊,削好了让我看看,对了,小跳你怎么没去上班啊?你们的方案和报告怎么样了?多多怎么没来?"削苹果的手突然停住了,一条长长的果皮掉到了雪白的床单上,阮小跳所有的委屈再也忍不住,眼泪不停地往下掉,美兰总监边忙着给她擦眼泪边说:"好了好了,方案不好可以重改,报告不好也可以重做,不过小跳,机会错过了可真

① 态度(Attitude)含有"合适"和"适应"的意思。到18世纪末,生物学家达尔文在生物学意义上使用了这个词,并赋予它"通过身体表达情感"或"情感的外部表露"之类的意思。实际上,即使到了20世纪,仍有很多学者主张将态度与趋近或回避某一事物的身体或生理倾向相联系。

② 这是2015年11月11日前真实的商家的促销情况,学生们将观察写进小说里。

就没有了,有些事你还是要争一争的。"

"她根本就不需要机会,有美兰姐你帮助她,有宋总处处照顾她,她还用争什么!"钱多多推门而入,阮小跳惊讶地看着眼前这个陌生又熟悉的人①:"钱多多,方案没了可以重做,职位没了可以重新争取,可是情谊没了还可以重来吗?"阮小跳说完双脚不听使唤地跑了出去。②

钱多多也尴尬地从病房中退了出去,美兰总监看着一向亲如姐妹的两人竟然吵了起来,若有所思,然后拨通了宋恩明的电话。

阮小跳从病房跑出来之后,漫无目的地在医院里乱晃。此时思绪满满的她并没有注意到有个人悄然跟随,那人身影颀长,英俊的脸庞上又有一丝骄傲与高贵。

已是深秋,阵风拂过,院墙边那一排法桐叶子飘零。"树的叶子都是被风吹落的吗?"阮小跳望着落下的叶子出神。

"树叶不全是被风吹落的,有些树叶,即使不刮风也会自动脱落的。"听到这话,小跳讶然转头,简黎声看到的却是一张满布泪痕的脸。"简哥哥!"小跳怎样也想不到会在这样一种状态下与简哥哥相遇,一时尴尬得无以复加,慌忙低头擦掉脸上的眼泪。这时看到一方干净的格子手帕出现在眼前:"怎么了这是,原来前两次我在医院看到的真的是你,小跳。"阮小跳犹豫地接过手帕,抬头看到的是殷切而略带欣喜的眼神。

原来他还记得我,心心念念了十多年的简哥哥啊,阮小跳刚止住的眼泪又夺眶而出。又一阵风吹过,两人都感觉到了深秋黄昏的寒意。"先别哭了,遇到我有这么难过? 走吧,去医院前面的咖啡馆坐坐吧。"说也奇怪,他的声音有种神奇的力量,阮小跳不再思绪翻飞,乖乖地和简黎声走进了一家咖

① 人们几乎对所有事物都持有态度,这种态度不是与生俱来的,而是后天习得的。不管出自何种缘由,这种好感都是通过接触、观察、了解逐步形成的,而不是先天固有的。态度一经形成,便具有相对持久和稳定的特点,这一属性又使得态度的改变具有一定的困难。

② 自我防御功能是指形成关于某些事物的态度,能够帮助个体回避或忘却那些严峻环境或难以正视的现实,从而保护个体的现有人格和保持心理健康。

啡馆。

"现在可以告诉我为什么哭了吗?"还是简黎声率先打破了沉默,明明两个人十多年未见,但感觉却像日日陪伴在身边的密友,而且还都能一眼认出对方。

不知是深秋的寂寥氛围勾起了阮小跳的感伤,还是窗外城市的灯光引发了阮小跳客居异乡的无奈,不知是咖啡的香味融化了紧闭的心墙,还是简哥哥的声音太具诱惑,总之,阮小跳一股脑把来上海之后的工作、生活和盘托出,当然也包括与钱多多的矛盾。

简黎声也敏锐地捕捉到了重点,在阮小跳竹筒倒豆子般说了所有事之后,简黎声开口:"小跳,你要知道,人与人之间的关系就像营销,一味地退让或索取都是行不通的。"①

"所以,简哥哥你的意思是我要原谅多多,不计前嫌,此后还一起并肩作战吗?"小跳已没有刚才诉说时的生气与委屈,平静地问道。

"不,恰恰相反,我的营销哲学里从来没有原谅。这种人到底是不是一辈子的朋友,大家心里都有数。小跳,经此一事,要不你离开A公司,到天启吧。"简黎声满怀期待。

良久,小跳抬头:"简哥哥,我想好了,我不能答应你。我的营销哲学里也不允许'遇到挫折就放弃',我来上海的目的,就是想让自己变得优秀,能实现自己的价值,能与你并肩,如今我的能力还远远不够,我不想就此放弃,营销讲的不就是坚持吗?"坚定的眼神就这样击溃了简黎声的心,他转过来鼓励阮小跳,支持她靠自己的能力取得成功。②

"走吧,不早了,我送你回去。"简黎声和阮小跳走到门口,服务员送给阮小跳一朵玫瑰花:"为迎接'双十一',凡进店消费的情侣均赠送一朵玫瑰

① 人是社会性的生物,他人和社会群体对人的生存、发展具有重要的作用。适当的态度将使个体从重要的人物(父母亲、亲戚、老师及朋友等)或群体那里获得认同、赞同、奖赏或与其打成一片。

② 行为学习层级是行为在先,接着根据行为形成认知或信念,最后才是情感。这一层级的出现,往往是因为环境或情感上的因素促使消费者在未形成情感与信念之前便已采取行为。

以案说理——《消费者行为学》自创小说及要义解析

① 服从阶段是态度形成的开始阶段。人们为了获得某种物质上和精神上的满足，为了避免某种惩罚或获得奖励而表现出来的，迎合他人要求或规范要求的行为。不管是服从或是顺从，都是在压力的推动下产生的行为，而不是心甘情愿的行为。

② 就生活中的消费行为来看，人们对某种产品或服务的消费都是从尝试购买（消费）开始的。在尝试购买之前，人们可能受到品牌宣传的吸引、周围人的推荐或消费影响，然后通过各方面的信息搜集或实物评价，最后做出尝试购买的决定。按照操作性条件反射理论，人们做出购买行为后产生的"后果"将影响其以后的"购买行为出现频率"。如果人们获得了"满意"的结果，以后"购买行为被重复的可能性更大"。

③ 这个案例发生在上海，是一个推销员的真实故事。在此案例中，推销员为了达到消费者问题认知，减少实际和理想的差距，故十分强调产品的组成、产品的消费者、产品的来源，用这样的质量替代器来代替产品价格。

花。"服务员笑容可掬，阮小跳有些害羞地接过。

时光飞逝，转眼间已经到了"双十一"前夜，阮小跳对于这种出卖朋友的行为很难接受，她怎么也不会想到，和自己朝夕相处，自以为除了父母之外最亲的人，竟然做出这样背信弃义的事，但还是以大局为重，以公司利益为先，尽力说服自己配合钱多多就这样实施"自己"的方案。①

如果说什么事情能够安抚一下自己被昔日闺蜜伤过的心，阮小跳认为那就是在"双十一"当天KACHI口香糖在淘宝和京东的销售额了。仅仅一天，通过天猫超市销售额达到1000万元，要知道，这在平时可是一个月的销售额，不仅销售额取得惊人业绩，KACHI口香糖的品牌知名度也得到了很大提升，顾客的好评也越来越多。②

隔天，阮小跳也许确实累了，也许心也累了，一直睡到九点，反而庆幸钱多多不会叫醒自己，好不容易睡了个好觉，简单洗漱后，就赶往公司。

刚进门，就看到一位穿着一套合适得不能再合适的正装的职业女性，刚好显出姣好身材，就是面孔有点陌生，拿着几套洁白的衬衣，周围已经围了好多同事。"今天我来咱公司呢，是为了一项研究，我们公司现在用大豆纤维制作了几件衬衣，这种衬衣吸汗，而且夏天穿上清凉无比，冬天穿上加绒的保暖效果奇好。我们让这位男士试穿一下。"职业女性用好听的声音吸引了更多的同事，随后胡磊就穿上了衬衣。"让我们把空调打开。"几位女士不太愿意了，感觉温度骤降，但是胡磊却毫无感觉，就满意地问："这衬衣多少钱一件，要不我把这几件都买了吧。""我们还处于试验阶段，不打算销售，而且这个打算专向美国大使馆售卖，所以价格也就不同一般，1000元一件。"③阮小跳在一旁看得出来，职业女性在改变消费者权重。大学时，消费者行为学老师讲过，如果消费者不重视特性或利益，营销者们会不断减少这些被消费者忽视的特征权重，① 对消费者重视的特性增加权重。果不其然，胡磊在这么多同事特别是女同事面前总要顾及面子，再说这件衬衣也真心不错，就把职业女性手里的四件全部买了，送给钱多多和阮小跳一人一件，另外一件送给了宋恩明。②

'双十一'已经过去了，当天的辉煌"战果"使公司所有员工都对公司的未来充满了希望，工作起来都更加卖力了。

这里说的所有人当然包括阮小跳，与简黎声的相遇令她重拾了自己的斗志。前几天她就找房东搬去另一个单间了，她与钱多多分开了，再也回不到从前了。虽然一个人在家时还会经常回想起她和钱多多大学时的亲密无间，想到刚到这座城市时钱多多对她的关怀与照顾，尽管每次她都告诫自己要坚强，但每次想到这些，她的眼泪都会不争气地留下来。她多么想回到当初与钱多多亲密无间的日子啊，但是她知道，那件事之后，这变成了奢望，她想不明白，总监那个位置真的那么重要吗？为了这个位置背叛最好的朋友真的值得吗？

阮小跳工作起来更加努力了，在公司碰到同事她也会主动笑着打招呼了，她想着，既然我之前能做出那么优秀的策划，以后一定还能想出更好的点子，算了，以后的事先不想了，现在公司已经把地铁广告那块交给钱多多了，还剩下捆绑销售那一块，我还是先想想这个吧，该找哪个集团合作呢？要如何实现双赢？阮小跳又陷入了沉思……

又一次公司会议上，钱多多向大家展示着自己经过几天"奋战"、死了无数脑细胞设计出的广告：地铁上的乘客多为学生与上班族，而之前对口香糖需求的调研结果也显示口香糖渗透率最高的是学生，为71.1%，接着是商务人士，为61.4%，所以广告要

① 属性对消费者的重要性不同，该市场的消费者对各属性赋予的权重也不同。

② 对于某一事物（比如一种产品）的态度依赖于对事物相关属性的信任程度的总和。事物的属性可以根据对这些属性的估计来衡量。

针对的群体为学生与商务人士。集齐 7 种颜色的口香糖可换一包新口香糖是我们的特色，而且上次调研中 80%的受访者都对这种方式感兴趣，广告中可以重点突出这个……我设计的广告有两个，一个是针对学生的广告，另一个是针对商务人士的广告。

针对学生的广告分为两个场景，第一个场景是一群高中生在上数学课前，一个学生把一片 KACHI 口香糖放入嘴中，周围的同学都带着不屑的目光；第二个场景是数学课上，其他同学昏昏欲睡，无精打采，唯有课前嚼了 KACHI 口香糖的同学精神抖擞，目光炯炯有神，正在认真地听老师讲课，和其他同学产生了鲜明的对比。最后，说出广告语：有 KACHI，学习无压力。宣传海报的话直接从两个场景中截出关键的一张图①，在两张图的下方写上广告语：有 KACHI，学习无压力。针对商务人士的广告同样分为两个场景，第一个场景是一个公司职员正在向上司讲述他的策划方案，而上司闻到职员口中的"异味"后，深深地皱了皱眉头，再也没有听下去的耐心了，直接 Pass 掉了职员的方案；第二个场景是职员在向上司讲述策划方案前嚼了一片 KACHI 口香糖，上司边听边点头，越听越高兴，职员的方案通过了。这两个场景都在职员向上司讲述方案时加入口气的特效。这则广告的海报则需要 5 张图片，第一个场景 2 张，一张是职员和上司交谈，一张是方案被 Pass；第二个场景 3 张，嚼口香糖，交谈，方案通过。当然，交谈时同样要带上职员的特效。最后写上广告语：KACHI，口气清新每一天②。

"Very Good！"宋恩明说道："这广告设计得非常好，这次如果销售量大的话，定有嘉奖！"台下众人也纷纷叫好。

"谢谢宋总！"

"散会！小跳，你等一下。"其他人很识趣地离

---

① 同学们将课堂调研结果和广告创意放入小说。

② 态度改变也指一个人已形成的态度在接受某一信息的影响后发生变化的过程。从企业角度看，企业促使消费者态度发生变化总是伴随着宣传、说服和劝导。从这个意义上来说，态度改变的过程也就是劝说或说服的过程。

开了会议室，宋恩明在会议后单独把阮小跳留了下来。钱多多离开的脚步一顿，意味深长地看了阮小跳一眼，随后也离开了。只是那未名的嫉妒之火却再也压抑不住。凭什么？我钱多多哪里不如你？凭什么，宋恩明眼里就只能看得到你？你有那么多人的青睐，而我只能凭自己的努力，阮小跳，那个方案，是你欠我的！钱多多坐在椅子上，不知看着哪个地方，闪烁的眼睛终于平静下来，好像下定了决心。

会议室里，宋恩明看着有些失神的阮小跳："小跳，你还好吗？""嗯？嗯……我没事。""你告诉我，钱多多偷了你的创意，对吗？"阮小跳心里一惊，不知道宋恩明怎么会猜到。是啊，钱多多偷了我的创意。她曾经是我最好的朋友，四年同窗，我们一起哭哭笑笑玩玩闹闹，毕业时我们还对着天空许下诺言，"要当一辈子的好朋友"！想到这，阮小跳突然心一软："没有，那是多多的创意，我们那天一起吃饭的时候，多多逛淘宝想到的创意。"宋恩明盯着她看了几秒，不置可否。他坐在这个位置上，见了太多这样的事情。职场如战场，就算是朋友，在职场上也一样是竞争对手，你对竞争对手防备太少，吃亏的只有自己。吃一堑长一智，阮小跳，这就当作给你上的职场新手课吧。

"那好，有个任务交给你，"宋恩明说，"你和胡磊合作，想出一个方案，怎样提高我们品牌的知名度，一周之后拿出策划书交给我。""是，总经理。"阮小跳求之不得。一方面，在这个时候，工作能够让她不去想那么多让自己伤心的事情；另一方面，她想要用工作证明自己的实力。

下班之后，简黎声在A公司门口等阮小跳，他们约好了一起吃饭。阮小跳正准备收拾东西下班，宋恩明走过来："晚上一起吃饭吧，我想听听你对策划书有什么想法。"阮小跳知道简哥哥还在等她，只能拒绝道："不好意思啊，总经理，我晚上约了人一起吃饭。明天早上上班我第一时间向您汇报，可以吗？"已经是下班时间了，宋恩明无法强迫阮小跳一定要跟自己共进晚餐，只能说道："那好，明天见。""总经理再见。"阮小跳拿着包离开了，宋恩明似乎很是落寞，阮小跳走后，他一个人站在窗户旁边，却意外看到了在等阮小跳的简黎声，两个人有说有笑地离开了。"简黎声？"也许都是年轻有为的人才，宋恩明对他印象很是深刻，"小跳怎么会认识他？"宋恩明喃喃道，看来，自己还有一位相当优秀的竞争者。

[**实践活动**]

为以下事物设计语义极差量表,分别侧重于认知成分和情感成分:

A. 牙膏　　　　　　　　　B. 绿色和平组织

C. 笔记本计算机　　　　　D. 减少食用食盐

第八章
消费者购买决策过程

[名词术语]

购买介入程度。是指消费者对购买活动的重视程度和感觉到的购买风险的大小。对不同产品的购买或对同一产品在不同情形下的购买,消费者的介入程度是不同的。

习惯性购买行为。如果消费者属于低度介入并认为各品牌之间没有显著差异,就会产生习惯性购买行为。这类产品一般是价格低廉且大多是经常购买的日常消费品。

复杂的购买行为。如果消费者属于高度介入,但对某类产品或具体品牌不熟悉,也未建立起相应的产品与品牌评价标准,并且关注现有品牌、品种和规格间的重要差异,则会产生复杂的购买行为。

减少失调感的购买行为。如果消费者属于高度介入,但是并不认为各品牌之间有显著差异,则会产生减少失调感的购买行为。

多样性的购买行为。如果消费者属于低度介入并了解现有品牌和品牌间的显著差异,则会产生多样性的购买行为。这类产品一般价格并不昂贵,并且有很多品牌可供选择。

意识域。是消费者知悉或意识到且有可能作为备选品的品牌。

激活域。是消费者在购买决策中予以进一步考虑的备选产品或品牌的集合。

惰性域。由那些消费者了解但不关心的产品或品牌所组成。

消费者情境。是指消费者购买活动发生时个体面临的一系列短暂的环境因素。消费者情境包括物质环境、社会环境、时间、购买任务、先前状态等。

[理论建设]

消费者购买决策的一般过程（见图8-1）。

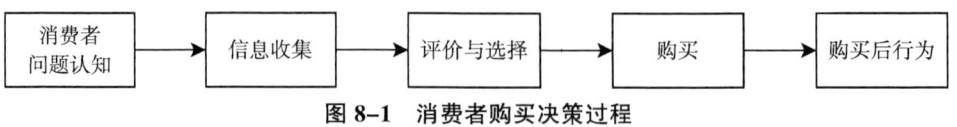

图8-1 消费者购买决策过程

内部信息搜集的过程（见图8-2）。

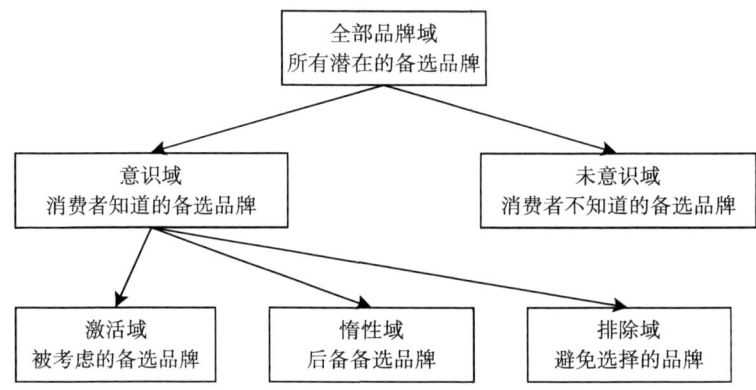

图8-2 内部信息搜集过程中消费者对品牌的归类

[教学思考]

本章节强调了营销人员应对不同消费者开展有针对性的推销。在营业推广过程中也应注意品牌个性的来源。因此，在这章节的小说里，同学们将以上内容非常清晰连贯地写在小说里。这一章节写得较丰富，但案例一个接一个地写下去给读者太快的节奏感，所以在后面的写作中，要注意分析的深度，可以提出矛盾让下一组解决，也可以提出问题，让下一组结合当周所学知识点解决问题。

自创小说1号：希望的叶子　章节8

简黎声并没有带阮小跳去太豪华的餐厅，而是带着她七转八转来到一家面积不大的餐馆，很安静温馨，正是就餐时间人却不是很多，简黎声带着阮小跳到靠窗的一个位置坐下，点了一些东西。"小跳，你还好吗？"简黎声问道。"谢谢，我其实还好，只是对于这段四年的友情有些遗憾。"阮小跳把宋恩明问她的那些讲给简黎声听。简黎声点点头，似乎并不意外："小跳，你要知道，我们经历的事情，无论好的坏的，都会让我们成长，当你遇到一些不幸，你要相信幸运会在前面不远处等着你。不要因为这些事情影响自己的心情，好吗？"阮小跳很感谢简黎声能够安慰她："嗯，我会努力的。"努力能够站在你的身边，阮小跳在心里想着，给了简黎声一个大大的笑脸。

晚餐进行得很愉快，阮小跳问了简黎声对于提高品牌知名度的问题，简黎声说："你先要知道，消费者对于你的品牌不一定了解，在消费者不知道你是谁、你能做什么的情况下，你需要用一些方法让他们先听到、看到你的品牌①。但消费者的记忆是有选择性的，例如广告，消费者可能记住的是一些新颖、新奇的广告，让他们有购买的欲望，这个时候广告创意就显得非常重要了。当消费者对你的品牌有了一些记忆，这个时候就要想办法把产品介绍给消费者，让消费者有购买的意愿，然后就是产品的定位，针对什么样的消费人群，让他们有购买的需求。"②

阮小跳点点头，她突然在心里想到一个很好的办法。

第二天，阮小跳向宋恩明汇报了她的策划书："总经理，在解决如何提高公司品牌知名度这个问题之前，我们先得明确消费群体的个体决策过程③，简单地说，消费者在做出购买决策之前，会谨慎评价某一产品、品牌或服务的属性并进行理性选择，购买能满足他们某一特定需要的产品。我们前期已

① 如果产品单价昂贵，功能比较复杂，消费者缺乏对产品有关知识的了解和购买经验，购买具有较大的知觉风险和高度的自我表现性，则这类购买行为称为高度介入购买行为。相应的，这类消费者即高度介入购买者；如果产品价格低或消费者具备产品的有关知识和购买经验，购买无风险或无自我表现，则为低度介入购买行为，此类消费者称为低度介入购买者。

② 消费者记忆、选择性注意、消费者ABC态度模型。感情（Affect）：指消费者对态度对象的感觉；行为（Behavior）：包括人们想要对某一态度对象采取行动的意向；认知（Cognition）：指消费者对一个态度对象所持有的信念。态度这三种构成属性可以表达为ABC态度模型。

③ 消费者的购买决策过程是一个目标导向的问题解决过程，并且早在实际购买以前就已开始，并延伸到实际购买以后。

以案说理——《消费者行为学》自创小说及要义解析

① 信息搜集是消费者有意识地激活记忆里所储存的知识或者在周围环境中获取与购买活动相关信息的过程。消费者进行信息搜集可能会导致更低的购买价格、更满意的式样、更优的质量或对选择更加充满信心。消费者花多大力气搜集信息，搜集哪些信息，从何处和如何搜集信息，对企业营销十分重要。

② 消费者所追求的生活方式与当前所处的情境决定了他对理想状态和现实状态的认知。生活方式是在资源约束条件下消费者选择如何生活。当前情境会对消费者如何认识其所处的实际状态产生重要影响。

③ 消费者价值是指消费者从某一特定产品（服务）或品牌中获得的一系列利益。包括功能价值、认知价值、社会价值、情感价值和条件价值。

经研发出'水果拼盘'口香糖的新产品，满足不同消费群体的需求。现在对于如何提高品牌知名度，让消费者知道 KACHI 是什么，我有两个计划：第一，正如多多的'双十一'方案中提及的捆绑营销，我们可以寻找合作电商来扩大渠道，同时建立自己的官方网站、官方微博和微信平台，方便消费者搜集检索①，也有利于'双十一'活动的进行。除此之外，还要实行线下的宣传活动来配合线上活动，在实地现场实行微信扫码、朋友圈宣传以及创建微博话题等相关互动的活动，以 O2O 这样线上线下的方式多渠道进入市场，可以很大程度提高知名度。第二，广告的投放必不可少，但考虑到成本因素，我建议公司高层管理人员做我们新产品的代言人，并且做成公益广告系列，以'关爱弱势群体'为支撑点，如假期旅行途中给山区留守儿童递上随身携带的口香糖、上班途中给路边的乞讨者递上随身携带的口香糖等，这样系列的公益广告，通过代言人扮演不同的角色，反映消费群体不同产品需求的同时，借以'关爱弱势群体'为出发点，让消费者记住我们的品牌②。而且，由我们公司高层管理人员代言，不仅节省成本，还益于提升公司的整体形象，更容易通过公益打动人心，让消费者对我们公司，对我们产品留下良好的印象……"③ 阮小跳流利地讲解着她的策划书，宋恩明看着她，这样的从容和自信与昨天的她完全不一样，内心不由得欣慰，他果然没有看错人，阮小跳从这个坎上跨过去了。

阮小跳报告完策划书，看见宋恩明神情赞许地看着她，不禁松了一口气，她想了想，补充道："这些只是初期方案，后期我们会根据具体的发展情况进行修整和改进。"宋恩明盖上策划书，抬起头看着她："我觉得可行，方案里线上推广与合作的具体内容你和钱多多商量一下，'双十一'的方案已经交给她负责，网站、微博和微信平台这些我会交给技术部处理，你和胡磊负责线下活动，至于广告，我会和副总还有几个经理提，具体实施时，也要多多协助你，毕竟方案是你提的。"

阮小跳多少有些吃惊，宋恩明又给了她展示自我能力的机会，两个方面一起负责压力有点大，她有些挣扎，内心衡量几番后，她决定放手去做，她相信自己可以处理好。

阮小跳扬起笑容："好的，总经理，我不会让您失望。"宋恩明嘴角上扬："好，去做吧。"

阮小跳从办公室出来，找胡磊再次探讨了一下，马上联系人员做出了活动标牌，公司和产品名字十分醒目，也做了印着公司 Logo 和新产品 KACHI 标志的工作服。

第二天，两人带着部门相关人员一起前往一个热闹的公园。今天阮小跳穿着印着 Logo 的亮丽工作服，扎着马尾，看起来青春活泼极了。临近下午 1 点，人渐渐多了起来，阮小跳走到一对情侣面前问道："你们好，我们公司现在在做一个活动，这位漂亮的女士肯定很喜欢甜甜的糖果吧？如果可以帮助我们完成两个游戏，我们可以送你们一个糖果礼包哦！两位应该是刚吃完饭吧？我们还可以再送你们一盒口香糖，清新口气，对牙齿也很好！"① 这个女孩儿听说是关于糖果的活动，很感兴趣，马上拉着男朋友去参加了。很快，阮小跳就找到 20 个人参加游戏。周围还围了许多好奇的人，想看看到底在做什么，甚至有些人还兴冲冲地拿着手机拍照发微博。②阮小跳有些紧张，胡磊拍拍她的肩膀："以前都是我在那里喊，要给新人机会啊，哈哈哈，这次小跳你上吧！按照我们的活动方案来就好了。"他拿了一个话筒递给小跳，阮小跳抓紧袖口："我有点紧张，好多人呢！"胡磊鼓励地看着她笑，阮小跳看了看他，

① 被动型问题是消费者尚未意识到或需要别人提醒之后才能意识到的问题，企业必须唤起消费者对被动型问题的认知。

② 若消费者从事有限决策，而企业品牌不在其激活域中，公司的目标将是在消费者寻找有关激活域品牌的信息过程中对其实施拦截。

以案说理——《消费者行为学》自创小说及要义解析

① 消费者集中考虑的一些品牌也许被直接从记忆中激活。对于高度熟悉的决策，消费者可能不必考虑激活域以外的品牌。拥有高知名度和高市场份额的大众品牌更有可能被包括在激活域中并在消费者需要时被激活，这增加了该类品牌被购买的可能性。

② 消费者的意识域。意识域是消费者知悉或意识到且有可能作为备选品的品牌。消费者考虑作为潜在备选品的品牌所构成。

③ 企业要制定适当的营销战略来增加其品牌被包括在消费者的激活域中并能够从他们的记忆中被激活的可能性。

④ 对于介入程度较低的购买，消费者在实际购买时一般较少求助于销售人员。随着购买介入程度的提高，消费者与销售人员之间的互动逐步增强，销售人员的知识、技能、态度等对消费者的产品选择将产生较大影响。

又看了看人群，闭上眼深吸一口气，调整呼吸和笑容，她接过话筒，走上台："各位朋友们，非常感谢各位抽空来参与我们 A 公司的 KACHI 主题游戏，参与者人人有奖哦！那接下来让我们玩第一项小游戏！相信大家一定都购买过糖果吧，不论是软糖、硬糖、口香糖、巧克力，没有买过也没有关系，大家还记得这些糖果的品牌吗？有没有注意到自己听过或买过的品牌呢？接下来的游戏就是，大家把自己知道的糖果品牌都说一下，① 每个人说一个，当然也有前提，不能查手机哦！"参加的 20 个人马上在脑海里想到一个自己喜欢的品牌，马上就有人说出来："徐福记！"紧接着，下一个人也脱口而出："金丝猴！""绿箭！""炫迈！""德芙！""大白兔！""阿尔卑斯！""大大！"②

刚开始，这些耳熟能详的品牌很快被人讲了出来，说了十几个之后，大家开始渐渐不知道该说什么，这时，有个跟在妇女旁边的小姑娘指着活动标牌大声喊道："KACHI！"这一声出来，也陆续有人笑着指着阮小跳他们工作服上的 Logo 叫道："对，还有 KACHI！"③

阮小跳笑得很开心，她看着四面八方聚集过来的人群，拿起话筒走到那位小姑娘旁边，举起手示意大家安静，"好好好，大家安静一下，看来你们的记忆力都很不错，这个小姑娘的洞察力也很棒，现在由我们的工作人员给大家发放糖果，同时，我要给这个洞察力很棒的小姑娘额外的奖励，就是我们 A 公司的 KACHI 口香糖！这款全新的口香糖有 8 种不同的口味，总有一款会是你喜欢的味道！"④ 阮小跳把儿童口味的口香糖给了那位小姑娘，笑着摸摸她的头后走回台上，她笑着继续说："大家是不是很羡慕？那么，现在我们进行第二项小游戏吧，人人都有机会得到你喜欢口味的口香糖！凡是通过现场微信扫码或者带上微博话题'KACHI 主题游戏'的朋友，只要你在朋友圈或者微博上分享我们的主题活动，并写上你为 KACHI 设计的广告语，就能获得免费不同口味的口香糖哦！① 广告语没有要求，大家可以随意发挥！偷偷告诉你们一个秘密，免费中的免费，集齐 8 种不同口味的 KACHI 口香糖，可以换取另一个任意口味的口香糖哦，数量有限，大家抓紧时间发布属于你们的 KACHI 广告吧！"②

……

看着门庭若市的活动现场，胡磊一边给顾客验证广告语，发放口香糖，一边对阮小跳举起大拇指，使眼色夸赞她，阮小跳笑着对他点点头，也开始给顾客验证广告语……

活动进行得十分顺利，随着"双十一"线上活动的同时进行，在这一周内，不论是官网的点击率还是微信公众号和官方微博的关注人数，都有很大幅度上升。这次活动，不论是对 KACHI 的销售还是对 KACHI 的品牌知名度，都起到了很大的推动作用，阮小跳出色地完成了任务，给公司带来了全新的业绩③。

两周后，公司召开季度会议。自从美兰总监离职后，他们的营销总监一位就一直空着，可这次会议营销部必须派代表参加，当她进入会议室的时候却感到空气中似乎弥漫着一股不一样的味道。阮小跳往会议室的主位上一看，便被眼前的一幕震惊了，主位上坐着一个她意想不到的人——简黎声。

"大家可能都不知道我是谁，但是，在接下来的时光里，我们将一起为 A 公司的明天而努力。首先，我做一下自我介绍，我叫简黎声，是 A 公司的新任董事长。其次，公司将进行一次人事变动。①公司将增设两名股东，其中一名将由公司总裁宋恩明担任。②公司将组建市场运营部，由阮小跳担任经理。

① 外部信息搜集是消费者主动从外部来源如亲朋、同事、商业传媒及其他信息渠道获取与某一特定购买决策相关的数据和信息。

② 免费样品、优惠券、折让是瓦解名义型决策最常用的方法。独特的外包装设计和购物点陈列也可以打破消费者的习惯性购买。

③ 消费者经由商业渠道得到的信息最多，接着为公共来源和个人来源，最后是经验来源。

下面有请他们两个发言。"会议室一片沉默,在场的所有人都意识到了一件事情,公司被收购了,而且就是被眼前这位简董事长收购的,A公司的天变了。等宋恩明发完言,阮小跳依旧没有从今天的事情中缓过神来,一切发生得太过突然,直到听到"下面请阮小跳经理发言"。阮小跳默默地走上台,她看了一眼简黎声,简黎声微笑地看着她,冲她点点头。又看了一眼钱多多,钱多多似乎也惊呆了,但更多的是嫉妒。阮小跳接过话筒,说道:"我不知道该说什么,我很感谢公司给我的这个机会,我会好好加油的。"

会议结束,阮小跳找到了简黎声:"这是怎么回事?"

"我看到了A公司的发展前景,所以我说服了家里收购了它,怎么了,这不是很好吗?"

[实践活动]

1. 如何激发消费者对下列产品或活动的问题认知?

A. 儿童补钙产品　　B. 醒酒软糖　　C. 充电台灯

D. 健身俱乐部　　E. 油画

2. 考察一家商店,对商店的总体形象、市场定位(商店个性)进行评价,并分析以下项目对消费者购买心理和行为产生的影响。考察项目主要有:商店位置与规模;商店周围环境、停车条件;商品陈列和布置(商品布局、产品特征与陈列位置、入口出口、货架、行间距离、商品陈列的有序性);商品(品种、质量、选择范围、价格);室内环境(灯光、色彩、音乐、电梯、气味、空间利用、清洁度);购物便利性、店内外促销(POP广告);顾客行进路线、客流量、购买比率、平均逗留时间;顾客类型及满意度;服务状况(服务员着装、举止、态度、亲切感等)。

第九章
社会群体与消费者购买行为

[名词术语]

社会群体。是指通过一定的社会互动和社会关系结合起来并共同活动的人群集合体。社会群体的本质在于其内部具有一定的结构,即由规范、地位和角色所构成的社会关系体系。

正式群体。是指有明确的组织目标、正式的组织结构,成员有着具体的角色规定的群体。

非正式群体。主要是指社会组织内部的成员在日常互动中自发形成的人际关系系统。

参照群体。又称相关群体、榜样群体,是指一种实际存在的或想象存在的,可作为个体判断事物的依据或楷模的群体,它通常在个体形成观念、态度和信仰时给其以重要影响。

消费活动中的模仿。是指当某些人的消费行为被他人认可并羡慕时,便会产生仿效和重复这类人消费行为的倾向,从而形成消费行为的模仿。

从众行为。是指个体在群体的压力下改变个人意见而与多数人取得一致认识的行为倾向。

意见领袖。是指那些经常能影响他人的态度或意见的人。从营销的角度看,意见领袖就是指那些在非正式的产品沟通中,就某一特定的产品或服务能够提供建议与信息的一群人。

口碑传播。是指消费者彼此之间面对面地以口头方式传播信息。

[理论建设]

维系和发展顾客关系的策略（见图9-1）。

交易型营销的重点	关系型营销的重点
☆着眼于单笔交易	☆着眼于客户的保持
☆不连贯的客户联络	☆连贯的客户联络
☆重视产品特性	☆重视顾客价值
☆短期销售	☆长期销售
☆几乎不强调客户服务	☆非常重视客户服务
☆对满足顾客预期做有限承诺	☆对满足顾客预期做高度承诺
☆质量是生产部门关注的问题	☆质量是所有部门关注的问题

图9-1 两种不同的营销策略

[教学思考]

从第12周开始，教学进入到外部因素分析阶段，包括群体、家庭、社会阶层、种族等，因此学生们将社会学、民族学、宏观经济学、法律等学科融入消费者行为学。所以教师将小说引入了一个新的环节：口香糖公司被并购，主人公进行了二次职业选择。其实这是同学们有意为之，因为近6万字的作品都在围绕一个产品来写，考虑到他们有限的社会经验和专业背景，已经非常不容易了。后面的写作会选择一个全新的产品或行业，同学们继续将外部因素的内容写入小说，由于即将增加社会学的信息，增加了小说的可读性和小说的复杂性。

自创小说1号：希望的叶子　章节9

"简总，你看看这份策划书，这是我们公司和沃尔玛的合作内容，下周我们将和沃尔玛展开关于合作的谈判。"

天启集团注资A公司后，展现了它强大的实力，A公司之后的一系列项目都得到了比以往更好的资源，公司发展迅速，已经渐渐地在市场中占有一片自己的空间。阮小跳作为A公司的市场运营部经理渐渐在业界崭露头角，成为了许多人眼中的明日之星①。这次在阮小跳的提议下，A公司找到了零售巨头沃尔玛，准备开启KACHI口香糖和沃尔玛的深度合作，而不是原来的单纯供应关系。

"小跳，这个计划我一直关注，你让市场部的同事放开手去干吧。你今晚有时间吗？和我去医院看看妈妈吧，最近你一天到晚往沃尔玛跑合作，没去看她，昨天她还和我念叨你呢！"

"嗯，下班了我陪你一起去看伯母。"小跳低着头想起了那个慈祥但随时会离开的简妈妈，有点伤感："为什么好人总是有许多磨难呢？"最近确实比较忙，都没时间休息，今天刚好有时间去看看伯母吧。

"那好，下班见喽！"简黎生难得露出了笑容。

一天的忙碌结束后，阮小跳和简黎生坐在开往医院的车上，两人都没说话，像是享受难得的休闲时光。阮小跳的脑袋却没闲着，她想起了午餐时宋恩明的邀请。宋恩明眼中的爱意并没有因为简黎生的强势到来而退去，在公司事务上宋总经理和简董事长的合作也很合拍，但两人对阮小跳的事却没有丝毫的合拍。阮小跳现在很纠结，自从天启集团收购A公司以来，阮小跳和宋恩明、简黎生三人处于一种微妙的关系中，却没有人点破。②

"前天你让我打听的事有消息了，想听吗？"简黎生的话把阮小跳从一个漩涡中拉出来又丢到另一个漩涡中。

自从天启集团收购A公司并让阮小跳成为市场运营部经理那次会议后，钱多多就从阮小跳的世界里消失了。开始的时候阮小跳正在气头上，心想走就走，你不把我们的友情当回事，我为什么还要关心你？可时间一久，阮小跳发现自己对钱多多没有太多的恨，只会越来越想念她。③当忙碌一天回到租住的小窝，当自己被简黎生和宋恩明弄得心烦意乱，

① 人是社会的人，人离不开群体。个人只有通过社会群体才能被纳入社会这个大体系中。

② 社会群体是以一定的社会关系为纽带的个人的集合体。群体成员间保持着经常性的互动关系。社会群体中的人际关系以彼此了解为纽带，并以一定的利益和感情关系为基础，转瞬即逝的互动不能形成社会群体，群体互动关系的形成与发展需要一定时间的交往。

③ 友谊型群体即以感情为基础而形成的亲密朋友群体。友谊型群体中成员之间有诸多的共同点，彼此情投意合，成员感情投入较多。

当自己喝上那些从前只敢和钱多多想象的红酒时……阮小跳想通了,她和钱多多的友情没变,只是初入社会时的急功近利使两个要强的女孩子忘记了曾经的美好。"多多,你也会像我想你一样想我吗?"阮小跳在寂静的夜里总这样的问①。

……

"小跳!在想什么呢?我说我打听到钱多多的消息了,你要听吗?"简黎生的话使小跳再次回过神来。

"嗯,我在听,你说吧。"阮小跳收回心思,低着头说。

"钱多多现在是万龙地产旗下一个高端住宅项目的经理啦,火箭般的升迁速度啊,她现在可是万龙的传奇明星哦,万龙的总经理和我说起她来简直高兴得不行,直夸她业务能力突出……"

"哦,那就好!"阮小跳依旧低着头。

"小跳,怎么?还在为那件事耿耿于怀?"简黎生显然不喜欢钱多多。

"不要!不要为难她!"阮小跳着急地抬起头,却对上一脸笑意的简黎生。

"我就知道我可爱的小跳妹妹没那么小气啦!"简黎生一脸逗趣地看着阮小跳。

"要不这样,我们天启集团在万龙地产旁边刚好有一个竞争项目,想不想试试?和钱多多比比?"简黎生的脸上挂着玩味的笑容……②

阮小跳下意识地问道:"什么项目?"但与此同时她立刻意识到了问题的严重性,于是眼前有些发黑——斗争的涡流正在一点一点地扩大并复杂化。而自己恰恰就出现在涡流的正中央。但是话已经出口。她懊悔地低下了头,没再言语。

"我就知道你是一个勇于挑战新事物的人!"简黎生简直欣喜若狂。

"可,可……我没有说我要应允这件事啊。"

---

① "群体",是指通过一定的社会关系结合起来进行共同活动而产生相互作用的集体。群体的形成过程:从前阶段—形成—震荡—规划化—执行任务—中止。

② 参照群体又称相关群体、榜样群体,是指一种实际存在的或想象存在的,可作为个体判断事物的依据或楷模的群体,它通常在个体形成观念、态度和信仰时给其以重要影响。

"你发问了，正说明你的兴趣所在。我始终认为，一个集团或一个公司就应该发挥员工的主观能动性，那么事实上又存在这个项目，这正是天作之合啊！还有什么好犹豫的呢？"简黎生以不可抗拒的气势一口气说完了。藏在心中深处的斗争世界似乎一下子冲了出来：就公司而言，自己必定要进一步巩固在刚刚兼并的公司中的地位，就个人的情感而言亦然，自己必定要做出一次强有力的出击。而出击的对象自然不言而喻。①

简黎生决定不能等下去了，一定要快。绝不能让阮小跳被宋恩明以其他项目做借口卷走，那样计划就会有很大的变数。而这一切都势在必行。②

一切都来得那么突然，一向木讷的阮小跳都能隐隐约约感觉到将有大事发生。尽管A公司被天启集团收购了，但对于A公司的大致发展并没有什么特别大的影响。KACHI口香糖在市场上取得的成功以及和沃尔玛新增的深化合作，使得A公司得到了空前的发展。不过A公司要想继续发展壮大，还应该拓宽更大的市场，宋恩明坐在办公桌前，沉思着。

自从当上市场部运营经理之后，阮小跳一直积极主动地对待自己的工作。在KACHI的进一步推广中针对消费者的问题，找到了一系列营销契机。采用营销模式中的拦截战略以及消费者的功利性和从众心理③，不断深化KACHI的产品改革。使本公司的口香糖业绩得到了突飞猛进的提升。在同行业中的市场份额也稳步提升。④

正在阮小跳乐此不疲地沉浸于工作中时，突然接到公司董事会要召开管理层紧急会议的通知。没想到连自己一个区区市场部运营经理都要参加。不过阮小跳也没有多想，毕竟做好自己的本职工作就好。

办公室里的其他高层不明所以地互相探问着此次会议的情况。看来大家都不知道发生了什么事，

① 参照群体对个人的影响在于，个人会把参照群体的标准、目标和规范作为行动指南，将自身的行为与群体进行对照；如果与群体标准不符或相悖，个人就会改变自己的行为。

② 个体在群体中工作不如单独一个人工作时更努力。在同学们的笔下，男主角自恃清高，不愿受人指使。不适合团队合作，是独当一面的行动派。

③ 从众也是社会生活中普遍存在的一种社会心理和行为现象。在消费领域中，从众表现为消费者自觉或不自觉地跟从大多数消费者的消费行为，以保持自身行为与多数人行为的一致性，从而避免个人心理上的矛盾和冲突。

④ 功利性影响：消费者为了获得赞赏或避免惩罚而采取的消费行为。从众现象：当一个人在群体中与多数人的意见有分歧时，会感到群体的压力。有时这种压力非常大，会迫使群体成员违背自己的意愿做出完全相反的行为。社会心理学把这种行为叫作"顺从"或"从众"。

坐在后排的阮小跳看着议论纷纷的其他人，这样想着。可令阮小跳没想到的是，竟然连公司总裁宋恩明都表现出一脸茫然的样子。不经意间，宋恩明和阮小跳对视了一眼，好像都看出来对方的心思，尴尬地笑了笑。

正在这时，简黎生一脸威严地走了进来，会议室骤然安静了下来。个个都看着这位新来的年轻董事。

"既然大家都到齐了，那咱们现在开始开会吧。"简黎生扫视了一下四周，面无表情地说道。

"想必大家都很想知道此次开会的目的，其实很简单，为了公司能够发展壮大，董事会经过严密的商议，决定接下来增扩A公司的业务范围。简单地说，就是我们A公司将进驻房地产业务。不知道各位有什么意见。"简黎生说着，一切显得那么的云淡风轻，可是字里行间都透露着不容置疑的气势。

话音刚落，会议室里便响起了叽里咕噜的讨论声音。

"我觉得简总的提议很好，我表示支持。"

此话一出，偌大的会议室又一次安静了下来。时间仿佛在这一刻停止了一般。

就连简黎生都愣了一下，这件事自己苦苦想了好几天，最大的难题就是怕宋恩明反对，没想到他竟然第一个站出来表示支持。简黎生只是没想到宋恩明最近几天也萌生了和他同样的想法而已。①

决定入驻房地产业务的通知让大家有点措手不及。虽然可以接受，但是行业相关性不大，刚开始大家多多少少有点手忙脚乱。一方面，考虑到KACHI口香糖正在上升阶段，刚有了阶段性的提升，仍需集中精力加大市场推广；另一方面，公司刚进入房地产行业，需要卯足火力打开局面。因此，简黎声和宋恩明决定把公司人员划分成两个部分，去

① 宋恩明充当了"意见领袖"，意见领袖通常指的是在口头交流中意见的发送者，这个人影响其他人的决策。从营销的角度看，意见领袖就是指那些在非正式的产品沟通中，就某一特定的产品或服务能够提供建议与信息的一群人。

攻打两个不同的市场，并且再扩充一些比较专业的房地产相关人员。宋恩明这边还是紧跟KACHI口香糖，简黎声带着另一个团队攻打房地产市场。而对于阮小跳——两人的目光在空中相遇，精明中不容动摇，两人都有留下阮小跳的理由：宋恩明觉得KACHI口香糖一开始就是由阮小跳和钱多多接手的，所有的创意和过程阮小跳都参与其中，后来钱多多离开，阮小跳又付出了太多的精力和时间，这个项目阮小跳再熟悉不过，她最适合留下；而简黎声提出，阮小跳在KACHI这个项目上已经做得差不多了，很难有大的突破，并且该项目已经成型，后边的事团队维持跟进没有大的问题。阮小跳是一个思维比较活跃的人，让她参与新的项目说不定也会有好的成绩，因此，简黎声坚持把阮小跳调到房地产项目团队。两人目光坚持，互不退让，又暗含私心。

　　这一边阮小跳忙忙碌碌，自上次会议后，除了围绕口香糖继续投入精力外，也开始逐渐整理资料，学习房地产的一些专业知识。同时停不下来的还有凌乱的心绪，上次从医院回来后，她的心里总是隐隐不安，又说不清道不明。想到简哥哥在车里说的话，想到钱多多，不知道她在外边怎么样了，再想到宋恩明。她心里的杂乱不断扩大，又不断被压下去，而她的烦恼并没有结束。

　　晚上回到住的地方，家里冷冷清清，没有人说话，没有活蹦乱跳的钱多多。此时的阮小跳格外想念钱多多。她想起之前，到了该做选择的时候，两人总是一起讨论，一起选择，一起前往。而现在只有自己。再想到简黎声之前说的："要不这样，我们天启在万龙地产旁边刚好有一个竞争项目，想不想试试？和钱多多比比？"她心里一紧，摇了摇头把那些想法挥走，她不想这样。

　　就在天启集团进攻房地产行业的同时，或许是发展得过于顺利，KACHI口香糖遭遇了一次危机。有人在KACHI口香糖里面吃到一股塑料的味道。紧接着，又有新闻爆出KACHI口香糖的原材料之一胶姆基是三等品，质感低劣且不卫生，所以吃起来才有塑料的味道。①明眼人都能看出来这是KACHI竞争者的恶意传播。毕竟KACHI正处于上升阶段，怎么会做出这种自砸招牌的事情。但是消费者不知道，

① 消费者决策过程并不随着购买过程的结束而结束。在使用产品和服务的过程中，消费者将其实际表现水平同期望水平进行比较，并体会到满意或不满意，进而决定以后的购买行为。

当一个消费者说 KACHI 口香糖不好吃并且不卫生，从众心理会让别的消费者以为这就是事实。在这样的情况下，许多人开始放弃 KACHI 口香糖。① 关于 KACHI 的负面新闻越来越多，销售额直线下降②。祸不单行，天启集团在进攻房地产方面也开始出现大问题。落井下石一向是某些人类最喜欢做的事情，尤其是当竞争者看到你的公司出现问题时，他们会毫不犹豫地推你一把。毕竟少一个人他们就可以多分一份蛋糕。公司笼罩在一片阴霾之下，欢声笑语逐渐消失。

平静的湖面意味着一切如同往昔风平浪静吗？实则不然，不知何时湖底已然暗流涌动。谁也没想到，一个重磅消息打破了公司原本应有的平静，而这件事情也将改变公司里每个人的轨迹。每个人都无法抑制住骚动的内心，有些人充满恐慌，有些人不知所措，有些人则陷入沉思。

天启集团对房地产的过大投资，对资金保障及市场需求的过度自信，而且不够谨慎，没有考虑到房地产业热得快冷得也快，再加上国家对房地产业的宏观调控政策，致使天启集团的资金链断裂，如今已处于巨额亏损状态。而雪上加霜的是，财务总监伙同审计员通过做假账等形式私自挪用了几千万元的资金逃之夭夭。

天启集团的董事长简国峰被这件事气得一病不起，已经无法支撑公司的日常事务处理。而万龙房产也在秘密地关注着这件事，他们的房地产业近些年一直被天启集团压制，此时就是取代天启集团龙头地位千载难逢的良机。对于他们来说，不仅仅是挖取人才，更重要的是挤压天启集团，从而给予他们毁灭性打击。针锋相对的博弈似乎才刚刚拉开序幕。

"黎声，我已经无法改变这一切了，我想把公司

---

① 消费者不满一般是指消费者由于对交易结果的预期与实际情况存在较大出入而引起的行为上或情绪上的反应。产品效用与消费者的期望之间的差距越大，消费者购买后产生不满意的体验就越深刻。

② 消费者不满中对企业较为不利的行为是告诫亲友不再购买该品牌或不再光顾该店。企业应认清顾客不满的价值，转变观念，善待顾客的不满意。

的一切都交给你。"简国峰躺在病床上发出微弱的声音。

"我……"简黎声突然发现自己需要扛起这个家甚至是公司的重担了:"你放心吧,爸爸,我会处理好这一切的。"

说完话,简黎声便动身去了公司,他需要去面对所发生的一切,尽管这些年爸爸已经让他处理了一些事务,但身处如此逆境,他已然不知所措。而对爸爸的承诺只是权宜之计。

公司已经呈现出一片萧条的景象,很多人早已放下手中的工作,开始议论纷纷,甚至已经在准备明天的求职。阮小跳并没有理会那些消息,只是安抚自己手下那些躁动的人。但她心中也掠过一丝感慨。她突然想到2008年投资银行雷曼兄弟公司这个庞然大物在几乎一夜之间崩塌,从而引发全球金融危机。难道等待天启集团的也是向法院申诉破产吗?那她的简哥哥呢,会何去何从?

简黎声在去公司的路途中,考虑了一切可能,内心遭受了前所未有的煎熬。不知多少次强忍着不让眼泪掉落。调整气色如往常,下了车,便快速走进公司。不论结局如何,他都需要稳定这里的一切。他看到了阮小跳,但来不及解释这一切,只是强装笃定,对她微微一笑,走进了会议室。而那里早已坐下了六个董事会的人。他们需要商讨公司未来的走向——承受这所有还是申请破产?①

简黎声正式接替爸爸成为了董事长,其实并没有人在意这个,谁都不知道天启集团明天还会不会存在。这次会议注定充满分歧。

"我想先说一下咱们公司的现状,公司现在欠债2亿多元,房地产工程处于停滞状况,而公司的其他行业也难以为继。毫无疑问,摆在我们面前的只有两条路:一是申请破产,我们可以各自保全利益;

① 人们加入正式群体的意图是多种多样的,有的是为了追求特定的利益,有的是为了从事某种事业,有的是为了扩展视野,有的是为了能够遇见有利于自己职业生涯的重要人物,有的可能只是为了觅得新友,获得归属感而已。但是,一旦进入正式群体,就得遵从群体的准则和期望。

另一个就是承担下来债务，继续维系集团发展。"一个董事会的元老严肃地说出了这些话。

其实在到公司之前，简黎声就已经了解了公司几位董事的主张与意见。他们六人中有五人坚持向法院提请破产，只有顾风表态会支持简黎声的决定。而顾风则是他深交多年的挚友。

"各位的意见，我都已经了解了。我想说一下我自己的见解，公司之所以失败，是因为战略的严重失误，在房地产业没有形成稳健的资金保障和完善的管理机制时，采取了激进的扩张战略。"简黎声若有所思地顿了一下，但他眼神中的淡定和坚毅还是让其他人为之一惊。

"如果我们做好市场调研，针对群体影响做考察，重新整合公司资源……"

"一切都是如果，而且这意味着我们需要承担2亿多元的债务，我们已经无力扭转局势了。"一位董事突然打断了简黎声的设想。①

曾经辉煌一时，如今债主纷纷要求退赔，难道真的已经走到末路？从巅峰跌落到谷底，简黎声突然发现自己如此的孤独，仿佛身陷一座孤岛。

[**实践活动**]

1. 分析意见领袖是如何影响消费者的购买行为的。

2. 分析一下你最近一次购物时，你所做出的决定受到了哪些参照群体的影响？

---

① 个人的"理性"行为对于组织或群体来说，往往是不理性的。组织并非仅仅是人的集合，它有独特的规则和文化，能影响其成员的行为。因此，了解组织中有关的特性是很重要的。

第十章
消费者行为与 4P 策略

[名词术语]

逆反心理。是人们对超过自身感知与接受能力的事物所产生的一种抵触情绪和反向思辨。它逆着传播者的主观意图而活动，与传播方向背道而驰，这样也会引起消费者的关注。

自我观念。它是指人们根据自己的特性进行认知的一种方法。消费者对自己具有明确的认知，在选择品牌时除了会考虑自我的个性之外，还要考虑这个品牌是否适合自己的"自我形象"，他们只会购买有助于提升自己形象的品牌。

品牌性格策略。是指让品牌有针对性地传递目标顾客最渴望拥有的那种性格。一个品牌如能赋予其目标顾客某种强烈的性格，它便提供了一个颇为诱人的购买动机。

品牌憧憬策略。是指把目标顾客对特定的情感场景的憧憬在品牌中表现出来。如果一个品牌成功地表现出其目标顾客的某种热切憧憬，那么消费者就会喜爱并购买这个品牌的产品。

AIDA 模式。A 即 Attention（吸引力），I 即 Interest（产生兴趣），D 即 Desire（激起欲望），最后的 A 即 Action（促成行动）。

[理论建设]

消费者行为学与定价（见图 10-1、图 10-2）。

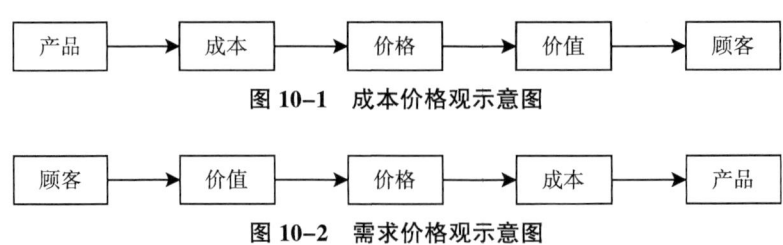

图 10-1 成本价格观示意图

图 10-2 需求价格观示意图

[教学思考]

无论是商业性还是非商业性组织，成功的营销决策都需要大量关于消费者行为的知识。每一个营销策略都涉及特定的消费者信息的搜集。因此，所有的营销决策与营销活动均应建立在有关消费者行为假定的基础之上。将体验后的消费者认知写到小说中，同学们开始思考生活中的营销，多了理论的分析及个人看法，如营销伦理、黑色营销等。因此，需要教师在课堂上及时讲解专业内容或相关内容（经济法、统计学、新闻学等），以解决同学们的疑惑。

自创小说1号：希望的叶子　章节10

会议室里的争论声越来越大，一如外面的人心，焦躁不安。阮小跳也难以遏制内心的浮动，她仿佛看到了简黎声成了万里波涛中的一条小船，那么的无助和孤单……恍然间，她又仿佛回到了年少时的那片麦田，一个充满阳光的半大男孩在那里静静地微笑……想着想着，阮小跳的心莫名平静了下来，"简哥哥可以渡过这一关的，"她告诉自己说，然后，她拿出了手机。

会议室里，简黎声看着眼前的短信，思绪飞到了那个充满阳光的麦田。

"哥哥，树的叶子都是被风吹落的吗？"

"树叶不全是被风吹落的，有些树叶，即使不刮风，也会自动脱落的。"

"为什么呢？"

"因为这些树叶自己放弃了，世上最无可救药的，就是自己放弃了自己，但有些树叶，就是刮再大的风，也不会脱落。因为它们没有放弃生命，它们有自己的目标和方向。是希望，增强了它们与苦难命运抗争的勇气，让它们始终没有放弃生存的念头，没有听从命运的摆布。"

"对，要一直相信希望，为希望努力。"

简黎声突然感觉温暖了起来，他仿佛找到了久违的港湾，驱散了黑暗和孤独。简黎声看了看会议桌上代表天启集团一大堆问题的材料，嘴角露出莫名的微笑。"这场战争才刚刚开始。"简黎声自言自语道。看着眼前闹成一团的董事，简黎声缓缓地站起，会议室里的争吵也随着他的站起趋于平静。

"各位董事，眼前的局势固然对我们很不利，但还远远没有到非破产不可的地步。首先，我们面对的是2亿元的债务，诚然，乍一看，2亿元的债务足以压得我们喘不过气。可是，大家却忽视了这2亿元的债权人并不是一个人，我们最大的一个债权人是天明集团，天明集团从创办之初就是我们的合作伙伴，我们和天明集团相互扶持着走到了现在，而且，这次催债的公司中并没有天明集团，这说明什么？说明我们重要的合作伙伴都没有认为我们到了非死不可的地步，他们还认为我们有这个实力挺过去，反而是我们自己，杯弓蛇影……"下面的董事看着站在那里手持材料侃侃而谈的简黎声，仿佛看到了当年带着他们创办公司的简国峰，一样的英姿勃发，一样的自信满满……

"其次，我们之所以会面对现在的状况，除了我们自己的决策错误以外，还有不少竞争对手对我们发动了攻势，如果没有他们的推波助澜，事情远远不会到现在这样的局面，所以，各位董事，我们必须要出手自卫了，等到局势明朗之时，就是我们反击之日。我们要抓住这个机会，一举打垮他们！"会议室里掌声雷动，其实，大家都明白，他们缺的不是过关斩将的实力，而是一个主心骨。现在，简黎声站了出来，一如他锋芒毕露的父亲，如今，"天启之星"简黎声也开始初露峥嵘了！

"第一，我们必须立即和其他公司联系，告诉他们在合同到期之前，我们公司一定会如期偿还。另外，还要立即到其他公司催他们尽快还我们的债务，一定要让外界明白，我们公司实际不缺钱。第二，我们要立即对口香糖进行停产检查，并邀请政府部门和媒体，立即关注和监督，做好危机公关①。第三，由专人负责和警方联系，并通过一切合法手段为警方提供帮助，尽快把被卷走的资金追回来。

> ① 主动型问题仅要求营销者令人信服地向消费者说明其产品的优越性。被动型问题要求营销者不仅要使消费者意识到问题的存在，而且还要使其相信企业所提供的产品或服务是解决该问题的有效方法。

以案说理——《消费者行为学》自创小说及要义解析

① 不注重消费市场需求的企业行为，将会逐渐被市场淘汰。供大于求的市场现状，使产品的需求方在市场行为中占主导地位，此时产品的价格已经是以顾客的需求为基础了。因此，适应消费者需求并与其购买力相符的产品，才可能被市场尽快接受，并为企业带来丰厚利润。否则很难在激烈的市场竞争中占据一席之地。

② 公司应该经常对顾客的满意程度进行衡量。企业应该建立一个系统，用来及时跟踪和调查消费者对本企业产品的反应，及时处理消费者的意见和不满，建立起一种应付和处理消费者投诉或抱怨的内部机制。

第四……"

经过4个小时的会议，公司重新回到了正轨，简黎声一个人站在会议里，望着窗外的繁华，脸上恢复了一丝丝凝重……

他知道，尽管现在已经将公司的恐慌情绪安抚了下来，但是真正的战争才刚刚开始。在整个事件中，公司的债务问题其实是小事，因为公司有诸如地皮、厂房、机器类资产可以向银行抵押贷款。现在最大的问题是如何恢复公司的形象，如果不能把这个事件对公司形象的抹黑消除，公司后续的业务很难继续进行①。简黎声不会被当前的烦事影响到心情，他总是可以比较理性地思考问题。他看了看时间，简黎声拿好钥匙，拿出手机："小跳还没吃饭吧，等会儿我过来接你一起。"

阮小跳听完电话，看着反映上来的所谓塑料味的质量问题的材料，刚才胡磊已经说他们的经销商要求退货，态度挺坚决的②。想想真是气愤，当初KACHI卖得火热时，也没见他们这样。但认真想想也不能怪他们，前年奶粉行业的巨擘，一个看似坚不可摧的帝国就因为质量问题一夜倾塌了。她已经通知经销商了，明天下午三点与他们见面商讨。"小跳，有时间没，一起吃饭商讨一下公司的问题。"宋恩明这时站在门口道。"啊，我已经……可以。"想着正好可以三人起商讨公司面临的问题，阮小跳便答应了。

三人在小隔间坐下，一时没人开口。"我先说说吧，目前最重要的问题有两个，一个是资金问题，因为公司要周转资金还有债务，另一个就是口香糖问题对于公司形象的影响，你们有什么看法？"简黎声放下咖啡看着阮小跳和宋恩明说道。"这个据我了解，以前天启集团也出现过资金短缺，对于供货商资金有延迟支付的经历，这次……"宋恩明还没说完，简黎声就说道："其实，最近上门的债权人，对他们的付款日期还没到，但他们吃准我们没有资金付款并且和一些媒体一起上门，在媒体的影响下打击公司一直以来资金雄厚、发展稳健的形象，我认为有人在后面搞鬼。"

"对于公司影响最大的是口香糖质量引起的口碑问题①，但我相信我们的产品是没有问题的，并且在没有政府有关部门调查的前提下，在一些网站和小杂志上就蔓延说我们的质量存在安全问题，照你这样一说，我想一定有人在后面想要搞垮天启集团。"宋恩明又紧接着说道："虽然口香糖问题的质量对于公司影响最大，但是不难解决，最难解决的是资金的问题。"阮小跳看着简黎声："董事长，我们不是有地皮储备吗？应该可以很容易向银行贷到款吧？资金不是可以解决了吗？"

"如果有人要搞垮天启集团的话，要向银行贷到款不会太容易。只要拖着半个月没有资金注入，天启集团就只有破产了，没有别的出路。"宋恩明拿着咖啡转头看着简黎声说道。简黎声说道："我父亲有一个老朋友，以前在 M 银行任行长，现在还是董事之一，晚一点我联系。"阮小跳低着头，她知道这次问题非常严重，心绪很乱，她突然站起来看着宋恩明说道："宋总，你可不可以帮简总一起解决资金问题？你在 A 公司做了这么多年的 Boss，并且做到了在口香糖行业中绝对的老大，我知道你一定有办法帮到简总的，你一定有很多的经验，至于口香糖这边的事请交给我，我一定可以解决的。"宋恩明看着这个一路从青涩走到现在的小姑娘，看着她现在的样子，他好像明白了一点什么，他突然很羡慕这个初来乍到、乳臭未干的小姑娘。"好！"宋恩明轻声应道。

阮小跳今天起得很早，到公司后整理思绪，昨

① 不仅群体对消费者态度有影响，事实上，消费者之间的态度也会彼此影响。其中口碑传播就是消费者之间态度影响的一种重要途径。口碑传播是指一个具有感知信息的非商业传播者和接收者关于一个产品、品牌、组织或服务的非正式的人际传播。由于在影响消费者态度和行为中所起的重要作用，口碑被誉为"零号媒介"。

① 感知的绩效未达到预期水平，会引起消费者情绪上的不满。反之，感知的绩效超过预期水平，就会引起消费者情绪的满意。

② 意见领袖最大的也是最明显的特征，就是对某一类产品比其他人有着更为长期和深入的研究。由于某些原因，有的人对某类产品或活动有更多的知识和经验；因而在其他人看来，他在这方面更具权威性。因此，意见领袖通常是和特定的产品或活动区域相联系的。

③ 名人效应主要对崇拜者具有巨大影响力和感召力。名人或公众人物如影视明星、歌星、体育明星，作为参照群体对公众尤其是对崇拜他们的受众具有巨大的影响力和感召力。对很多人来说，名人代表了一种理想化的生活模式。

晚商量过后，其实她脑子里就已经有了决策。她拿过电话："王哥，八点半到我办公室，我要了解一下政府部门调查的最新情况。"

不一会王哥就过来了："小跳，你找我有什么事？""王哥，我想了解一下口香糖方面政府部门的进展如何了？""小跳你放心，我们的口香糖一点问题都没有，这一点我们都心知肚明，政府部门也不会检查出什么问题的，这件事就是有人在搞黑我们，看我们发展得那么好，这是在故意打压我们，不过这一手也真是挺狠的，给我们造成这么大的负面影响，对我们接下来的发展很不利啊。"

小跳说道："是啊，这件事的影响相当恶劣，我们一定要对传谣言的人追究到底，一定要及时澄清，减少负面影响。不过这件事也有可能是一个机会，如果我们处理得好的话，现在这件事已经让我们的品牌被更多的人知晓，虽然现在还是不好的印象，不过如果我们处理得好的话，无疑就能收到很好的营销效果①。"

"是啊，出了这事让更多的人都知道了我们的品牌，但是已经让我们的品牌失去了更多的顾客，我们该怎么处理啊？"王哥说道。

"我现在已经有了一些想法，想要和你商量商量，我们要尽快让检测部门发表声明澄清我们的口香糖确实没有任何问题，让专家站出来说话，制造专家效应，然后我们还可以找一些明星，让他们说一直在吃我们的口香糖，并没有发现任何问题，口味也更加好，利用他们的名人效应来影响消费者的决策②，我们还可以雇一批水军在网上各论坛说我们的口香糖没有任何质量问题，利用这次事件把我们KACHI的名气彻底打出去！我要让那些想搞垮我们公司的人大吃一惊③！"阮小跳说完，双手一拍桌子猛地站了起来，不得不说这时候的阮小跳充满了自信与能量。

王哥也笑道:"这一定能让我们的口香糖渡过这次难关并打响名头的,你的这个方法真的是太好了,肯定能成功化解这次事件对我们品牌造成的负面影响,并让更多人知晓我们的品牌,让我们的品牌在消费者心中的形象得到改观的。"①

阮小跳道:"嗯,我们一定会渡过这次难关的!"

"小跳,你现在可真是越来越有'意见领袖'的风度了啊!"

"'意见领袖'?那是什么?"阮小跳望向王哥,似乎并不是很能理解这个词语。

"你应该知道 Hamish Bowles 吧?"

听到这个名字,阮小跳显得有点迷茫。他是 Vogue 欧洲版负责人、创意顾问、时尚评论家以及收藏家。先后在伦敦的 Harper's BaZAar、Queen、Vogue 等杂志社工作,还曾担任包括美国大都会艺术博物馆在内的诸多知名博物馆的创意顾问,他甚至还拥有一个'历史性'的高级时装私人收藏系列,绝对是全球时尚界公认的权威。他的穿衣风格也是时髦的绅士风,西装革履却不乏幽默感。他对时尚有着自己独特而又精致的理解,着装风格受到无数人的推崇。他可以算得上是时尚界的'意见领袖'了②。"

阮小跳抬起头来,望向王哥。有些不解,但是还是想听王哥继续说下去。

"小跳啊,我想说的是,其实你就和 Hamish Bowles 一样。虽然说你不算什么时尚达人,但你绝对是一个'意见达人'。虽然不能像 Hamish Bowles 一样每天通过自己的着装来影响其他人,但是你却总是能通过自己的聪明和智慧来影响我们,就像 Hamish Bowles 一样,他会通过自己对时尚的理解给其他人灵感,会给时尚界增添光彩。而你却是用自己的智慧来帮助公司渡过难关,你总是有很多很棒

① 品牌不仅是产品的标记,更是一种象征,是消费者对产品的认知。

② 意见领袖通常是社区的活跃分子,不甘寂寞。而且一般都比较任性,具有公开的、独特的个性,这让他们更可能以与众不同的方式去尝试产品和服务。此外,意见领袖通常具有高度的自信心,可能比一般人更健谈与合群,因而他们更具有影响力。

的想法，像那位帅大叔一样。而你的这些想法不仅给了公司很多解决困难的启发，也使你变成了我们心目中的 Hamish Bowles。"

阮小跳显然没想到王哥会说出这样一番话来，也没有想到自己在身边的这些朋友心目中有像自己偶像一样的地位，不禁心里有点高兴，也想明白了一些事情。是啊，自己虽然不是什么时尚达人，但自己可以通过做其他事情来体现自己的价值，证明自己。当然她也明白，自己还远没有王哥说的那么优秀，所以心里暗暗对自己说，阮小跳加油，总有一天会通过自己的努力，变得和那位大叔一样光彩夺目。

对天启集团而言，当下迫在眉睫的就是资金周转和重塑因为口香糖事件而受损的公司形象。宋恩明已经答应会解决资金问题，至于口香糖这方面，阮小跳也曾信誓旦旦地允诺交给她解决。

有了初步计划的阮小跳忙碌了起来。她顺着媒体报道找到了称在 KACHI 口香糖中有股塑料味道的顾客，见他第一眼就从他那躲闪的说辞中知道有人恶意做了手脚。同时，阮小跳又邀请了相关检测部门的专家，对同期产品进行全方位的检测，结果显示口香糖含有的胶姆基用的是上好的一等品，并将检测结果通过媒体公诸于世①。为了扩大力度，这个新闻几乎占据了网络和各大媒体的头条。虽然口香糖再次走进公众的视线，却因为上次的负面新闻，公司在外界有了质疑②。阮小跳思忖着各种对策。

夜色逐渐笼罩了这个城市，下班后往家走，路遇一个广场好不热闹，不仅有大妈在跳广场舞，还有好多跳国标的年轻人，她灵机一动，为何不在不同的地方组织几场文艺演出呢？可以让公司的员工在业余时间将公司的理念和宗旨写进歌词里，让擅

---

① 企业社会责任中的道德责任实际上包括两层含义：一是履行经济责任时要讲道德，不能损人利己；二是除了履行经济责任以外，尚需为增进社会福利做出贡献。

② 营销伦理日益引起人们的重视。讲究营销伦理，对企业经营有着积极的作用。可以降低市场交易成本，提高企业的信誉和形象，还可以建立与利益相关者的亲密合作关系，增强企业的竞争力。

长唱歌的员工登台表演,期间夹杂着对KACHI进行义卖①。将义卖所得一部分钱用来关爱需要帮助的人。这样既节约了一部分广告宣传的支出,KACHI又可以在大家心里留下根深蒂固的印象,而且公司的形象也会在大家眼中有重新的定位。同时期有关媒体肯定会将此事件曝光,这样一来,势必会达到双重效果②。她将自己的想法做成一个系统的报告,第二天得到了公司上级的肯定。几天的筹措,终于有了眉目。

顶着巨大的压力,阮小跳开始着手公司文艺演出活动的策划,她深知此次文艺演出活动的重要性。一方面,使公司的品牌形象和企业形象在大众的眼中焕然一新,一扫之前的"恶意不良形象"③;另一方面,她也深深知道由于公司刚刚逃离水深火热的负面危机,公司中的部分职员仍然处在焦灼的状态。一切问题都需要公司全员上下同心努力解决。所以,这也是一次提升本公司凝聚力、员工战斗力的重要契机。

在进行策划实施的前夕,阮小跳本能地考虑到义卖演出活动的预算资金问题。虽然宋恩明在资金问题上给此次义卖演出活动提供了经济保障,但是,站在企业利益的角度来讲,节约成本,取得收益的最大化,才能在这次营销活动中取得企业形象和经济收益的双赢。现在的阮小跳就好像一名狩猎者,积极地捕捉一切具体和现实的思绪,使自己在活动前夕就能有条不紊。也许是经历过公司的一场风波,此时的阮小跳在巨大的挑战面前,显得格外谨慎且自信。

思考几番之后,阮小跳来到了宋恩明的办公室,向宋恩明说出了自己的想法。

"宋总,公司这次文艺演出义卖活动,必然在人力、物力、财力上有很大的投入。而且此次义卖活

① 企业社会责任除了履行经济责任以外,尚需为增进社会福利做出贡献,如资助社会公益事业。

② 品牌形象的建立。品牌是一种错综复杂的象征。它是品牌的属性、名称、包装、价格、历史、声誉、广告风格的无形组合。品牌同时也因消费者对其使用的印象及自身的经验而有所界定。

③ 品牌个性与价值是受到多方面因素影响的,但主要的影响因素首先是产品或服务本身,其次是广告;最后,由品牌拥有人资助的活动对品牌个性也有影响。

① 品牌是存在于人们心智中的图像和概念的群集，是关于品牌知识和对品牌主要态度的总和。与产品自身相比，品牌更依赖于消费者心智中的解释。

② 认知反应包括知晓和了解。知晓是指消费者发觉产品的存在，它发生于消费者与广告接触之际；了解是消费者对产品性能、效用、品质等各方面特点的认识。

③ 情感反应包括喜欢和偏好。喜欢是消费者对产品的良好态度；偏好是消费者对产品良好态度的扩展，是对产品情有独钟的喜欢。

动面临着不同社会阶层的人群，因此，此次文艺演出义卖活动的前期准备尤为重要。现在，公司面临着浴火重生的挑战，必须发挥一切可组织的力量办好这次义卖活动。"① 阮小跳斩钉截铁地向宋恩明说道。

"宋总，我现在有两种方案。方案一是进行文艺演出的同时只进行旧产品 KACHI 的义卖。这样的话就会让大家对我们的公司和产品有一个新的认识，在挽回公司的形象方面有很大的帮助。方案二是借着这次文艺演出，推出一个新产品。但是这个新产品要是限量的或者只在一段时间内投入市场，它的出现仅是为了宣传我们公司不怕困难、敢于面对困难和解决困难的理念。也可以把这个新产品和旧产品捆绑在一起进行义卖，进行捆绑式营销。您看，这两个方案哪个更好一点呢？"宋恩明听过后，头微侧着，皱着眉，仿佛在思考。过了一会他才说："如果让我来选择的话，我会选择第一种。第二种方案看似对我们的好处更多一些，但是小跳你不要忘记了，我们是因为旧产品的问题才出现的危机，如果我们现在贸然推出新产品，会不会让消费者觉得我们在逃避问题？如果我们现在不只用旧产品的话，也许就会造成歧义，会让消费者以为我们的旧产品真的有质量问题，所以我们才会急于推出新产品来掩盖旧产品带来的影响。若真的是这样的话，就弄巧成拙了呀②。"

听宋恩明说完这番话，阮小跳突然有一种"听君一席话，胜读十年书"的感觉。她对宋恩明说："我明白了，宋总，我们现在的首要任务就是把我们公司的形象挽回，所以我们就必须以 KACHI 为主线，这样的话才会让大家认为我们并没有逃避问题，我们正在积极地解决问题③！"

从宋恩明的办公室出来，阮小跳就去了公司的宣传部。她想，要是想办好这次活动，必须有个强有力的主题才好。这次文艺演出主要是挽回公司形象，体现出公司不逃避问题、积极解决问题的文化理念。而且还要以公司的名义进行义卖，所以我们还要找到一个合适的弱势群体来接受我们的资助……①

简单地吃了点午饭后，阮小跳刚要趴在桌子上小憩一会，微博推送的一条消息引起了她的注意，她突然灵光一闪，有了一个想法。

微博上的这则消息是：Q公司将要在广西、贵州、四川、云南等地进行主题为"关爱留守儿童"的文艺汇演，届时需要赞助商和其他同行公司的协助。她立刻验证了消息的可信度，Q公司文艺汇演这件事情还得到了中国政府官方和各大影视媒体的支持。既然消息如此可靠，事不宜迟，需采取行动了。她想，留守儿童问题是全社会关注的焦点，那时肯定有很多媒体记者去采访。我们何不利用此次机会与Q公司合作呢？这样一来可以减少人力物力，为公司节约大量的成本，二来又有了商业上的合作伙伴，趁此机会义卖，既可以得到全社会的关注，又可以帮助那些可怜的留守儿童，为社会贡献出一分力量。何乐而不为呢②？

她赶紧将这则消息收藏了起来，这次一定要抓住时机，她迫不及待地打开办公桌上的电脑，赶紧将这个想法整理成一篇报告，还要联系Q公司的负责人等一系列的计划③，好记性不如烂笔头，立刻整理思绪。此时，阮小跳已经忘记了全身的疲惫和睡意，像着了迷一样一头投入工作中。

① 社会群体对消费的影响表现在：社会地位（Social Status）、形象展示（Image Show）、购买方面（Purchasing Behavior）。

② 消费者行为的研究对促销效果的实现程度有着重要的作用，从品牌、定位到差异化，从定价、促销到整合营销，都是针对消费者的行为采取行动。现在的市场营销越来越多地依赖于对消费者行为的把握和迎合，进而影响消费者，最终达成产品的销售。

③ 在进行促销策划时，营销人员可运用消费者研究制定促销的目标和合适的战术，在实际的营销活动中，并不是每一种促销手段都要使用，而要根据商家本身的情况、所售商品的特点、目标顾客的特点、竞争对手的特点、节日、季节等对销售和利润的影响，选择合适的促销手段，并有机地组合在一起，以产生最优的效果。

以案说理——《消费者行为学》自创小说及要义解析

[**实践活动**]

参考匡威营销人员通过向当地篮球英雄免费赠送新鞋,并在10个市场中"播种"其"全明星2000"篮球鞋的事例,说明你会如何在自己选择的市场中"播种"你选择的一种商品。

第十一章
文化与消费者行为

[名词术语]

文化。是体现出一个社会或一个社会群体特点的精神的、物质的、理智的和感情的完整复合体。文化不仅包括艺术和文学,而且包括生活方式、基本人权、价值体系、传统和信仰。

文化的共享性。是指文化作为共同的社会交往和人际沟通的纽带,有一系列共有的概念、价值观和行为准则,它是使个人行为能力为集体所接受的共同标准。

文化价值观。是一个为社会大多数成员所信奉并被认为应被社会普遍倡导的信念。文化价值观是通过一定的社会规范来影响人们行为的,这些社会规范规定了在一定的社会情境下,哪些行为反应是可以接受的,而哪些是不能接受的。

环境导向价值观。这些价值观反映的是社会成员对社会与环境、经济、技术和自然之间关系的看法,这些价值观对消费者行为也有着重大影响。

自我导向价值观。主要反映的是社会各成员的理想生活目标及其实现途径,其对消费者和企业的市场营销活动也有着重要影响。

亚文化。它是由各种社会因素和自然因素造成的各地区、各群体文化特殊性的方面。如种族、民族、社会阶层、宗教信仰以及居住环境不同,都可以在统一的民族文化之下,形成具有自身特征的群体或地区文化。

[理论建设]

文化价值观、辅助价值观和产品属性如表 11-1 所示。

表 11-1 文化价值观、辅助价值观和产品属性

文化（终极）价值观	消费特有（辅助）价值观	产品属性
舒适生活	及时服务	服务质量
刺激的生活	可靠的广告	可靠性
祥和的世界	对消费者需要有反应	销售情况
品质	准确的信息	安全性
自由		
快乐	消除污染	使用简便
国家安全	免费维修	耐用持久
愉悦	方便的商店区位	经济
救助		
自尊	无虚假广告	方便
社会认可	周到的销售人员	装饰
美好世界	低价	
智慧	解决城市衰落和失业	
家庭安全	保护消费者权益	
成功	产品表述无误	
内心平静和谐		

[教学思考]

如何引起消费者的兴趣？在这一章节里都有涉及。这一章节写作的成功和同学们写作前的课堂实践分不开，教师要求同学们先进行观察和体验后再写作。第一，将课堂内容映射到实践中；第二，将体验后的消费者认知写到小说中；第三，将服务营销写入小说。从而同学们学会了融会贯通。

自创小说 1 号：希望的叶子　章节 11

就在阮小跳打算完善策划方案的时候，简黎声发邮件说他要见一个很重要的美国客户，想邀请阮小跳当她的女伴，并且告诉阮小跳一定要守时，化淡妆，还说了一大堆美国人的禁忌，如果有一个疏忽，都会被视为非常无礼，

阮小跳忽然想起来，每一个国家都有自己的文化①。在大学时，老师曾说过，美国人按计划行事，钟表是为他们而运转的，每一件事都必须被组织、分割，并都有一个开始和结束。中国有句谚语，"一寸光阴一寸金，寸金难买寸光阴"，美国则是有过之而无不及，"时间就是金钱"，他们对时间的要求则更为严格②。

阮小跳忽然觉得仿佛一下子过了很久，自己刚从学校毕业的时候，懵懵懂懂，作为职场的菜鸟，很多商务礼仪完全不知道，不知道怎样和别人打招呼、握手、鞠躬。着装也总是达不到要求，见到上司的时候，紧张得都不敢看对方的眼睛，总是盯着宋恩明的鞋尖看，有一次还化了夸张的蓝色眼影，想着想着，阮小跳就笑了。曾经初入职场、什么都不懂的阮小跳，什么都没有的阮小跳，到现在也慢慢地可以独当一面，只是在成长的路上，却慢慢地失去了一些所拥有的、曾经以为可以天长地久、可以厮混到老的钱多多，很多事都回不去了，阮小跳轻轻地抿了一口咖啡，闭上了眼睛。

简黎声的头像又开始抖动了，阮小跳立马打起了精神，再也没有时间去伤怀过往，快速地回忆了一下需要注意的细节，握手时伸手的顺序，说话时要避免的用词、肢体动作，然后整理了着装，抹了一点淡淡的唇釉，随手拿起桌上的钢笔，却突然仿佛被击中一般，这只不起眼的灰色钢笔，还是上大学的时候买的，买的时候还被钱多多取笑，当时不懂着装和搭配的阮小跳，还不知道原来在中国和日本，灰色是同廉价商品联系在一起的，然而，在美国，恰恰是相反的，灰色代表着昂贵、高质量和可信赖③。阮小跳忽然很想买一套灰色的西装送给简黎声，但是想想，又打消了这个念头。

目前最重要的，就是解决公司的困境，挽救公

---

① 文化是知识、信念、艺术、法律、伦理、风俗和其他由社会的大多数成员所共有的习惯、能力等构成的复合体。文化价值观是一个为社会大多数成员所接受，被认为应被社会所普遍倡导的信念。

② 消费者在早年学来的和建立的文化观念比晚年所学的要牢固得多，且不容易改变。因此，面对已经根深蒂固的、受文化影响的消费者，营销人员制定的营销策略最好是迎合他们的文化观念和习惯行为，而不能强迫他们改变已经持有的观念。

③ 文化与消费者行为是这章重点。蓝色对绝大多数美国人来说是最有男子气概的颜色；而在法国和英国，红色才有相似的意思。美国人认为粉红色是女性的颜色，而世界上绝大部分地方却认为黄色是最女性化的颜色。在中国和日本，灰色是同廉价商品联系在一起的；然而在美国，灰色却代表着昂贵、高质量及可信赖。

司的形象①，保持消费者对公司的信赖，阮小跳想，如果见到简黎声，一定要听听他的意见，如果见面的时候，能顺便解决公司的危机，那就再好不过了。

阮小跳选择了一件紫色的晚礼服，紫色是智慧和优雅的象征，紫色塑身的腰部设计显得阮小跳身材更加修长，加上银色手包、黑色高跟鞋，简单而又不失庄重。阮小跳望着镜中的自己，高挑修长，长发披肩带着些微的弧度，白皙的肌肤，小巧精致的鼻梁，薄唇微微上挑，淡然之中透露出自信与坚强②。

在去舞会前，阮小跳对参加舞会的个别公司人员的背景做了一些调查。

美国有许多礼仪与中国不尽相同，正所谓入乡随俗，为了尽快融入舞会氛围，阮小跳决定在网上搜寻一些美国的习俗与社交礼仪③：美国人从小就养成说话要有礼貌的习惯，见面时，应互相问安，主人应主动向客人介绍自己的身份和来宾的姓名以及他们的工作爱好等。与美国人握手时，力气不能太小，否则有不礼貌之嫌；要面带笑容，身体微微向前倾；男士与女士握手时，要待到女士伸出手时方可与对方握手。美国人穿衣服是因场合而异，与身份无关。美国人大多信奉新教与罗马天主教，美国人忌讳"13"、"星期五"、"3"，他们认为这些数字和日期都是厄运和灾难的象征④。就在这时，手机铃声响了，阮小跳拿出手机接通电话，电话另一头传来简黎声的声音："我在楼下等你。"挂了电话后，阮小跳拿起手包，随即下了楼，电梯门打开的那一瞬间，阮小跳看见简黎声身穿一身得体的黑色西服，手腕上一只Cartier黑金色手表显示着非凡的贵气。漆黑的眼睛有些深邃，细柔的头发，白皙的皮肤，漂亮的五官犹如刀刻一般，长眉如剑，薄唇微微上挑，扬起一抹笑意，举止优雅得无可挑剔。阮小跳

① 作为一种新的营销观念，文化营销是以产品同质化为前提，以文化分析为基础，以满足消费者的文化需求为目的，为实现组织的目标而营造、实施、保持的文化渗透过程。

② 中国人欣赏的是含蓄、柔和、淡雅、内敛、朴素和庄重、和谐的美，而西方人则崇尚张扬、外露、色彩艳丽、极富震撼力的美。

③ 文化为人们的和平相处提供了共同的信仰、价值观念、传统、行为规范等稳定可靠的准则结构，因此，有规范人们行为的职能。众所周知，规范人们行为的一部分准则是被法律和规则所规范而强制执行的，另一部分则作为被人们普遍接受的行为准则而存在。

④ 非语言文字的7个方面：时间、空间、象征、友谊、契约、事物、礼仪。

朝着简黎声微微一笑，简黎声说："走吧。"阮小跳挽起简黎声的胳膊向门外的黑色宾利车走去。二人走到宾利车旁，简黎声绅士地为阮小跳打开车门，示意阮小跳上车。

阮小跳挽着简黎声缓缓地走进了这场商业舞会的舞厅，阮小跳看似自信优雅地迈着步伐，但实际上她每走一步都在心中默默回想着昨晚在网络上查到的有关商业舞会的礼仪，心想着可千万不能出差错呀。姿态要端正，身体要正直平稳，切勿轻浮但也不要过分严肃，眼睛自然平视，目光从对方右上方穿过，不要摇摆身体。最基本的是要笑脸相迎，要以握手为礼，手要握得紧，眼要正视对方，微躬身，要主动且礼貌①。想着想着来到了宴厅门口，上流社会的气息迎面而来，香槟、红酒与美食都是点缀，真正的主角是那些衣着端庄华丽的男女。

这里真可谓是众商云集，阮小跳根据自己的经验和所看到的场景总结了一下，这次晚会的参加者大多都是中上阶层人士。简黎声带着阮小跳认识了几个有名的房地产总裁，经过一番短暂的交谈，阮小跳觉得自己不那么紧张了。一会儿简黎声就被人拉过去交谈，留下阮小跳一人观察周围的环境。这时走来一位男士，褐色的短发，皮肤白皙，走过阮小跳身边时一股浓重的古龙水香味袭来，阮小跳心想这人一定是法国人，她默默地观察着那个法国人，他拿了一杯酒刚一站定就有人围上来，又是递名片又是笑着鞠躬。这位法国人只是礼貌性地微微一笑，优雅地边喝酒边听着他们的介绍。阮小跳心想，这一定是一位大咖级人物。这时，一阵欢快的笑声打断了阮小跳的思考。这阵笑声夹在一口流利的美式英语中，明显是有人讲着美式笑话。阮小跳听着好像是有关商人和警察的区别的故事。就是有人问做生意和当警察有什么不同，他就回答说："最大的区

① 商务礼仪和商务服饰的文化。每个民族在其繁衍和发展的过程中都会形成自己独特的语言、文字、风俗、习惯、仪式、民族性格、民族传统和生活方式。不同的民族，其文化内涵差别很大。

别是,做生意,顾客总是对的;当警察,顾客总是错的。"问的人也不知道是真的幽默还是附和着幽默,总之,美国人和问的那个人一起笑了,阮小跳最后都没有弄明白①。

在这觥筹交错中,大家都面带笑容地交谈。这时,灯光打在了房间旋转而下的阶梯上,一位少女拾级而下,她缓缓步入舞会大厅,浅杏色的洛丽塔裙衬托出她娇小可爱的身材,栗色的齐刘海,深褐色如绸缎般的直发,清纯指数上升到99%,白皙的肌肤吹弹可破,没有半丝妆容的素颜更是让清纯的指数冲到了100%。那如水般的褐色眼瞳镶嵌在娃娃脸上,整个人看起来就是一个会动的瓷娃娃,裙摆伴着她的步伐舞动着,栗色的发丝不受束缚地飘动,就像散发着光芒的天使一样,让人无法移开视线②,她径直走到简黎声与阮小跳的面前,伸出纤手:"简哥哥,好久不见,你还记得我吗?"阮小跳被眼前的面容惊艳到了,她看起来好纯净,如同坠入人间的天使一般,直到少女开口说话,她才回过神来,疑惑的目光转移到简黎声的脸上,看到他也是一脸迷茫,少女看出了他的疑惑,俏皮地吐了吐舌头:"看来是真的忘了啊,上次在路上遇到了小偷,还好被你救了呢,还记得吗?"简黎声恍然大悟,微微一笑:"原来是你呀,两年不见,都认不出来了呢,你怎么也在这儿?"少女神秘一笑,并未说出自己的身份,"简哥哥是否可以请我跳一支舞啊?"舞会上,一般都是男士主动邀请女士,但女士主动邀请了,简黎声也不好意思拒绝。阮小跳向两人微微一笑,虽然满心疑惑,还是礼貌地离开了。"到底是谁呢?"既然是从楼上下来的,应该是住在这里的。想了一通也没弄明白女子的身份,阮小跳干脆放弃猜想,来到甜品区,准备休息一下。几个小时下来她也确实有点饿了,边吃边观察着舞会上或跳舞或交流或

---

① 消费者文化差异。文字转换带来的文化差异。一个社会强调个人成就或社会身份方面的文化差异,将导致这个社会把经济、政治和社会机会给予不同的个人或集团。

② 个人成就或身份与"权力距离"(Power Distance)密切相关。"权力距离"是人们接受权力、权威、地位以及财富差异的程度。在"权力距离"指标较高的社会里,机会、报酬和具有较高荣誉的社会地位更多地提供给那些个人表现或成就突出的人;而在"权力距离"指标较低的社会里,这些则被更多地给予那些有身份、有地位或者处于有身份、有地位阶层的人。

品酒的人们，阮小跳思索着自己来之前脑补的知识。发现大多数人的行为都很合礼仪，但是有少数人的行为并没有多么合体。例如，某个公司的老板一直拉着财阀喋喋不休，这在舞会上是比较禁忌的，舞会是一个社交场合，但大家也都只是寒暄一下，因为客人比较多，热聊的话难免冷落了其他人。再例如有的人饮酒缺乏自制，虽说酒精能使人兴奋起来更加热闹，但是喝多了，不管是胡言乱语或者是当场大吐特吐，都会让一场欢喜变成闹剧。阮小跳无奈地摇了摇头，看来要学的礼仪还有很多呀，真庆幸来之前看了一下应注意的细节，不然出糗的就是自己了①。

[实践活动]

1. 分析百事可乐是如何在中国进行文化营销的。
2. 以服装销售为例，分析一下你所处的文化环境和亚文化环境。如果要在你所处的文化环境和亚文化环境开展服装文化营销，需要注意什么？应该采取怎样的战略？

① 文化价值观是通过一定的社会规范来影响人们的行为，这些社会规范规定了在一定的社会情境下，哪些行为反应是可以接受的，而哪些是不能接受的。影响消费价值观的三种形式：一是他人导向价值观；二是环境导向价值观；三是自我导向价值观。

第十二章
社会阶层与消费者购买行为

[名词术语]

社会阶层。是指对社会进行等级划分,即将社会按态度、价值观和生活方式等,划分为几个具有独特特征的人口群体。

社会阶层的多维性。决定社会阶层的因素既有经济层面的因素,也有政治和社会层面的因素。

社会阶层的层级性。从最低的地位到最高的地位,社会形成一个地位连续体。不管愿意与否,社会中的每一个成员,实际上都处于这一连续体的某一位置上。

社会阶层的同质性。社会阶层的同质性是指同一阶层的社会成员在价值观和行为模式上具有共同点和类似性。

社会阶层的动态性。社会阶层的动态性是指随着时间的推移,同一个体所处的社会阶层会发生变化。

主观测量法。个体被要求评估他们自己在社会阶层中的位置。

名誉测量法。要求社会中被选择的被试就社区中其他的社会阶层成员做第一判断。评定社区成员社会地位的最后任务属于专业研究人员。

客观测量法。与要求人们想象自己或其他社会成员所处阶层的主观测量法和名誉测量法相对照,客观测量法由涉及研究中个体的人口统计学或社会经济学中的各种变量组成。

[理论建设]

社会阶层的分层(见表12-1、图12-1)。

表 12-1　社会阶层分层数量和类别的变化

两类社会阶层	● 下等、上等（下等、中等）
三类社会阶层	● 下等、中等、上等
四类社会阶层	● 下等、下中等、上中等、上等
五类社会阶层	● 三下等、工作阶层、下中等、上中等、上等 ● 四下等、下中等、中等、上中等、上等
六类社会阶层	● 下下等、上下等、下中等、上中等、下上等、上上等
七类社会阶层	● 真正的下下等人、人在下等群体中但不是最下等、工作阶层、中间阶层、上中等、下上等、上上等
九类社会阶层	● 下下等、中下等、上下等、下中等、中中等、上中等、下上等、中上等、上上等

资料来源：王建军. 消费者行为学. 成都：西南财经大学出版社，2009.

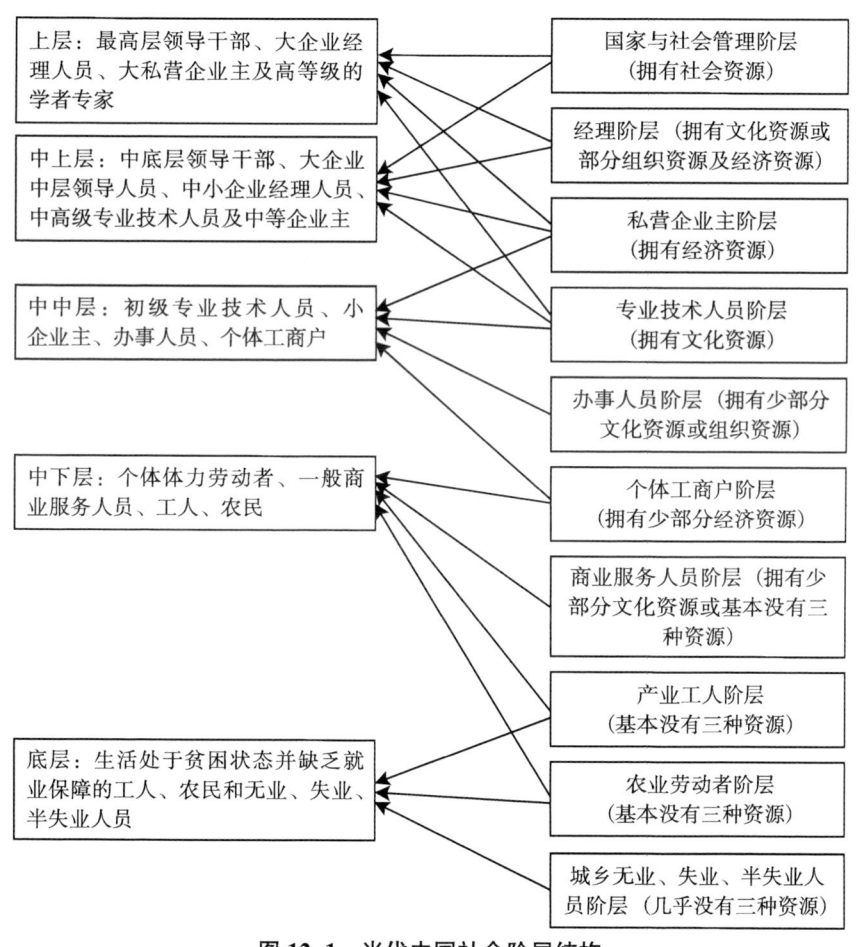

图 12-1　当代中国社会阶层结构

[教学思考]

同学们很快将校园生活对接到"文化差异"、"社会阶层"，同学们将曾经兼职的经历写在小说中，分析了推销人员需要的专业素养，在这个章节里，同学们将分析如何展示文化、如何与消费者沟通。教师让同学们进行了文化、社会阶层等方面的视频欣赏，这个章节的写作有视频的部分影子，证明同学们开始思考营销。

自创小说1号：希望的叶子　章节12

目光转向舞池中间，简黎声和那名女子还在跳舞，阮小跳观察舞会上形形色色的人时突然发现一位夫人捂着肚子，窝在窗边的沙发上，一脸痛苦的表情。阮小跳连忙跑过去，看是否需要帮忙。"夫人，您怎么了？"阮小跳担心地问她。夫人似乎很痛苦，五官纠结在一起："姑娘，我胃病又犯了，没事儿，休息一下就好了。"阮小跳一听，想到自己在老家学习的偏方，便开始揉捏夫人的手心处，不一会儿，她的疼痛就得到了缓解，脸色依旧有些苍白。"阿姨，好点儿了吗？"夫人很感谢地拉着她的手："谢谢了，姑娘，好多了，我这病啊一吃点儿凉的就容易犯，要不是你还不知道要难受到什么时候呢！"阮小跳松了一口气："没事就好。"一来二去，两人开始慢慢地洽谈起来，越聊越投机。从聊天中，夫人知道阮小跳来这儿的目的，她了然一笑："原来是来找我老公的，我会尽量帮你的，我跟你说，你叔叔这人虽然看着很严肃，但他很疼爱我们的女儿，总是拿她没办法，你刚刚帮助了我，我很喜欢你，待会儿我和女儿一起帮你们说情，但合作项目主要还要靠你们自己，所以说能不能成功全在你们。"阮小跳差点儿跳起来，但没有忘记自己所在的场合："阿姨，太谢谢您了。""说曹操曹操到，"夫人站了起来，"女儿，过来我给你介绍一下。"原来是简黎声与少女跳完舞向这边走来了，简黎声半路又被人拉走寒暄。真是太巧了，这位少女就是阿姨的女儿啊，阮小跳在心里感叹了一下。①

① 大多数关于社会地位的量度和理论产生于妇女角色迅速变化之前。在传统社会中，妇女的地位是由其丈夫赋予的，她们很少有机会走出家门接受教育或从事自己的事业。但这种现象发生了巨大变化。如今的女性同男性一样，可给家庭带来在教育、经济或职业等方面的地位。家庭的开支不再只靠男性的收入，家庭地位是由男女双方共同奋斗确立起来的。目前还没有一种量度可以全面反映这种家庭地位双重基础的新现实。当然，一般而言，婚姻双方的学历和职业大体相同。由此可能弱化由于传统社会地位量度方法不能完全反映家庭成员角色变化而引起的社会地位变化的问题。

简黎声环视一周,被邀请的房地产大亨基本上都如约而至。这时他心里放松了下来,同时也为得到了这次千载难逢的机会而激动①。简黎声看到了他最想见的那个美国地产龙头大亨正在与各行各业的人交谈②,阮小跳也看到了这一幕,便示意简黎声机会就在眼前。简黎声拿过服务生盘子里的两杯香槟,递给阮小跳后碰了一下杯子:"祝我们成功!"

这个叫 Michelle 的地产大亨,就如同外界所说的那样,外表看起来平易近人,但是他那鹰一般的眼睛暴露了他的精明。简黎声主动伸出手说:"欢迎您,Michelle,很高兴您能来参加这次舞会,我叫简黎声。"Michelle 礼貌地握了手,对他说:"简总果然是年轻有为,自己的公司经营得风生水起,听说现在想要进军房地产行业。"简黎声听到后略感尴尬,说:"那只不过是子承父业罢了,对于房地产方面,我们国家有着与其他各国不同的特点,因此,我有着自己的想法,不知您可有兴趣?"Michelle 把头轻轻一斜,说了句:"说来听听。"简黎声心想已经成功一半了,心里有着按捺不住的兴奋,充分的准备让他镇定了下来,胸有成竹地说道:"想必您也知道我们中国经济发展平稳快速,国人的收入水平持续上涨,中上层人群数量剧增③,据我了解,中国当代的社会阶层结构④中上层所占比率为 16.5%⑤,其中管理阶层等上层人群占有 4.7%⑥。在这些人看来,房子不仅要具有居住功能,更要求房子的环境和品质。这些人对于房子的需求还是有一定的空间……"正讲到关键之处,人群中有个声音打断了他:"简总还是年轻气盛,听您这样说可见您对房地产行业还是不够了解。中国近年来房地产业绩有所下滑,较大的房地产商均未实现目标业绩,如果行业持续不景气,房地产行业将会面临积货风险,您的房子又能卖给谁呢?"周围不知什么时候聚集了许多人,他们

---

① 从最低的地位到最高的地位,社会形成一个地位连续体。不管愿意与否,社会中的每一个成员,实际上都处于这一连续体的某一位置上。那些处于较高位置上的人被归入较高层级,反之则被归入较低层级,由此形成高低有序的社会层级结构。

② 处于较高社会阶层的人,必定是拥有较多的社会资源、在社会生活中具有较高社会地位的人。

③ 在中国市场经济条件下,各阶层拥有的资源不可能是绝对均等的,其差别将长期存在。在现代化社会,国家与社会管理者阶层、专业技术人员阶层、企业主和经理人阶层,由于他们拥有的组织资源、文化资源和经济资源最多,所以一直处于最高或较高阶层的位序,农业劳动者阶层和产业工人阶层由于拥有的资源量比较少,所以阶层位序就比较低。

④ 尽管绝大多数社会存在着某种形式的等级结构,社会阶层的规模和构成却取决于这个国家的富裕程度。

⑤ 中上层阶层没有世袭的家庭地位,也没有显赫的财富。他们的社会地位主要是通过事业上的成功而获得的。职业和教育是这一阶层人士成功的关键因素。

⑥ 社会阶层是由具有相同或类似社会地位的社会成员组成的相对持久的群体。

纷纷点头表示赞同。本来满怀信心的简黎声感受到这次寻求投资并不是那么轻松，不免紧皱眉头，一时竟不知道如何反驳，却也心有不甘。阮小跳在一边似乎发现他的尴尬处境，微笑地举起酒杯走近简黎声，面向大家说："想必大家都喜欢旅行，您肯定也知道海南是我国最适宜居住的地方，现在的楼盘并不是当地居民在购买，而是不少富人为了享受而在这里买了房子，只为度假时居住①。您说这又该如何解释？"Michelle 微笑地说："大家说的都有道理，不要因为意见不同影响了我们来舞会的心情。"

经过这番谈话，大家都各自散了，简黎声独自走到长桌旁，拿起一杯酒，两口便下了肚，明明只是一次方案推销，他却显得比以往更紧张，此时的他已被冷汗浸湿了衣衫。

"竞争对手真不少……"简黎声低声抱怨了一句。在他看来，他的方案应该没什么问题，但那个地产大亨却不太感冒。在几次小心的试探以及旁听其他人的谈话后，才知原来 FH 也加入了这场竞争，他松了松领带，心想：冷静，要冷静，Michelle 先生还没做最终的决定，在这之前我还有机会。他心里很清楚，他不能失去这次机会。

"我们要对自己有信心！"阮小跳举起酒杯微笑地说。

"FH 也加入了竞争，凭我的实力不可能撼动 FH。而且你看见那几个拿着水果和点心交谈的人了吗？那些也是对手，我来之前摸过他们的底，实力都不可小觑。有几家公司的方案虽然听上去没什么新意，可价格却很动人。只这一点就比我有优势，你知道，我需要资金。"

"FH 的实力很强吗？难道就没有别的办法？"阮小跳如是问道。

"那是当然，在房地产界没人不知道 FH。"简黎

---

① 绝大多数社会中的上层阶层由各种人群构成，包括贵族、新社会精英（或暴发户）和中上阶层（专业人员）。这些消费者比其他阶层中的成员有更多的储蓄和投资。

声呼出一口气:"他们后边有银行支持,几乎每个城市都有他们的项目。刚才插话的那个家伙是他们项目的头,如果让他得到这次机会,估计会对不少竞争对手产生致命打击,甚至他会借此机会直接并购一些公司,我也可能是其中之一,所以……"话没有说完,但阮小跳很明白他的困境。她试图安慰他:"你再把项目计划向 Michelle 先生陈述一次,吸引人一点,毕竟现在还没结束。"

听了阮小跳的话,简黎声似乎缓和了情绪。他整理了一下衣襟,拿起一杯酒,再次向 Michelle 先生走去。

这一次可别再失手了,他在心里对自己说。

Michelle 和简黎声举杯碰了一下:"简总,放轻松,我想再听一下你的项目。"Michelle 先生说道。这使得简黎声多了几分信心:"我们的计划总结起来就四个词——品质、高端、精致、舒适,在中国,房产出现在市中心或一二环之间的总是写字楼或公寓,在居住方面似乎只有地域优势,毫无'享受'二字可言。我们的楼盘主要是雅居,适合各个年龄层,采光特别好,绿化面积也是位居国家前列。我们还考虑到有钱人讲究雅致生活,特地在小区内挖湖造山,只为提供闹中取静的环境①。待我们的项目正式交房时,周围的高架桥即将完工,而且小区内就有幼儿园直升高中的教育服务。同时小区内还设置医院,为户主的健康提供保障。我们要把楼房打造为娴雅悠居的花园庭府,不知您觉得怎么样②?"说完了自己的想法,简黎声静静地等待自己期望的答复。

"你的计划听上去很诱人,但你的方案还是不足以让我有投资的冲动,可能你对社会阶层的了解不够深入,导致了你的方案有偏差③,我星期一的飞机,在这期间修改好了就联系我的秘书。"Michelle

① 营销者认为,所有人都渴望提高社会地位或者希望仿效社会地位比他们高的人的行为。但有时事实并非如此。很多人对自己的社会地位或生活方式十分满意。不仅年纪大的人是这样,年轻人也同样如此。事实上,当今的许多青少年或青年渴望过上他们父母的生活方式,提高社会地位的诉求对这些人来说并无太大的吸引力。

② 这个阶层代表"新经济"成功的商务经理、新财富的显著使用者。

③ 在一些社会中,人们的社会阶层意识很淡薄。一般而言,这些国家和地区的人们在思考问题时并不考虑社会阶层这一因素。当有人问起他们的社会阶层时,大多数人都称自己为中产阶级。因此,对很多人来说,直接或明显的以社会阶层为基础的宣传并不能产生什么影响。

先生只考虑了3秒便给出了答复。

果然是地产龙头，一丝不苟，气度不凡。

投资有戏了，可这还只是个开始，接下来的谈判我得做好准备。简黎声松了口气，看着Michelle先生一行离开的背影，他心里开始计划着下次谈判的内容。

简黎声四处环顾了一下，一眼就看到了前来谈判的美方代表James，高高的鼻梁，深深的眼窝，蓝色的眼睛，直挺的身板，一身合体的定制西装，简黎声轻声向阮小跳示意了一下那个人就是将要谈判的代表。"准备好了吗？"小跳瞬间挺直了腰板，露出自信满满的笑容，James仿佛也感觉到了他们的目光，简黎声举起酒杯向James轻点示意，James回应后，向周围的人说了什么便向他们走来。

简黎声跟阮小跳向前走了几步说道："您好，James，好久不见。""简，你的夫人真漂亮。"简黎声迅速回答道："谢谢。"身旁的阮小跳却红了脸，想要解释的话想说出来却怎样也说不出，心里不知是高兴还是气愤，只能红着脸低着头。

[实践活动]

我们在探讨中老年市场时曾提到，针对这个年龄组的广告，应该把中老年人描绘成生机勃勃、忙忙碌碌、充满憧憬、迷人和浪漫的人。请采访几位中老年消费者，并综合叙述他们如何看待针对自己及同龄人的广告。

第十三章
家庭与消费者购买行为

[名词术语]

家庭。是指以婚姻关系、血缘关系和收养关系为纽带而结成的有共同活动的社会基本单位。

家庭生命周期。是指绝大多数家庭必经的历程,是描述从单身到结婚(创建基本的家庭单位),到家庭的扩展(增添孩子),再到家庭的收缩(孩子长大后分开独立生活),直到家庭解散(配偶中的一方去世)的家庭发展过程的社会学概念。

单身阶段。强烈的求新求异动机、关心时尚、娱乐与休闲,多冲动购买。

新婚期。家庭用品购买增多,且愿意征求他人意见。在非家庭生活必需品上有求奇和时髦的消费动机。

满巢期。孩子用品及教育支出增多,求实求廉心理显现,购买行为多为经验型。

离巢期。经济与时间上最宽裕的时期,求名求美的消费心理渐强,度假、旅游、健康娱乐需求增加。

空巢期与解体期。消费心理趋于保守,对商品价格敏感,求廉求实心理占突出地位,购买多属于传统型。

家庭购买决策。是指由两个或两个以上家庭成员直接或间接做出购买决定的过程。

[理论建设]

传统的家庭生命周期各阶段特点（见表 13-1）。

表 13-1 传统的家庭生命周期各阶段特点

阶段	特点	购买及行为方式
1. 未婚	不再在家里生活的年轻单身者	几乎没有财政负担，喜欢购买时装，只购买基本的厨房用具、家具、休闲用品
2. 新婚夫妇	年轻无孩子	在财政上有一定的结余，耐用消费品的购买率较高，喜欢旅游，购买家电、家具等产品
3. 满巢Ⅰ	年轻已婚夫妇，最小的孩子在6岁以下	家庭购买达到顶峰，对家庭财政感到不满，关心新产品，购买家用电器、儿童食品、玩具、幼儿教育等
4. 满巢Ⅱ	年轻夫妇，最小的孩子在6岁以上	家庭财政状态有所好转，就业主妇增加，受广告影响不大，购买大包装和大容量的商品，购买各种不同的食品，学生培训班等额外支出多
5. 满巢Ⅲ	年长夫妇及一起生活的孩子	家庭状态进一步好转，就业主妇更多，子女有工作，耐用消费品的购买多，喜欢旅游、汽车、新家具、健身器材等
6. 空巢Ⅰ	年长夫妇还在工作，无孩子在家里	对家庭状态感到满意，关心旅游、健康食品或药品，不太关心新产品
7. 空巢Ⅱ	年长夫妇已退休，无孩子在家里	收入急剧下降，维持原有房子，购买与健康有关的医疗用品
8. 孤寡者Ⅰ	孤寡者还在工作	收入状态良好，有可能处理房子，对养老院和友爱有需要
9. 孤寡者Ⅱ	孤寡者已退休	收入不高，对护理和身心保护有特殊的需求

[教学思考]

这一章节同学们较为熟悉，因为家庭生命周期和家庭等概念深入脑海。同学们作为家庭的决策者、影响者、消费者，将生活的所见、所感写入小说中。

自创小说 1 号：希望的叶子　章节 13

阮小跳一直细细观察着 James，发现 James 听到简黎声对新楼盘客户的定位时眉头轻蹙，这时阮小跳心里已经没有刚才被误会时的旖旎心思，她在心中默默地分析目前公司的状况和房地产的前景。忽然想到了家庭生命周期①，想着是不是可以从另一个角度进行房地产营销。听完简黎声的陈述，James说道："简，你的想法很好，但是高端市场只占全部市场的20%，并且这20%已经被其他竞争对手占去了大部分，为什么我们不抓住剩下的那80%呢？"这时阮小跳轻拉了简黎声一下，阻止了简黎声即将说出的反驳。缓声说道："这只是我们的一部分方案，那80%的市场，我们当然也想握在手中。关于这部分我们的想法是这样的，家庭生命周期理论将人的一生分为八个阶段，分别是单身阶段，新婚夫妇，满巢阶段Ⅰ，满巢阶段Ⅱ，满巢阶段Ⅲ，空巢阶段Ⅰ，空巢阶段Ⅱ，鳏寡阶段。根据市场需求和购买力，我们主要把目标定位在满巢阶段Ⅰ、Ⅱ、Ⅲ期和空巢阶段Ⅰ，针对这几种不同的阶段，我们可以制定相应的营销策划方案。②"James露出了感兴趣的笑容，连连点头说道："那你可以给我解释一下满巢阶段Ⅰ、Ⅱ、Ⅲ跟空巢阶段Ⅰ的意思吗？"

"满巢Ⅰ期是指最小的孩子在6岁以下的家庭。处于这一阶段的消费者往往需要购买住房和大量的生活必需品，常常感到购买力不足，对新产品感兴趣并且倾向于购买广告的产品③；满巢Ⅱ期指最小的孩子在6岁以上的家庭。处于这一阶段的消费者一般经济状况较好但消费慎重，已经形成比较稳定的购买习惯，极少受广告的影响，倾向于购买大规格包装的产品④；满巢Ⅲ期指年长夫妇及一起生活的孩子家庭。处于这一阶段的消费者经济状况尚可，消费习惯稳定，可能购买富余的耐用的消费品⑤；空巢Ⅰ期指子女已经成年并且独立生活，但是家长还在工作的家庭。处于这一阶段的消费者经济状况最好，可能购买娱乐品和奢侈品，对新产品不感兴趣，也

---

① 比较完整的家庭生命周期概念最早是由美国学者P.C.格里克于1947年从人口学角度提出的。他还对一个家庭所经历的各个阶段做了划分，一般划分为形成、扩展、稳定、收缩、空巢、解体6个阶段。

② 消费者家庭生命周期：单身阶段、新婚夫妇、满巢阶段Ⅰ、满巢阶段Ⅱ、满巢阶段Ⅲ、空巢阶段Ⅰ、空巢阶段Ⅱ、鳏寡阶段。

③ 孩子的到来往往会给家庭的生活方式和消费方式带来许多变化。一方面，婴幼儿服装、玩具、家具、食物、保健用品等新的消费品自然在这一阶段开始出现；另一方面，生活方式也会大大改变。如有些家庭为了照看孩子又重新选择与父母居住，或聘请保姆；家庭人口的变化对大房子有了更大需求。

④ 比起年轻的夫妇来说，这个群体的孩子更独立。然而长大的孩子又会有一些特殊的需求。这些家庭是各种类型的培训课程（英语、奥数、钢琴、舞蹈、体操等）和各种快餐（麦当劳、肯德基等）的主要消费者。由于需要更多的空间，他们往往需要更大的房子和车子，由于几乎每天都要接送孩子，所以他们在汽车和汽油上的花费会更多。而且出于对孩子未来教育的考虑，他们会开始积累一些储蓄。

⑤ 家庭状态进一步好转，就业主妇更多，子女有工作，耐用消费品的购买增多，喜欢旅游、汽车、新家具、健身器材等。

很少受到广告的影响①。"

　　James 听完后夸赞道："简夫人真的很专业啊。可以具体阐述一下怎样在市场实现吗？"短暂的沉默出现在三人之中，由于阮小跳在这之前并没有接触过房地产行业，而简黎声也刚刚涉及，所以谈话陷入短暂的僵局。这时响起了一道清脆的女声："在市场实践方面，我们打算这样做。"许久未见的钱多多在三人面前站定："针对满巢Ⅰ期，消费者的支付能力虽然较弱但购房需要是刚性需求，因此我们可以推出一些中小户型的简装房，这样这些消费者就能随时拎包入住，且不用担心新房对孩子健康的影响②。针对满巢Ⅱ、Ⅲ期，由于国家政策的影响，消费者对学区房的需求猛增且独生家庭可能迎来第二个孩子，届时消费者就会需求更大户型且地段更好的房子，我们可以用手中现有的地皮来满足这些需求③。当然这些仅是我们的一些初步想法，除此之外，针对我们公司的老顾客，如再次在我们公司购置房产将会享有相应的优惠，且我们公司还推出'以旧换新'的方案。"钱多多认真地解释道。听完钱多多的解释，James 显得很满意，对着简黎声说道："你们公司真的很有实力，我很看好你们。"简黎声回以一个微笑说："谢谢您的夸奖，我很期待与您进一步合作。"听到简黎声的话，James 举起了手中的酒杯与简黎声轻碰了一下便同时一饮而尽，放下酒杯说："会有机会的，找个时间我们再细谈，先失陪了。"说罢 James 便转身离去。

　　简黎声看了看身旁的阮小跳跟钱多多，说："我先去取车。"只剩下两个人面面相觑，阮小跳看着身穿香槟色套装、画着精致妆容的旧友说道："谢谢你，多多。"

　　"不要误会，我可不是为了帮你。"

　　"没关系，我理解，但还是要谢谢你，太晚了，

① 处于这一阶段的家庭，孩子多数已出去独立生活，且不再和父母一起居住，所以有时也称作空巢期。空巢期家庭的消费者经济状况最好，喜欢购买娱乐品和奢侈品，有更多的时间，对新产品不感兴趣，也很少受到广告的影响。

② 家庭购买决策与家庭消费决策不同。家庭消费决策是指家庭在发挥其消费职能的范围内，从实际出发，确立所要达到的消费目标，选择正确的途径和方法，使预定的目标能够最大限度的实现。

③ 家庭购买决策和个人决策类似，在决策中也同样存在着不同的阶段。主要包括问题认知阶段、信息搜集阶段、评价阶段以及最后决策阶段。家庭成员在购买中的相对影响力随购买决策阶段的不同而异。

我们送你回去吧?"

"不用了,我跟同事一起来的。"

"那好吧,多多你注意安全!"

"再见!"钱多多向停车场走去。

阮小跳想着昨晚与 Michelle 先生在舞会的话——在这期间修改好了就联系我的秘书,心里不禁兴奋起来,这是一个机会啊!一个可以改变自己现在境遇的转折。她戴上墨镜,穿上套裙,准备去本市新开的几个楼盘收集一些有利的资料。

阮小跳看着马路上过往的车流,心想我以后做楼盘一定要交通便利。"出租车!喂,师傅!停一下!出租车停啊……"出租车都拦不到,对了,一定还要有配套的公交线,还要在地铁站口,阮小跳已经暗暗下了决心。

一个小时后,阮小跳来到了本市新开的高端楼盘小区售楼部,售楼小姐立刻招待:"美女,看房吗?我们小区有着最全的户型,保证有你满意的一款房!"

售楼小姐领着阮小跳来到楼盘模型旁,拿出一个红外线笔指着沙盘内一座楼房模型说:"美女,这是我们卖得最好的户型,南北通透,阳光充足,160平方米,四室两厅,其中16、18层卖得最好,就剩3户了。"阮小跳透过墨镜听着售楼小姐的介绍,默默打量着整个沙盘的布局,问道:"你们小区内有什么配套设施吗?"

"问得好,我们小区拥有先进的管理模式、充足的配套设施,给住户安全的生活体验①。"售楼小姐说到这里微笑着望向阮小跳。阮小跳看售楼小姐望过来时愣了一下,旋即也对她笑了笑,说:"不愧是专业的高档小区,售楼人员素质很高。"售楼小姐连忙递上自己的名片说道:"您如果有这方面的问题可以随时联系我②!"

① 21世纪中国婚姻将呈现多元化趋势,家庭内容和形式将更加丰富,民主化、个性化、休闲化生活将成为中国家庭变化的最大趋势。

② 推销员文明礼貌、真挚和善的语言,能引起顾客发自内心的好感,起到吸引顾客的作用。推销员明确诚恳、适当简洁的语言,能增强顾客的信任感,起到说服顾客的作用。

以案说理——《消费者行为学》自创小说及要义解析

经过白天对几个楼盘的调查,阮小跳终于写好了大概的文案。她关上笔记本,伸了一个懒腰……

"您好,我是来找 Michelle 先生的,我有预约,我叫阮小跳,麻烦通告一下。"阮小跳微笑着对前台说。五分钟后,阮小跳来到 Michelle 先生的办公室,过了几分钟,终于忙完的 Michelle 先生接过阮小跳的房产文案,认真看了起来……

[**实践活动**]

1. 访问一名初中生,确定并描述在为他(或她)购买下列产品时的家庭决策过程。

  A. 衣服　　　　B. 早餐　　　　C. 卧室家具　　　D. 学习用品

2. 访问一个至少有一名 12 岁以下孩子的家庭,家长和孩子都要访问,但要单独访问孩子。试确定每个家庭成员对孩子使用下列产品的影响力。

  A. 牙膏　　　　B. 鞋　　　　　C. 看电视　　　　D. 餐馆用餐

第十四章
消费行为变化及趋势

[名词术语]

攀比消费。重要前提是消费者购买某项商品并非出于物质满足的需要，它的发生更多地来源于因攀比而形成的心理落差。

炫耀消费。指的是购买并突出显示奢侈品，以证明其具备支付昂贵商品能力的消费行为。

象征消费。指的是消费具有的符号象征性。即消费不仅是物理或物质的消费，而且是象征的消费。

崇拜消费。又称为神圣消费，是指在某种程度上尊重或敬畏地对待物品和事件，而区别于普通消费或世俗消费。

区域消费差异。是指不同的地理区域表现出的消费价值观、消费模式和群体消费者行为的差别。

[理论建设]

消费全球化表现（见图14-1）。

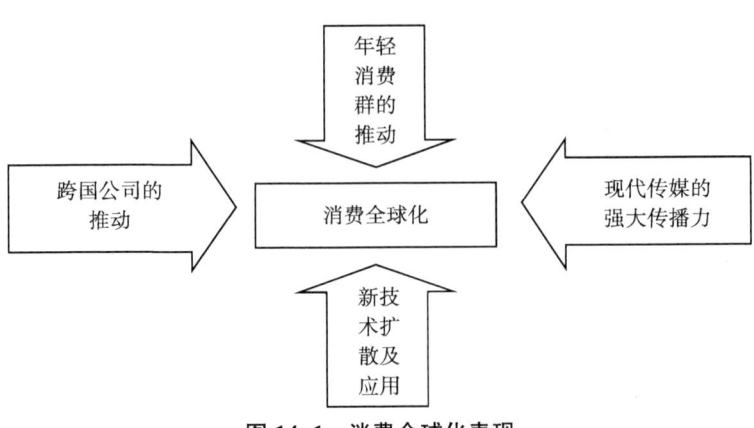

图 14-1 消费全球化表现

[教学思考]

教师认为，目前，《消费者行为学》教学改革开展了 18 周，结合课堂实践的小说连载非常成功，也获得同学们的大力支持和参与。

第一，教师先讲授，关键点和重点要全部突出在本周小说内，同学们格外重视，不仅要课后反馈教学内容，而且要主动阅读和查阅大量相关内容进行小说"热身"。

第二，教师讲授后，根据章节内容进入体验实践环节（布置相关实践主题），同学们根据实践认知和思考将内容写入本周小说，教师进行批注，回顾课堂知识，对同学们的思考进行评价。

第三，市场营销管理主题小说采用了连载的形式，每周更新，全校同学在线阅读，对本专业的同学来说，这是非常好的鼓励，小说会越写越多，越写越好。对于非专业的同学来说，能通过阅读小说学习市场营销管理相关知识。

自创小说1号：希望的叶子　章节14

董事会对于满巢 I 期的房地产方案比较满意，Michelle 先生对于阮小跳更是喜欢得不行，认为她不会令他失望。意料之外的是，他随即安排 5 家银行进行融资，想要进行商圈扩张，并找到简黎声："对于之前的方案和实施我非常满意,所以现在我要带给你一个好消息,我已经联系5家银行打算给你们更大的发展空间,怎么样?"

"由于上次的经验教训,我的想法是稳中求胜,只做满巢Ⅰ期的方案。"

阮小跳发表了个人看法:"我明白你的想法,可是我市是一个经济发展较快的内陆城市,同时交通便利,是全国重要的铁路、航空、高速公路、电力、邮政电信主枢纽城市。人口普查结果显示,我市远景规划到2020年市区人口总数将达到1500万人以上。发展前景巨大,可以再开发一个项目,不单只做住宅小区。"

简黎声打断了阮小跳:"单单满巢Ⅰ期方案就能够带来足够多的利润,何必再去冒险?"

阮小跳见简黎声有所顾虑,认真地说:"可是不要忽略,拥有商圈不可比拟的中心区位的物业资源极具投资价值,增值潜力巨大,能辐射周边的住宅,写字楼和商业楼统统供不应求①,租金更是一路上涨,居高不下,一铺难求。我认为你可以认真考虑一下,毕竟我们现在手里有可用的资金,Michelle先生也给予极大支持,这是一次机会,我不想错失,而且我已经和公交公司谈好了,在我们建的这个区域建公交路线,并且地铁3号线、地铁4号线也将在这里施工,也就是说,我们这里无论到高铁站、机场还是其他商业圈,交通都是很便利的②,所以一定会有很大的人口流动量。相信我,这个项目一定会成功,从商业到娱乐生活,配套成熟,一应俱全③。"

看着阮小跳认真又自信的神情,简黎声心生喜悦,回想着他们一路走来的时光,心中顿生很多感慨。阮小跳发现简黎声有些出神,伸出小手在他面前晃了晃,疑惑道:"你有认真听我说话吗?"

简黎声对她笑了,温柔地说:"我听着呢,你继续说吧。"

---

① 区域消费差异的影响因素包括非经济因素,包括社会文化(文化价值、风俗、民族等);心理因素(消费者的个性、态度、意见、兴趣等);地理因素(气候等)。

② 以区域差异为基础的市场细分方法:根据邮编制定的潜在市场等级指数。

③ 商圈的价值。基于不同的地区文化、法律、品位及只能通过政治力量与媒体力量慢慢消化的权力结构,中国商业表现出多样性。横向差别大。

"我的想法是在这块地的内围建高档住宅——精英公寓,外层是科技总部写字楼、名品商业街,同时配有购物、金融、娱乐、教育、医疗等设施的全功能的综合业态①。我想这将会给公司带来巨大的利润。"

"想法是好的,但是实施起来会很困难。"

阮小跳早已不是当初刚出校园的阮小跳了,她自信地说道:"你现在这样冷静思考是好的,但是你要知道,任何一个项目都会伴随着风险和困难,我想我们应该把眼光放长远。一旦这些设施建成,外加这些优越的外在条件,将会吸引很多老板投资,并且生活条件的便利、特色商业区的建设会带动住宅小区的售卖,小区的居民也能够带动商业区的发展②。外加巨大的人口流动量,这里将会成为特别繁华的商业经济区③,我相信这将会有很大的利润空间。"

简黎声已然被说服,不得不承认阮小跳的战略规划意识非常缜密和长远。

突然简黎声接到宋恩明的电话,听上去是好事情,简黎声笑了,把电话给了阮小跳……

3年后……

"本台记者传回,今天上午天启集团旗下的某楼盘盛大开盘,天启集团董事长简黎声、执行副总裁阮小跳,本市市长、本市M银行行长出席剪彩。"

阮小跳坐在偌大的办公桌前,简黎声从一旁走过来,递过一杯热乎乎的咖啡,阮小跳笑着接过咖啡,抬头对上简黎声温柔深邃的眼眸,不由得心跳加快,脸色绯红。简黎声抬头看了一眼电视,低下头满怀爱意地牵起阮小跳的手,用修长的大拇指来回抚摸着早早戴在阮小跳手上的求婚戒指:"你之前可是答应过我的,等你负责的这个楼盘顺利开盘,我们就要开始准备婚礼了。这次你可有足够的时间来准备了吧。法国设计师为你专门定制的礼服已经

---

① 全球消费更追求消费便利性趋势;更加注重价值导向的理性消费趋势;消费的个性化趋势更明显;更加关注自我,寻求身心的健康与满足趋势;在全球化中寻找自己的"根文化"消费。

② 具有相同文化背景、谋生手段和观点的人们,自然而然地会相互吸引,他们选择与具有相同生活方式的人毗邻而居。一旦安居下来,人们自然会模仿邻居,他们有相似的社会价值观,形成类似的品位与期望,在产品、服务的购买以及媒体使用等方面展现共有的区域性行为模式。

③ 时尚是驱动消费的重大商业元素,创造出大市场的商业价值,所以,开发创造时尚之源是国际大公司和大都市的追求目标。

送到了，我现在带你过去试一下。"

胡磊走进办公室，看到桌上有一张红色喜帖。伸手拿起，是简董事长和阮小跳的请帖。封面以喜气的红色为底，以剪纸的方式装饰，设计许多树叶围绕着两只兔子的图案，其中一只兔子的脖子上绑着小蝴蝶结，另一只兔子则是耳朵上有装饰。还剪出 J&R 的图案，而内页上则有 J&R 的烫金字，同样有两只兔子并附文："诚挚邀请您一同来分享我们的喜悦。"胡磊坐下，思绪万千，几年前刚见到阮小跳时，她还只是一名小小的实习生，从胆小羞涩的小女孩蜕变成现在成熟干练的女人，一步步奋斗到现在的执行副总裁。而自己也从一个小职员走向现在的销售总监，其间的辛苦与汗水或许只有他们自己能体会。

在地球的另一端，阳光洒进办公室，一张光洁白皙的脸庞，透着棱角分明的冷峻，乌黑深邃的眼眸，泛着迷人的色泽，那浓密的眉、高挺的鼻子、绝美的唇形，无一不在张扬着高贵与优雅，没错，他就是天启集团美国分公司 CEO 宋恩明。此时他手中正翻看着关于 KACHI 品牌开拓美国新市场的企划书。

打开邮箱，点开跳出来一张红色请柬。赫然写着"简黎声 & 阮小跳"。不由得笑出声，这一天还是到了。当初认识阮小跳时，谁能想到是这样的结果呢。放下手中工作，给小跳拨出了视频通话①："小跳，恭喜啊！收到你们的请柬了，到时候我一定赶回去参加你们的婚礼。"

"宋总，收到你的祝福了，谢谢！"小跳笑意盈满了眉眼。

传来一阵敲门声，走进一个端庄成熟的盘发女人。宋恩明笑道："小跳，你猜猜谁进来了？"

"难道是钱多多吗？她来天启美国分公司了？"

"是的，是我挖过来的，现在是公司的助理总经

---

① 数字消费和网络消费是全球未来消费新趋势的最大浪潮。

理。"宋恩明笑意盈盈。

"小跳，恭喜你。我好为你开心。"

"多多，我好想你，你还好吗？"

"我很好，我也很想你啊，就是没有你在身边，如果我当初没有辞职，我们不会分离这么久。"

"没关系，咱们一起努力啊。"阮小跳眼睛也不由自主地红了。青春是一本太仓促的书，使我们忍不住一读再读……

简黎声在她身边坐下，随即聊了起来："恩明，最近KACHI在美国的销售怎么样，还顺利吗？"

"还好，总体还是比较顺利的，有一些困难，但在多多的帮助下我们一起解决了，国内呢？我看到新闻了，房地产开发得还不错吧？"

"嗯，房地产开发多靠小跳了，当初让小跳和我一起负责房地产这方面，果然没有选错人啊。那好，就这样说定了，到时候回来参加我们的婚礼啊！"

两个男人隔着视频相视一笑，男人的默契往往在于一个眼神和一个微笑。简黎声回过神走向阮小跳，温柔地看着眼前温润如水的女孩，恍如回到初次见面，那个站在树下的小女生。

阮小跳拉开窗帘，阳光透过窗户照射进来，像刚刚在这个城市立足的那天一样，站在窗前，大声呼喊：

"Tomorrow is another day①！"

① 圆满大结局！将《消费者行为学》各个章节的重点概念全部渗透到小说里。

[实践活动]

假设你是一家新餐厅的经理，这家餐厅位于你的大学附近，主要为校园服务。你的餐厅刚刚起步，还付不起媒体广告的费用，因此宣传主要靠鼓励肯定性的口头传播。请陈述你鼓励肯定性口头传播的具体策略。

| 第二部分 |

《消费者行为学》
自创小说欣赏

自创小说2号：年少不知愁　章节1：时光如刀剑

电影中，一棵树从枝繁叶茂到落叶缤纷便代表了时光流逝。而生活却远非如此轻描淡写，那是用无数个滴答声奏成的乐章，我们置身其中，理应明了自己的角色，是一把乐器，还是一个演奏者，起码夏晓冰很清楚，他是自己的指挥官。

大学第一年，夏晓冰没有像高中老师说的那样尽情放纵，狂歌到天明，他步步为营，刻苦学习，课余时间还不忘发展自己的爱好，仅仅一年，他不仅拿到校级一等奖学金，还拿到了"大学生创业大赛青年杰出奖"和"全国大学生作文竞赛特等奖"。在当时，能处理好课堂和课外时间的分配已属不易，而夏晓冰一连拿下三个大奖。夏晓冰明白，这一切来之不易，这一切是自己用长久的坚持、努力的奋斗以及自己睿智的头脑换来的。当别人在KTV夜月狂歌的时候，夏晓冰在图书馆坚持着每天一万字的阅读量；当别人带着女朋友出去寻找激情的时候，夏晓冰废寝忘食地忙着自己的创业项目。每每一件事落下帷幕，夏晓冰总是在心里长叹："没有谁是真正的容易，一切都来之不易啊。"

清晨六点，学校安静得就像中世纪的教堂，操场上稀稀疏疏的，看不见几个人影，夏晓冰早早地起床了，今天约好了做十一促销员，他一边走一边低头思考。

不知不觉走到了学校门口，一只厚大的手拍在自己的后背上，他扭头一看，一个高大健硕的身体摆在他面前，原来是林凡潮，学校的花样美男，1.78米的身高、俊俏的脸庞，不知迷倒学校多少痴痴女生，林凡潮笑着对他说："看你，大企业家，又去哪里奋斗了？"

"我准备和徐洁一起商谈……"

"兄弟啊，我和你说，我们是学市场营销的。不要老借学习的名义来找女朋友。"

徐洁是他们班上的一个女孩，学习成绩相当好，性格属于内外兼修型的，比较开朗！夏晓冰和徐洁两个人的关系在班里是相当不错的，因为他们时常讨论学习。但对夏晓冰来说，心中茫然恍惚的身影却是高中同学韩雨馨……

见到夏晓冰发愣，林凡潮又自顾自地说了起来："我给你支几招爱情营销学，给你指明方向。第一，男生对女生说，我是最棒的，我保证让你幸福，你跟我好吧！这是推销。第二，男生对女生说，我老爹有几套房子和存款，你跟我好，这些都是你的！这是促销。第三，男生什么也不对女生说，女生被你的气质和才华所吸引，要跟你好！这是营销。第四，女生不认识男生，却常听周围的人说男生的好，喜欢男生！这是品牌。夏晓冰你现在在营销阶段。"

"你说的对，你说的都是对的，你这心思放到学习上那该多厉害啊。"夏晓冰挖苦道。

"哈哈，你小子就是努力太过了，好了，不跟你说了，多了你也记不住，我回寝室补觉。"

早上八点钟，夏晓冰和二胖一起乘坐43路来到了徐洁爸爸所在公司的大卖场，此时商场里的人流量并不是那么大。远远地便看见徐洁站在大卖场门口向他们招手，想起林凡潮早上的调侃，夏晓冰怀着忐忑的心情向徐洁走去。

"嗨，两位帅哥，一起进去看看咱们今天的任务吧！"徐洁边向里面走边跟他俩介绍："我们大卖场主要是以服装和数码产品为主，今天咱们主要就是做这方面工作。"或许是觉察到了夏晓冰的紧张，徐洁接着补充道："这个其实并不难，就是引导有需要的顾客进咱们卖场，简单给他们介绍一下数码产品或者服装的特点，至于能不能让他们心甘情愿地买东西，这个就完全要靠自己了，不过我相信你们很快就能适应的喔。"徐洁俏皮地向夏晓冰和二胖摆出了一个胜利的手势。二胖和夏晓冰相视一笑，便紧跟着徐洁向里面走去。

上了二楼，经过商品摆放区，二胖和夏晓冰都很积极地观察着周围，穿过一道防护门，转眼间便到了大会议室。

"这张桌上摆放的传单便是我们今天促销的产品以及这些产品的特点，现在商场里人还不多，你们先熟悉一下这些产品，以便于一会儿的促销，有什么不了解的可以问我，现在我可是你们的老师。"徐洁向夏晓冰开玩笑道。

不一会儿，会议室陆陆续续来了好几批人，大家都是自顾自地浏览着桌上摆放的资料。九点，商场主管过来带着大家一起出了大卖场，分发给了大家一些单页，让他们自行组队后便离去了。

开始时，夏晓冰怀着满腔的热情投入到发单页的工作中，但惨不忍睹的结果却把他打击得体无完肤，整整一个上午，夏晓冰仅拉来了两个顾客，一个还没到门口就匆忙离去，另一个进去转了一圈就离开了。

夏晓冰沮丧地向徐洁走去，却见徐洁正带着一个客户向商场走去，夏晓冰不由感慨道："女生这方面确实要比男生强啊！女生天生就有一种亲和力，男生在这方面却有短板。"

过了一会儿，徐洁从里面走了出来，看见了夏晓冰，便向夏晓冰走来："夏总，怎么样啊，又签了几张大单啊？"夏晓冰有气无力地说道："啥业绩都没有，你们女生就是有优势啊！"

徐洁白了一眼夏晓冰，说道："看来你还没有掌握营销的精髓啊，也罢，本小姐今天就来指点指点你，其实这跟性别确实有点关系，但影响却不大，消费者看的还是你这个人是否是真心替别人着想。"

夏晓冰若有所思道："喔，怎么说？"

徐洁接着说道："你跟客人接触的时候是不是看到人就发，你这不叫营销，你这仅仅是发传单，真正的营销是让客人心甘情愿买这件商品！"

夏晓冰一想，是啊，自己确实是这样啊，怪不得发不出去。

"你应该多观察一下客人，看他们真正需要什么，时不时地多称赞一下客人的眼光，但是要真正地称赞他们，让顾客感受到你的真心。"徐洁缓缓向夏晓冰说道。夏晓冰一脸感激地看着徐洁，示意她继续说下去。"向顾客推销商品时，不要急着跟他说这件商品多少多少钱，而是要多向客人介绍这件商品，尽量多说商品的优点，让顾客买的时候不会觉得这件商品很贵，而是真正的物有所值。"

夏晓冰心中早已翻滚不已，莫非这就是早已经学过的"消费者行为学"，原来营销还有这么多门道，自己以前不能把学过的东西与实际结合起来，学习再好又有什么用啊。

听完徐洁的话，夏晓冰犹如醍醐灌顶一般，立马领悟了营销的真谛。在接下来的半天，夏晓冰仿佛开了挂一般吸引来大量顾客，并有不少顾客表示下次依然会光顾他们的店。看到这里，徐洁给了夏晓冰一个大大的微笑，并拍着他的肩膀说："就知道你行的。"夏晓冰害羞地笑了笑。

经过一天的忙碌，夏晓冰跟徐洁简单地道别之后便直接回了学校。回到宿舍，二胖便迫不及待地爬上了床："今天可累死胖子我了，这明天得吃一只鸡才能补回来呀。"说着便瘫软在床，一动不动。夏晓冰则坐在凳子上看着窗外，一直思考着今天发生的事情。

想起徐洁的话，夏晓冰不禁开始总结进入大学以来自己所做的事情。当初自己是抱着一腔热血来到这个梦寐以求的大学，希望在这里学习到实际的知识为自己的理想奠定坚实的基础。回顾自己这一年来虽然每天都忙忙碌碌，仿佛很充实的样子，但到了真正的战场，没想到自己是那么的不堪一击，原来以前的那些想法都是自以为是。

自此，夏晓冰从国庆七天小长假的兼职中，也终于认识到了社会和校园的差别，认识到了自己离目标型男人还有多大差距。夏晓冰的兼职工资是一天80元的基础工资，按照业绩提成，八小时工作制。到最后，夏晓冰拿到的工资在所有兼职人员中是中下等，但是徐洁拿到的就基本令他们所有人羡慕，这还是与个人的实践能力有关。他看看自己手里基本没什么提成在内的几张红票子，越来越认识到自己的不足，别人都可以做到的事情，别人都可以干好的事情，自己却没做好的感觉就像是被打脸，一声声的脆响。

这个在校成绩优秀、成长路上基本没有受过什么挫折，甚至经常自我感觉良好的自尊男孩终于感受到了这个社会对弱者的一丝"恶意"。尽管，他并不想承认自己是弱者。

然而，他是，至少这次是。

自创小说2号：年少不知愁　章节2：心悟

铃声响起，老师打开PPT开始上课，而夏晓冰的思绪却跑远了，他想起了十一兼职时的挫败，觉得自己还有许多要学的，他想或许可以请教一下徐洁。下课后，夏晓冰叫住了徐洁："徐洁，你能不能抽空再教教我如何营销？"

"行，怎么不行，要不就下午吧。"徐洁笑着回答。

"那到时我在你们宿舍楼下等你。"

"好的，没问题。"徐洁向夏晓冰挥挥手后和宿舍人一起走了。

下午两点多，夏晓冰来到徐洁的宿舍楼下，在等待徐洁的过程中，夏晓冰闻到一阵阵桂花香。夏晓冰觉得整个人都变得十分的舒适轻松。

"夏晓冰，"徐洁拍了一下夏晓冰然后来到他面前，"走吧，我们边走边说。"

夏晓冰和徐洁并肩走在路上。

"你看见白色会有什么感觉？"徐洁突然开口。

"白色会感觉十分的干净，还有纯洁无瑕。"

"那黑色呢？"

"庄重、压抑……"

"绿色你会想到什么？"

"自然。"

"都很对，这是我要给你讲的色彩营销，不同的颜色给人的感觉不同，所以不同的产品会有不同的颜色。消费者是通过感知来决定对产品的喜好。所以营销就是要通过刺激消费者的感知来让消费者记住产品从而促使消费者进行购买。"

徐洁的话让夏晓冰思考起来。"那能举几个例子吗？"夏晓冰说道。

"例子嘛，有是有，不过说不太清楚，回去我传给你几个广告，你看看就能发现了。"

"对了，我还没问我们这是要去哪儿？"夏晓冰这才想起来还不知道要去哪里。

"我们去学校商业街的店里看看，从消费者的角度来感受一下，这样会有利于我们了解消费者行为。"

夏晓冰和徐洁边走边说，这会儿商业街上的人并不是很多，不如晚上那么热闹，显得有点安静。

"我们现在就去各个店里看看，你到时说说你的感受，觉得店里的哪些东西十分吸引你。"徐洁提出了要求。

"好的。"夏晓冰回道。

他们并肩走进第一家店——甜品店。

徐洁问："感觉怎么样？"

"嗯，还不错。"

徐洁开玩笑道："大才子说说不错在哪儿？"

"嗯，这家店的灯光不刺眼，感觉很舒服，墙壁上的甜品图案突出了本店的特色，留言板的设计也让人感觉很贴心，我说得怎么样？"

"小伙子不错嘛，我们来仔细看看。首先呢，店门使用有边框把手的整体玻璃门，橱窗使用落地玻璃，这样好透光，能给顾客舒适的感觉，在门、窗上比较显眼的地方挂上店内特有的甜品海报和图画，起到增加客人食欲的作用。其次呢，看看店内的特色，白色的方桌给人一种干净的感觉，这样能增加客人对商店的好感，还有墙面使用黄色，明亮温馨舒适，粘贴不同的甜品图案，同样增加顾客的食欲，用餐区使用白炽灯和彩色灯罩，柔和的灯光可以使人们的神经放松，得到舒缓，从而愉悦地用餐。"

此刻，夏晓冰已是两眼放光，用完全崇拜的眼神看着徐洁，久久没有言语……

徐洁把手伸到夏晓冰面前："喂，大才子你在发什么愣呢？"

"啊，没有，只是太崇拜你了。"夏晓冰羞涩地摸了一下头。

"这有什么，走，再带你去其他店看看。"

几分钟后，徐洁带着夏晓冰来到了一家咖啡店。

"走，进去吧。"

两人进了咖啡店坐下，要了两杯咖啡。

"看到这家店的灯光了吗？"徐洁问正在四处观察的夏晓冰。

"嗯，看到了，有点暗。"

"对，就是暗，要的就是这种效果，'咖啡店'的精髓可以理解为舒服、放松和悠闲的感觉。灯光的用途首先就是吸引顾客，灯光亮度要低于周围的亮度，以显示咖啡馆的特性，使咖啡馆形成幽雅的休闲环境，这样，才能使顾客循灯光进入温馨的咖啡店，暗的灯光同样会使咖啡显得古老而神秘。"

"哦哦，原来是这样的，颜色还真重要呢。"

"颜色是人们对事物的第一感觉，一个适合的颜色必不可少，但手中的咖啡一定要好喝，一定要专业，这是最基本的东西，因为咖啡是要喝到肚子里面的，有时候，顾客不一定懂咖啡，但是你的服务、你的咖啡的呈现方式，会影响消费者的判断。"

"嗯，懂了，以前都不知道原来营销里边有这么多学问呢，看来学好消费者行为学很重要。"

"等到大才子都学通透了，还不分分钟虐死我们啊。"

徐洁带着夏晓冰去了郊外的农场。他们刚下公交车，映入眼帘的是一片草地，那绿色，清新自然，让人感受到生命的力量。"晓冰，知道蒙牛、伊利的牛奶为什么用绿色的包装盒了吧？从视觉上来说，绿色让人觉得产品健康、无污染，对于奶制品来说，健康无疑是至关重要的。这便是消费者的视觉感官体验。"夏晓冰心里默默地学习并琢磨着徐洁的话。

一个小时后，两人出现在家乐福超市。

徐洁推了个小推车，今天不仅要给夏晓冰讲讲知识，她也要扫荡一些零食。

两人走到了生活用品区，徐洁似乎想到了什么，拿起一支牙膏问夏晓冰："晓冰，你平时都用哪一种牙膏啊？"

夏晓冰拿起了一支红色的云南白药牙膏："用这个，我觉得不错。"

徐洁笑了起来："晓冰你真会挑，你知道吗？云南白药牙膏2005年上市，2006年累计销售额就达到了3亿元，到了2012年销售额超过了12亿元。但是它的价格其实并不便宜，你为什么会买这款牙膏呢？"

夏晓冰想了想："云南白药是药物品牌，我感觉它能治疗牙齿疾病，我的牙龈又不太好，于是就选了它。"

徐洁点点头："你的决定就是一种消费者行为。购买牙膏是一种低风险且不断重复的过程，因此消费者很看重品牌，云南白药又是一家享誉国内外的药物品牌，消费者就是看中了它能治疗口腔问题的特色。另外，收入的增加使人们对产品质量的要求越来越高，牙膏的价格也满足了人们对产品高质量要求的心理。现在你明白了吧？云南白药牙膏的成功是大有深意的。"

夏晓冰恍然大悟："没想到一支小小的牙膏也蕴含着这样的知识，真是长见识了，我忽然对下个周末的兼职很有信心。"

徐洁道："好好干，大才子，我等着看你下周兼职的成果哦。"

走了一会儿，就闻到了阵阵烤羊肉串儿的香味。徐洁又说道："像这种即食的产品，要先从嗅觉上吸引消费者，气味很关键。嗅觉可以刺激消费者的食欲，食欲可以诱发购买欲望，这便做好了购买前的准备。"

走到羊肉串摊前，夏晓冰忽然闭上了眼睛，正赶上摊主在给羊肉串儿抹油，发出"滋滋"的声响，耳朵瞬间就被征服了。"夏晓冰，干吗呢你？赶快来尝尝，老板刚烤好的"，徐洁边吃边对夏晓冰说。夏晓冰睁开眼睛，刚好看到烤羊肉串儿发出的火光，再咬一口徐洁递给他的热腾腾的羊肉串儿，味蕾瞬间就觉醒了，一股脑儿吃了十几串儿。

吃完羊肉串儿，他们就坐上了返回学校的公交车。坐在车上，夏晓冰兴奋地对徐洁说："徐洁，我想跟你说说我今天的消费者行为学知觉篇的体验感受。"

"好的，你说吧。"

"刚才听到烤羊肉串'滋滋'的声响，这使得我的听觉暴露在外面；看到烤羊肉串儿的火光，我的视觉也暴露在外面；再吃上一口热腾腾的羊肉串儿，味觉已经被彻底俘虏了。我的嗅觉、视觉、听觉、味觉完全暴露在外面，我的消费欲望被完全激发，当吃到羊肉串儿，欲望得到升级，一连吃了十几串儿，满足感十足，真可谓是一次精彩绝妙的消费者行为体验……"

夏晓冰还在滔滔不绝地说着，而徐洁就这样静静地听着……

两人结束了这次的牧场之旅，在学校门口分开，各自回了宿舍。

夜晚，夏晓冰一个人躺在床上，总会想起各种事情，想想最近发生的，想起那些谈不上刻骨铭心却足够铭记一辈子的人……

回忆就像奔流的小溪，慢慢地，慢慢地，一点儿一点儿，牵引着夏晓冰的思绪，让他久久不能入眠。也就是在这时，一个扎着高高的马尾、穿着粉白色裙子的女孩子，就这样悄无声息地浮现在夏晓冰的脑海里：她正在林荫小道上翩翩起舞，路边的小野花也好似讨好她般摇曳着，她那曼妙的身姿犹如童话王国里的仙子，惹人怜爱。偶有一阵微风拂过她的发尾，她轻轻地转过头，夏晓冰看清了她的脸——韩雨馨，那弯弯的柳眉下镶嵌着明亮的大眼睛，还和当年一般美丽。这时，她笑了，她对着他笑了，夏晓冰的心像被融化了一般，所有的阴霾瞬间烟消云散，万里晴空，感觉暖暖的。他觉得这是世界上治愈系里最美的笑容。

人，总要长大，总得学会孤单地行走，即使满身泥泞，也要坚定地走下去。

自创小说2号：年少不知愁　章节3：共赴梦想

刚从书店出来，夏晓冰遇见徐洁跟一个中年男子迎面走来。

"嘿，徐洁！"夏晓冰迎上去打了声招呼。

见到夏晓冰暖暖的笑，徐洁心里总有些害羞，但大方如她，只开玩笑回应道："呀，几天不见，你这是去哪儿了？感觉又黑了一个度啊！哦对了，跟你介绍一下，这位是我爸爸——徐甄阳先生。"

夏晓冰笑着说了句："伯父好。"他看向中年男子，皮肤黝黑，头发已有些发白，但脸上威武的剑眉——深邃的眼睛依旧让人觉得英气逼人，夏晓冰默默感慨，气质果然不是年龄能消磨掉的。

"爸，他就是我常跟你提起的那个很有才的同学，夏晓冰。"徐洁笑着说道。

"原来你就是晓冰啊。"徐甄阳拍拍夏晓冰的肩膀，还想要说什么，手机突然响了，是老朋友韩宇恒打来的。徐甄阳刚挂掉电话，徐洁便关切地问道："爸，韩叔叔公司出了什么问题？怎么回事啊？"

徐甄阳便把缘由说了一遍，夏晓冰也在一旁听着。原来，韩式集团旗下的一个专门针对大学生市场设置的活力拍摄影公司，近期遇到一个强劲的对手，导致活力拍摄影公司业绩不佳，现在需要一个好创意，帮助公司争夺大学生市场。

"唉，这个创意可不好想啊，现在与时俱进地研究个APP，也不是一时半会儿能做出来的。"徐甄阳叹气道。

夏晓冰想到去年学校运动会时，学校用了一次航拍摄影，引起不小的轰动，或许引用航拍这一摄影方式是个好主意。于是，他向徐甄阳提议道："伯父，不知道活力拍摄影公司有没有航拍技术？我觉得航拍是个很不错的点子，对我们大学生来说，摄影方式顶多就是摄影师固定拍摄，要是有无人机航拍就会很新颖，很有吸引力。假如以后能抓住像之前迎接新生那种人多的机会，让无人机从上空飞过秀一圈，肯定能引起大家的注意和兴趣，也是一种很好的宣传方式。不过这只是简单的一个点子，不太具体，详细的还要再考虑考虑。"

徐甄阳一边听着，一边暗暗赞赏夏晓冰的才智："哈哈，晓冰啊，这确实是个好点子，待会我就跟老韩说说。小伙子果真是有才啊！长得还不错，回头一定跟其他老总介绍介绍你。"徐洁听到爸爸夸奖夏晓冰，心里美滋滋的，笑盈盈地对他眨了眨眼，夏晓冰看向眼前扎着马尾辫的女孩，心暖了一下。

夏晓冰有些不好意思地挠挠头："才子什么的都是别人乱叫的，我真的没那么有才。"

这时，夏晓冰的手机却突然响了："不好意思，我接个电话。"刚接通，二胖焦急又憨厚的吼叫声就传了过来："哎呀晓冰你干嘛呢？快回来啊，王者他生平第一次被女生甩，性情大变！非吵着跳楼，拦也拦不住啊！赶紧回来劝劝他！"

徐洁"扑哧"一声，笑了出来："原来风流倜傥的王者也有被抛弃的时候啊，晓冰你赶紧回去看看他吧。"

夏晓冰有些尴尬，跟徐家父女道过别后赶紧骑上车子直奔宿舍。

一跨进宿舍门，夏晓冰便发现宿舍异常凌乱，桌上地下扔得到处都是扑克牌，地上还零零散散地躺着几个酒瓶子，再看看无力地坐在床上的四个人，跟打过一场仗似的，王者的头发挠得乱七八糟，二胖的眼镜都歪到了嘴巴上，再看看美男子林凡潮，白净的衬衫上多了两个脚印，衬衣的扣子也掉了几颗，显得狼狈不堪。

夏晓冰看见他们这副模样，不小心笑出了声："你们是打了几次仗？弄成这个样子？"

王者没好气地白了夏晓冰一眼："哥们儿平生第一次被女生甩，差点要跳楼，你不安慰一下，还笑，是个什么意思？"说着又郁闷地补了一句："我感觉，你肯定看不起我，谁叫我整天就知道玩游戏，泡妹子，不像你那样有理想有抱负。"

话一说出口，其他几个人都有些紧张地看着夏晓冰，气氛貌似有点尴尬、有点怪。夏晓冰知道自己绝对不是看不起王者，每个人都有自己的生活方式，虽然不经常一起做事，但这两年的相处早已让他们情如兄弟了。

他走到王者面前，轻捶了一下王者的肩，笑着说："你这人，我们上下铺这么长时间，我连你夜里打呼噜都没产生啥异样情绪。作为下铺的兄弟，我还羡慕你生活得自由呐。不过王者，被女生甩真的没什么大不了的，有句话不知现在说合不合适，常在河边走，怎会不湿鞋？本来啊，我是绝对不会看不起你的，可你要是要死要活的，我就看不起你了。你先起来吧。"

王者听完，苦笑一声："我就需要你这种善解人意的室友。但是有一点你可是说错了啊，那不是我打呼噜的声音，那是'打呼噜'杀毒软件！"

夏晓冰向王者伸出手，王者顶着一头鸟窝发型，自以为帅气地一笑，右手重重地拍在夏晓冰的手上，一把握住："这种要死不活的状态太不适合我了！跳楼？跳个毛线啊！其实哥们儿心里一直装着你的，哥几个知道你一直想参加比赛，都帮你留意着呐，昨个儿终于让我们给碰着了。"

"什么比赛？"

"上次你参加的可乐广告创意比赛不是拿奖了吗，这次是青年杯纳斯达牙膏的营销比赛，有两个环节，先是制作纳斯达牙膏广告，优秀的话才可以参加第二轮的销售比赛。"

"你们有兴趣参加吗？我们一起吧？也是一种锻炼。"夏晓冰对室友们挑了挑眉。

"当然好啦，我们可以组个队，你当组长，林凡潮有拍摄经验，王者会处理视频，再找徐洁加入我们，队伍这么强悍，肯定一马平川！"二胖信心满满……

广告不是谁都能做的，灵感这种东西需要琢磨，就是这调皮的灵感，搅得夏晓冰一行人愁眉不展，可这只是比赛的第一步。夏晓冰坐在操场上构思的时候，突然听见悦耳的女声："夏晓冰！"夏晓冰眼睛迎着阳光，抬头一看，是徐洁。

此刻的徐洁正站在温暖的阳光中，窈窕身影逆光而来，白皙的面庞上绽放着笑容，像极了迎风盛开的白莲。她走近，再走近，走近夏晓冰的世界，走进他的心里，恍惚间，夏晓冰觉得她像画里走出的精灵……哎，等下！画……白……牙齿……牙膏……牙膏形状又像……颜料！太棒了，想起来了！

徐洁有些好笑地看着夏晓冰灵光一现的激动模样："夏晓冰，有什么好事，这么开心？"

"确实是好事，还要谢谢你。"夏晓冰向徐洁道出了比赛的事，继而又对徐洁说道："我想邀请你加入我们，我把室友都叫过来，然后跟你们说说我的想法。"徐洁点了点头。

不一会儿，小团队便聚齐了。夏晓冰描绘着他脑海中的广告图："早晨，和煦的日光洒在一间古色古香的房间里，房间里乱七八糟地放着颜料，还有一幅女孩画像。一个女孩刚刚从睡梦中醒来，想起昨天画像里的女孩牙齿怎么都画不白，便突发奇想用纳斯达牙膏当作颜料，涂到画中女孩儿的牙齿上，然后神奇的事出现了，画像中女孩儿的牙齿终于白得闪亮，这点要加上王者处理视频的技术，一定要做出那种闪亮的效果。大致思路就是这些，具体如何设计还需要我们好好商量商量。你们觉得这个点子怎么样？"

"构思不错啊，赞同！"

"嗯，那咱再想想具体的细节吧。"

头脑风暴的效果就是明显，几个人经过细细的商量，就确定了完整的策划和分工。明确了思路后，他们决定立刻行动。二胖和徐浩一起去找诗意的房间，林凡潮去借摄影机及其他设备，夏晓冰、王者和徐洁则留下来继续讨论广告场景设计的细节。

经过近半个月的努力，小团队终于完成了他们的广告《亮白》，他们激动地看着屏幕上展播的自家"孩子"，觉着怎么看怎么合心意，视频里徐洁的表现青春自然、不做作，那画面也精致到让人觉得这根本不像是出自大学生之手。这个广告从1000个广告作品中脱颖而出，一路过五关斩六将，过了初选，进了复赛，又带着一行人杀进销售决赛。

然而结局是，他们在决赛中失败了。

比赛时不怕出现黑马，倒是怕出现耍赖的白马。

夏晓冰一行人选好了销售摊位，利用网络进行宣传，售卖过程中增加抽奖活动，一等奖是平板电脑，销售效果很好，半天就卖出去100盒了，可是他们才不会告诉顾客其实没有一等奖，那平板其实是林凡潮妈妈送给他的宝贝礼物。

本来一切都很顺利，但是竞争对手居然自掏腰包，买下400盒牙膏，销量名义上大增，最终拿下第一。这让夏晓冰一行人十分生气，连平时不怎么发脾气的徐浩和凡潮，听说对手用这种手段获胜，也愤愤不平："他们组不能这样！这根本就不是销售！"

徐洁平复了一下心情，微微一笑，安慰道："没事没事，别生气了，就一个比赛而已，咱们参加了，这个过程就是最大的收获，不是吗？"

夏晓冰看向徐洁扬起的嘴角，她的笑干净得似春风，似花香，徐徐萦绕，沁人心脾。这一段时间跟徐洁的相处，又让他们之间默契了许多，他想，明明这丫头也不太开心，还总想着缓解别人的情绪，真是好女孩！

"对啊，没事，兄弟们，下次再努力就好了。"夏晓冰回过神，轻轻捶了下队友们的肩膀。

不过话说回来，比赛的结果倒真是峰回路转。原本一组人都觉得自己精明，竟然能够想出设立空奖的方法，自己都被自己的聪明吓到，对于拿头奖也是成竹在胸。万万没想到，楼外有楼山外有山，强中更有强中手，对手竟然出其不意、兵行险招，真是赤裸裸的阴险狡诈。虽说无商不奸，但是他们就不能委婉一点吗？之前徐洁还因为设立空奖一事心里有些过意不去，觉得欺骗了消费者的知情权，对不起消费者，更对不起流传五千年的中华传统美德。

晚饭时，父亲问及了比赛，徐洁只好如实回答。说及自己的团队设立空奖反被对手出其不意一事。徐甄阳听了女儿的话后，原本慈祥的脸突然变得一本正经，沉默半晌后，徐甄阳语重心长道："爸爸的公司能取得今天的成就，靠的就是一个'诚'字，容不得自作聪明，终有一天聪明反被聪明误，勿以恶小而为之，诚信乃立业根基啊！"徐洁听后，羞愧难当。父亲的一番话成了徐洁人生中难忘的一堂课。

次日清晨，经过一晚上反思的徐洁，对徐父说道："爸爸，我们打算举办一次庆功宴，诚邀您和韩叔叔，其一是想和你们分享我们的喜悦之情，其二是想请您和韩叔叔多多指教。"

"此次庆功宴就由爸爸帮你们举办了"，徐父应声答应道。

"谢谢爸爸。"徐洁如同孩子一般会心地笑了。

挂完电话的夏晓冰将庆功宴的消息告诉了同伴，下午一下课，二胖便迫不及待地说："晓冰啊，不是说办庆功宴吗？快点走啊！"刚走到门口，就看到徐洁已经在等着了，一群人浩浩荡荡地坐车到了依山傍水的半景庄园。

刚走到半景庄园门口，服务员就热情地迎了上来。"你好，我们订的如意轩和乐阁。"徐洁率先开口道。服务员将他们迎上了二楼的包间，徐洁的爸爸和韩叔叔还没有来，服务员为他们端来了一些水果和小吃便出去了。二胖立即嚷嚷道："徐洁，你刚才跟服务员说的如意轩和乐阁是什么意思啊？"徐洁笑笑："那你有没有注意到我们这个房间的名字？"

"和乐阁？哦，原来是房间名啊！也怪我孤陋寡闻啦！哈哈……"

"半景庄园共六层，每一层都有名字，吉祥、如意、功成、名就、花好、月圆，我们第二层是如意轩，而每一层的包间也有名字，珠光、宝气、团圆、美满、和乐、呈祥……"

"哦，原来酒店的包间名字还这么有学问啊！"夏晓冰感慨道。

"不只是包间名字，就连装修设计也有很大学问呢，据说半景庄园每一层每一个包间的设计都是不一样的，都有其独有的风格，让人们在每一次到来的时候都有一种新鲜感，这也是半景庄园的特色之一。"

"之一？半景庄园还有多少特色啊？"二胖不可思议道。

"对啊，说到半景庄园最独特的地方，那就是他们的菜品了，半景庄园是从来都没有菜单的，这里的厨师每天都会推出新的菜品，而为每一个包间提供的菜品每天都是随机的，也就是你每次来都不会吃到相同的菜品，但绝对不会不喜欢，这也是半景庄园最吸引人的地方……"

"讲什么呢，这么高兴？"徐洁的爸爸和韩叔叔一同走进门，问道。

"爸爸，韩叔叔好！我在讲韩叔叔家庄园的特色呢！"徐洁调皮地说，赶紧站起来打招呼，夏晓冰他们也站起来打招呼。

"都随便坐吧，说起来我们也是你们的学长，一家人就不要再客套了！"韩叔叔朗声说道，大家便都坐了下来。随后一排排服务员鱼贯而入，将菜品端上餐桌，服务员详细介绍菜品之后便出去了。大家在阵阵欢声笑语中进餐。

"说到你韩叔叔家的这座庄园，这可是餐饮界的一大品牌啊，好多企业想要连锁加盟，你韩叔叔可都不答应呢！"徐洁爸爸接着话题说道。

"现如今连锁加盟管理体系、机制还不成熟不完善，贸然施行加盟连锁很可能导致总部无法对加盟店进行统一管理，连而不锁。这样万一加盟店以次充好，混淆消费者视听，最后会给我们的品牌带来极大的损失。"韩宇恒解释说。

"不可以让每一个加盟店都有一个核心管理者吗？而核心管理者由总公司委派，这样在现行的运行体制中引入另一组织体系的概念，而这一体系的核心还在总公司的控制范围内。"夏晓冰想到自己曾看到的关于加盟连锁的解决方案，提议道。

"这个提议好啊！从根本上解决了连锁加盟的问题，我回去要好好跟他们研究一下。早就听老徐说晓冰点子多，如今看来还真是啊！"韩宇恒激动地说道。

"这也是我在书上看到的，韩叔叔别取笑我班门弄斧就好了。"

"哈哈……你就不要再谦虚了。"

随后一群人又开始天南地北地谈论起来。过了一会儿便有一个打扮干练的女人敲门进来："抱歉，打扰了！老板，您家里来了电话。"便把手机交给了韩宇恒。

"喂，哦，雨馨回来了？在机场吗？好，我现在就去接她……"

"抱歉各位，我要先走一步了，我女儿回来了，我得去接她。"韩宇恒笑着说。

"雨馨回来了！太好了，韩叔叔，告诉雨馨我会去找她玩儿的。"徐洁兴奋地说道。

"好，那我就先走了。"

徐甄阳随后也有事先走了。剩下他们一群更加肆无忌惮，欣赏着这难得的风景和这独一无二的盛宴。只有夏晓冰静坐在一旁，想着刚才他们的谈话，韩叔叔的女儿怎么也叫雨馨……

自创小说 2 号：年少不知愁　章节 4：新的征途

虽然大二的课程很繁重，夏晓冰仍旧没有在周末松懈下来，经过之前的实习，他发现开车是一项很基本的生活技能，尤其是在工作中。而徐洁也有学车的打算，两人便相约一起去吉祥驾校学车。

来到驾校，夏晓冰和徐洁随着大部队坐了下来。本着一个营销学生的专业素养，夏晓冰并没有偷闲，而是仔细观察周围的人并听他们聊天，发现不知不觉中，未来将购什么样的车成为几位学车者的共同话题。

"我拿到驾照，就去买一部 Mini Cooper。"这是一位外表看起来十分时尚的年轻女性，性格很开朗，对车的选择自然偏向小巧潮流的款式。

"如果是我的话，一定会选择雷克萨斯 ES，"一位正在进修 MBA 的中年商人对雷克萨斯情有独钟。"这款车外形优雅大气，空间也不小，而且油耗低。确实很适合您！"夏晓冰也赞同道。

"我喜欢旅游，所以肯定会买别克 GL8，省油而且配置好，又安全。假期和周末就可以一家人自驾游，平时上班路上那么堵，就坐公交或地铁。"夏晓冰观察了一下这个人的着装，戴着眼镜，大约 30 岁，穿着衬衣，暗暗猜测此人应该是一名白领上班族。

经过一上午的交流，夏晓冰发现年轻一点的女性在选车方面偏感性，她们首先更注重外表、车型、颜色等；其次是牌子，成熟稳重有地位的人士则偏向大气、能够彰显自己身份的贵车，牌子是他们选车的首要因素；薪资一般的上班族在购车时最注重性价比、动力高、排量低这几个方面，省油和好的售后服务是他们的首选，在自己能接受的价钱范围内选择性能最好的；而比较特立独行的人则不喜欢随波逐流，喜欢一些小众品牌的车。他们得知这些车的途径基本都是汽车杂志、电视广告或者亲戚朋友介绍等大众传播途径，而通过网络媒体、地铁广告获知汽车信息的则几乎没有。

一旁的徐洁看夏晓冰听得这么认真，打趣道："怎么这么关注车的问题？你也有买车的打算？"夏晓冰挠挠头不好意思地说："男生嘛，都对车子感兴趣，其实我小时候还喜欢玩 QQ 飞车呢！现在自己偶尔也会看一些汽车杂志，看到里面酷炫的车都希望以后自己也能买一辆。"徐洁眨着眼睛拍拍夏晓冰的肩膀，略带调皮地说道："夏晓冰，明天你有空吗？韩叔叔的女儿来找我，我不能去我爸公司兼职了……你替我一天可以吗？"

"没问题，哪个部门呀？"

"是负责数码产品的，你去了找数码部王叔叔就可以了！"

这种积累经验的机会夏晓冰自然是不会放过的。他乘着43路来到了大卖场，找到了数码产品区。王叔叔把夏晓冰安排在了扣尼专柜，让夏晓冰先熟悉一下产品参数和性能。夏晓冰默默地了解了起来。

不一会儿，来了一个中年男子，说自己闲暇时间喜欢走走拍拍。拍一些风景之类的照片。夏晓冰向他介绍了一款相机："先生，您可以看看这款尼康J4的微单，它最大的特点就是非常轻便，集强大功能于一机，让您轻轻松松便能拍摄出高画质影像。如果您出去游玩，带上它既方便又美观，也不会让您错过美好的风景。"中年男子思考了一番问道："这款相机的像素有多高？"

"这款相机配备约1839万像素的Cmos图像传感器和强大的EXPEED 4A图像处理器，输入的照片细节丰富、色彩真实，为您带来绝佳的画质体验。另外，这款相机搭载无线Wi-Fi传输功能，您无需频繁插拔储存卡就能轻松将照片传输到手机、平板等智能设备上，十分方便快捷。"

听到夏晓冰的介绍，中年男子显然十分中意这款相机，便决定购买。夏晓冰带着顾客付完款后，长出了一口气。刚才那段他现学现卖的介绍还好没有出错，自己还是有两把刷子的。成功销售出一台相机让夏晓冰对自己的表现很满意，对自己接下来的工作充满了信心。

第二位顾客是个年轻的女孩，夏晓冰比刚才更加积极地介绍各种相机，信心满满地说了一大堆各种参数、像素等专业术语。哪料到女孩看了又看就走了。夏晓冰有些疑惑，难道是自己介绍得不够完整？

这时，不远处的王叔叔看穿了夏晓冰的疑虑，走过来拍了拍夏晓冰的肩膀说："你介绍得很专业，也很准确，但是为什么那个女孩没有买呢？正因为你说得太专业了，女孩没有听到自己想了解的信息，所以没有做决定。"

被王叔叔这么一说，夏晓冰更加疑惑了。王叔叔接着说："消费者在消费过程中会有各种各样的因素影响他们的购买决定，一个成功的销售人员必须通过观察顾客的外在行为来探究顾客的心理活动。例如刚刚第一个顾客是个中年男性，一般男性购买一样东西时最先考虑的是什么？是功能，功能丰富、性能卓越是促使他购买的一个重要因素，他绝对不会选一些外表美观但实用性不强的相机。刚刚那位男顾客喜欢出游拍一些风景，你给他推荐携带方便的微单是对的，他想要的功能那款相机基本都能满足，所以他很愉快地购买了；但是女孩考虑的一般是外表的美观。女孩子都喜欢好看的东西，你说了一大堆专业术语她也搞不明白，你没有刺激她的购买欲望。所以说，对待不同的顾客要采取不同的营销方式，才能激发消费者的购买欲望。"夏晓冰这才明白过来。

之后又来了一些顾客，夏晓冰针对不同的顾客分别介绍不同的产品，销售了不少相机。在开心之余，夏晓冰继续思考着有关消费者心理对消费者购买行为的影响。突然一声"晓冰"打断了他的思考。

出现在夏晓冰面前的是两位娇美少女，一位身着绿裙，配着一头乌黑的披肩长发，看上去清纯可人，这是徐洁；身材曼妙，一张脸秀丽绝俗，有如新月清晕，欺霜赛雪，她是……在灯光的映射下，夏晓冰感觉一阵恍惚，这不就是高中同学韩雨馨吗？

伴着"晓冰！晓冰！"的呼唤，夏晓冰回过神来，看着面前的韩雨馨和徐洁，开口询问道："你们怎么在这里？"

"让你替我来这里兼职已经很不好意思了，刚好雨馨想来这里逛逛，所以我们就来看看你工作得怎么样啊，只是没想到你们原来认识啊。"徐洁笑吟吟地开口说道。

"我和晓冰是高中同学，当然认识了，我才没想到你们会认识呢，这个世界可真小。"韩雨馨连忙说道。

"我也没想到你们会认识啊，这可不就是只要你认识三个人，你就可以认识全世界嘛。"夏晓冰语调低沉地说道。不知怎么，明明很正常的对话，却总让人觉得一阵尴尬。徐洁看了看夏晓冰，转移话题道："可不就是，你今天工作做得怎么样？"

"感觉还不错，虽然刚开始有些生疏，但是在王叔叔的指导下，后来的业绩还是不错的。对消费者的消费心理和他们的性格、性别等之间的差异也有了一个很深刻的认知。"谈起今天的工作感悟，心情有些低沉的夏晓冰来了精神。

"所以说实践出真知啊，这让我想到了上次去西湖，那里新招了船娘，那些看着柔柔弱弱的船娘也成了西湖的一道风景啊，好多人都说坐船的人多了好多，都想着下次再来一定要再坐一回。现在想来，这可不就是抓住了消费者的心理嘛。"徐洁听后说道。

"你说的也算是一种眼球效应啊，和你上次告诉我的对消费者的判断很像。"

"看来你今天收获颇丰啊，虽然让你代了班但你反倒要感谢我了，"徐洁打趣道，"怎么样？你也快下班了，今天又遇见了高中同学，要不要今晚大家一起吃个饭？"

"明天吧，机会多得是，舍友今天都有事，王者还在宿舍等着我回去投食呢。"莫名地，夏晓冰有些烦躁，想要自己一个人待一会儿，便找借口拒绝了。

回到宿舍的夏晓冰思绪纷纷，有为自己当初的胆怯感到丢人，又有对再次重逢的不知所措，还有心底再次被唤起的对高三生活的点滴回忆。

自创小说2号：年少不知愁　章节5：人在旅途

　　自从上次与韩雨馨互换了手机号，夏晓冰每夜睡觉前都会对着通讯录发一会儿呆，想和韩雨馨聊聊。经过前几天的热闹与嘈杂，此时只想让自己静一静，释放自己向往自由的灵魂。没有跟徐洁、韩雨馨等朋友说一声，便回家收拾了一下行囊，与父母说了再见后，踏上了自己的旅途。

　　坐在火车站的候车室，离出发还有一段时间。以往自己都会拿出手机看视频或者玩游戏度过等候的时间。但是这次，夏晓冰坐在位子上，看着来来往往的人们，看着每个人在做的事情，仿佛一部电影一般。坐在自己对面的是一位40岁左右的男士，已出现秃顶的迹象，这位男士穿着一件五六成新的衬衫，皮鞋已略有些开胶，坐姿很随意，跷着二郎腿，目光扫视着四周。好几次，夏晓冰都差点和他对视，搞得自己都有些不好意思了。

　　"当当当……"一阵高跟鞋触地的声音传来，此时，左边走来一位穿着很时尚的贵妇，夏晓冰不由得看了一眼，很多人都抬起了头，但更多的是看了一眼便又低下头，相反的是，那位秃顶大叔却一直盯着这个贵妇。虽不是轻浮的眼神，但是也引起了贵妇的回视，随后便立马走开了。秃顶大叔望着离去的贵妇也便收回了目光，又开始扫视四周。夏晓冰便也不再看他。

　　大叔的旁边是一位和夏晓冰差不多大的女生，这位女生玩着手机，手指飞快地在手机键盘上动着，看似在和什么重要的人聊天，有时候聊着聊着便笑了起来，但又因为自己在公共场合，不能太放肆，便隐忍着。但是在夏晓冰看来着实好玩。再看看其他人，每个人都沉浸在自己的世界中。放眼望去，真实的生活就像一部电影，讲述着人生百态。

　　离发车时间还有半小时左右，原本坐着的人们开始蠢蠢欲动，往检票口涌去，夏晓冰看了看手表，明明还有半个多小时，大家却纷纷排起了队，拎着行李往前挤。自己坐在座位上，看着面色着急的人们，想着一人一座，或者无座，都印在车票上，上车早晚，都不会改变你原有的位子。难道说早上车原本没有的位子会出来吗？看着少数人去排队，大家不自主地站起来加入其中。这种现象不由得让夏晓冰想起有的商家为了吸引顾客，会雇用托儿来为自家店面充当客人，以唤起人们的从众心理，使人们失去判断的能力。

离检票没有多少时间了，为了不让自己独自旅行时在车上睡着，夏晓冰打算买杯咖啡来提神。走出候车室，放眼过去，看见一个圆形的绿色商标，"哦！星巴克。"夏晓冰庆幸自己一眼看见了不远处的星巴克。端着一杯咖啡坐在车上，看着窗外的风景，夏晓冰不由得想着，自己一时冲动的单独旅行就要开始了，内心有着些许的期待与不安。

"新鲜水果，十块钱一盒，黄瓜……"列车兜售开始了，但似乎大家都无动于衷，丝毫没有回应。就这样，列车员兜售了几圈之后见没人理会，便减少了来回的次数。列车快速行驶，天色也慢慢暗了下来，距离目的地也越来越近了。就在这时，"最后一次，新鲜水果，十块钱两盒……"列车兜售应景而来，但是与之前相反的是，这次有人选择了购买。看到此情此景，夏晓冰不禁翘起了嘴角，有了一丝的了然。

又过了一段时间，夏晓冰便开始准备下车，对于自己此次的选择，夏晓冰全然没有后悔，更多的是期待。

"乘客们，本次列车的终点站 A 市即将到达，请大家收拾好自己的行李物品准备下车。祝大家旅途愉快。欢迎下次乘坐本次列车。"随着列车缓缓地播放告别语，夏晓冰漫天的思绪被拉回现实，开始整理自己的行李和桌面上的垃圾，都整理好后便把自己面前的小桌子收起，以便坐在里面的乘客下车。

列车停后，夏晓冰随着人流走下车，善于观察的他目光投向身边座位，发现并不是每一个靠走廊的乘客都会收起面前的桌子为他人行方便，并且大部分乘客都没有碰列车上免费提供的食品和饮料。随后观察到，这列车一等座车厢里大都衣着光鲜，神情冷淡，从他们精致优良的穿着打扮来看，不少是商务精英，这些人一上车就打开电脑开始处理各种事务，并无心观察和关心他人。所以整个列车车厢自始至终都是安静的。随后夏晓冰想到区别于普通列车的"营养盒饭十元一份，有鸡腿、红烧肉可选"；一等车厢内，打扮精致的乘务员推来午饭时会说："午饭时间到了，请有需要的乘客自行挑选。"此时，乘客面前的显示屏会同步播放饭菜从选料到烹饪再到装盘的过程，配合成品饭菜的图片进行宣传，从而在质量、口感、方便上打动追求质量和速度的乘客们。在推送饭菜的过程中，乘务员并不自报价钱，这是因为他们所面对的顾客并不在意这些。夏晓冰心想："原来，单是一节车厢已经可以发现许多不同的营销手段，果然是面对不同的对象就要有不同的营销策略，才能取得成功。对消费者行为的分析也是一个大的方面，心理、行为、性格等内在因素也都要考虑到才能在营销的道路上走下去，我还差得远呐。"

下车后,夏晓冰走到了热闹非凡的火车站,这又是一番与列车上完全不同的景象:小贩随便搭一张布单就可以作为摊位,兜售的有充电宝、数据线、当地地图等非常适合短期旅客的物品,采取逢人便上去推销的策略。继续往外走,就是此起彼伏的同出租车争抢生意的"黑车",夏晓冰冲他们笑笑便摆摆手拒绝了。他更愿意排队等候正规的出租车。在排队过程中,夏晓冰发现,并没有很多顾客选择小贩们兜售的商品,他想,怕是之前电视上经常报道的火车站小商贩利用火车站极高的客流量以次充好、弄虚作假,给乘客以"小商贩=次品"的条件刺激,从而使乘客形成"拒绝"的条件反应。所以形成了今天这种大部分旅客完全忽略小贩快速掠过的局面。

终于排到了出租车,夏晓冰坐上车,告诉司机目的地后就戴上耳机,沉浸在音乐世界里了。"Only miss the sun when it starts to snow, Only know you love her when you let her go, Only know you've been high when you're feeling low, Only hate the road when you're missing home, Only know you love her when you let her go, and you let her go…"听到这些歌词,夏晓冰又想到韩雨馨,因为他的胆怯,他们两个已经错过了太久:就让我这次的旅行像歌里所唱的 Take it slow。

接下来的几天,夏晓冰暂时忘掉了学校里的事情,忘掉了韩雨馨,忘掉了徐洁,忘掉了凡潮、王者几个好哥们。把自己投入到 A 市的各大景区和美食的广阔天地中去,玩得好不快活。并且在这个过程中,夏晓冰对自己所学的知识也有了全新的认知,例如广告营销,夏晓冰在 A 市的两个 5A 级景区游玩的时候就深有体会。在这两个景区都有旅游公司张贴的宣传海报,给自己打广告。虽然都是 5A 级,但一个景区的客流量远比另一个大,这让夏晓冰想起了所学的广告营销成功的三大因素:新奇刺激、强烈刺激以及动感的运用。而那个客流量更大的景区显然是抓住了这点,吸引了更多的游客。

"嗯,可以返程了。"晓冰拿起笔划掉了游玩计划的最后一行,说道。几天的游玩使得夏晓冰颇感疲惫,并且兼职所赚的钱也所剩无几,是时候拿上车票踏上返程之路了。

回到旅馆,正要收拾行李踏上归途的夏晓冰惊恐地狂掏自己身上的所有口袋,一阵心理挣扎后,不得不承认手机丢了抑或是被顺走了。"这可咋办,没有手机,家里人和朋友都联系不上,大家会担心的。"夏晓冰心中联想起家里人紧张的各种场面:"不行不行,这个问题一定要现在解决。"夏晓冰摸了摸口袋,几乎只剩下返程的费用,根本没有多余的钱买手机。

走出旅馆，夏晓冰想去彩票站买几张刮刮乐试试手气，这或许也是解决他当前问题最快捷的方法吧。路过手机专卖街，无望的夏晓冰瞥了一眼，突然两眼放光。"分期付款，零元购机"，几乎每家店都大大挂着这八个字，晓冰紧锁的眉头顿时舒展开。

眼前一条街，那么多家手机店，夏晓冰又难住了，大致走了一圈，夏晓冰进了一家外场做得比较大、里头接待员穿得比较正式、看着比较忙的店里，因为这些让他觉得这家手机店比较专业。

"您好先生，请问找什么机型呢？"店内销售员试探性地问道。

"这边有分期付款的吗？"夏晓冰想确定是否真的可以分期。

"是的！可以分期付款。"销售员想抑制住心中的激动却又稍露声色，因为一般选择分期的不会选择便宜货，这次多半可以拿下一个高毛利客户。

"我不需要太贵的，想暂时买一个能打电话的就可以。"夏晓冰不由自主地提高了戒备心，或许是这个销售员营销水平不高，让夏晓冰觉得不安。

"那你可以看一下这一款，目前是活动价，直降400，配置也过得去。"销售员拿出一款价格中等、外观也还可以的手机介绍给夏晓冰。

夏晓冰动手了解了一下，觉得价格高于自己的接受范围，但夏晓冰没有说出来，因为这个时候还没进入价格谈判阶段，不应该暴露自己能接受的价格范围，只是跟销售员说再了解了解。

"那你看看这款吧，这是店里这个月的主打款，性价比会比刚才那款高。"销售员拿出另一台机子试探性地问。

外形比上一台好看多了，性能各方面也强大许多，然而价格却比上一台降后的价格还要便宜些，夏晓冰很是不解："说好的一分钱一分货呢，为什么性能各方面都比较强，价格却比较低？"夏晓冰心里琢磨着，没有表态。

销售员见夏晓冰没有表态，开始有些不知所措，或许这个销售员真的是个新手。

"这位先生，您平时上网应该比较多吧？"这时径直走来一个戴着店长胸卡的人。

"多，"夏晓冰随口说道。

"那对手机配置的要求应该比较高吧？可以看看这台，八核处理器，2G内存，各方面做得都非常优秀。"店长面带微笑地介绍着。

"听你口音不像本地人，是来这边旅行的吧？"

"嗯，是的，这两天准备回去了。"夏晓冰把弄着手中的手机，轻轻回答道。

"这款是1600百万像素的,金刚包框,背壳是水晶注塑,不怕脏的。"见夏晓冰消除了戒备心,店长开始用各种词汇渲染着夏晓冰手中那台手机的各种优点。

"那这台价格能便宜些吗?"夏晓冰挺喜欢的,价格也可以接受,于是看看能否优惠些。

"额,这样吧,见你这么喜欢,给你打个九折,再帮你把该配的配件都配齐,到这边来,我给你做个分期资料。"店长看似很客气友好地说,并将夏晓冰带到了收银台交了首付。

整个过程不到三分钟,夏晓冰似乎被店长的盛情建议催眠了,买下了手机。

回旅馆的路上,夏晓冰越想越觉得亏,自己明明是拒绝杂牌的,付账那会儿他好像走了神似的付了首付,还觉得有那么多赠品很占便宜的感觉,然而自己也不是特别喜欢,未曾经过大脑思考便买了单……

"先留住客户;尽全力消除他的戒备心;极力渲染客户或许喜欢的产品功能;迅速促成交易,客户决定购买的时候多半是三分钟热度,头脑发热,不能留有让其反悔的时间。"晓冰联想起格兰德所著《洗脑术》,里头讲的好像就是这个道理……

拿上火车票,收拾好行囊,简单地打理一下便走出了旅馆。经过了这几天的游玩、丢手机,并且被店长忽悠之后,晓冰觉得对生活似乎有了新的看法,从旅馆到火车站还有一段距离,要转乘公交车,公交车上播报着站点信息,还不忘在站点前加上广告。经过7站之后,终于,"达达维纸巾提醒您,火车即将到站,请您准备下车"。下车之后夏晓冰忽然觉得很饿,估计是刚刚挤车耗费了太多的力气,在站前随便找了一家小餐馆进去了,点了一盘土豆肉丝盖浇饭,惊奇地发现要15元,而且只有土豆没有肉丝,没办法,夏晓冰想到之前老师说的消费者行为,忽然觉得此时此刻自己就是那个不愿意走远图便利、不在乎价格和质量的消费者,吃过饭之后夏晓冰就进站了,进了火车站夏晓冰也是不自觉地看着各种广告牌,仿佛这已经成了他的职业病,就在正前方一个十分明显的地方,一个女士内衣的广告牌挂在那里,夏晓冰十分厌恶地看了一眼,觉得现在挂广告牌难道不分场合地点吗,夏晓冰觉得这种场合挂这种广告会助长有犯罪心理的人犯罪,实在是应该出台一些法律政策或者强化道德规范来规范这些行为,后来再想想也觉得自己太古板了。苦笑一下，准备检票了，这次旅行就这样结束了，感悟颇多，最后发现旅行也是学习的一种！读万卷书、行万里路实在是缺一不可。

傍晚时分，斜阳从一人身后缓缓打了过来，看着地上拉得很长很长的影子，夏晓冰笑了笑，不知是放空后的轻松还是回到学校后的惬意。

"亲爱的兄弟们，有没有想我啊？"未见其人，先闻其声，只见夏晓冰一下将宿舍门推开，当时宿舍里所有人都将目光投向了夏晓冰，但是回应夏晓冰的却不是温暖的目光和拥抱，而是兄弟几人的一顿"狂轰滥炸"，"说，去哪了。""对，快说。""不说，今天饶不了你。""别别别，别动手啊，我说，我说，别动手啊，我错了还不行吗？"大家也就没再为难夏晓冰，毕竟大家也想知道夏晓冰去了哪儿，为什么突然消失了，是不是有什么事情发生了。随即，夏晓冰便将自己的行程和想法跟大家说了，大家也理解了夏晓冰的行为，不过还是怨气冲天啊。这不，二胖一脸怨气地说道："即使是你自己想出去走走，也该跟大家说一声啊，害得大家都担心你。""知道了，知道你们都担心我，小弟在这给大家赔不是了。"夏晓冰"有模有样"地给大家鞠了一躬。"不过，说真的，你不在的这几天，徐洁和韩雨馨都挺担心你的，你待会还是给她们打个电话吧，话说回来，你小子这是有情况啊，艳福不浅啊。"顿时，哄闹声响遍宿舍，而夏晓冰也禁不起他们的起哄，脸红了起来："别瞎说，我跟她们只是朋友而已，我也够累的，能不能先让我洗洗风尘。"晓冰找了一个借口，赶紧脱身。

洗漱完毕，夏晓冰躺在床上，脑子里浮现出了韩雨馨的面容，这个让自己久久不能忘怀的女孩。最初的懵懂，只因遇见了她，才知晓难忘是什么滋味，而戏剧的是，当自己认为，这一生有可能再也无缘与她相见之时，这个无数次出现在梦中的女孩，却又再次出现在自己眼前，让自己又惊又喜。然而此时夏晓冰的脑中却又慢慢浮现出另一道身影，她，青春靓丽，活泼开朗，总是在自己最需要帮助的时候出现，而且不知不觉中与她也走过了两年之久，她的笑，她的好，浮现在夏晓冰的心头……

自创小说 2 号：年少不知愁　　章节 6：踌躇满志

清晨，一缕阳光洒在夏晓冰的脸上，夏晓冰伸出手，想要摸摸这阳光的味道，嗅嗅这晨光的温柔，"今天的天气还真是让人愉悦，哎，就是不知道待会儿会不会挨骂啊。"夏晓冰自嘲了一声，向学校门口走去，原来是夏晓冰为了向徐洁和韩雨馨赔罪，便一大早分别给她们打了电话，以表歉意。这时，夏晓冰已经站在校门口等着两位佳人的到来，正当夏晓冰感受着晨光的温暖，一声轻灵的嗓音在夏晓冰耳边响起："我们的大才子还真是任性啊，一场说走就走的旅程，说走就走啊。"虽是挖苦的话语，可是在夏晓冰听来其中并无责怪之意，虽然夏晓冰也不知道为什么会如此肯定。夏晓冰看着徐洁来了，便主动迎了上去："真是对不起啊，怪我没有提前告诉你们，让你担心了。"夏晓冰不知道说什么，便只能先低头道歉了。"别先急着道歉，我这还有事要找你帮忙呢，不过之前你突然消失了，我确实很担心的，以后可别这样。"说着徐洁拍了夏晓冰一下，夏晓冰被徐洁这一动作吓了一跳，脸微红："我知道啦，以后不会了，对了，你找我帮什么忙啊？""雨馨，你来说吧！"

韩雨馨先看看夏晓冰，然后才回答道："是这样的，徐叔叔的公司最近推出了一款新产品，但是销量却一直上不去，徐叔叔想找人想想办法，提高销量，我知道后，便向徐叔叔把这个机会要了过来，想让大家做做试试，一来可以长长经验，锻炼自己。二来也可以帮到徐叔叔的公司，你们觉得怎么样？当然了，如果设计成功了，会有丰厚的酬谢哦。"

"行啊，回头你再跟我们仔细介绍一下你爸爸公司推出的新产品，我们一起努力试试看，今天的主要任务呢，就是让你陪我们一起好好逛街。"夏晓冰很爽快地答应了徐洁，毕竟这样的锻炼机会不多，更重要的是，可以帮到徐洁，或许夏晓冰也不知道这个原因所占的比重有多大。

经过昨天的"任君差遣"，此时的夏晓冰就像上冻的茄子一样，毫无精神可言，徐浩几人看看徐洁和韩雨馨再看看夏晓冰，一脸疑惑地问道："你们昨天让他干什么了啊，把他累成这样？"徐洁装着思考的样子，想了想："也没做什么啊，就是逛了一天的街，让他帮我们拎了一天的东西啊，不至于把他累成这样吧？是吧，雨馨？"说完，还做出一脸无辜的样子看向韩雨馨。徐浩几人听完，瞬间明白了，齐声对夏晓冰说："兄弟，真是苦了你了。"几人一脸同情的样子，让徐洁和韩雨馨也觉得不好意思了。

徐洁清了清嗓子，"好了，我们切入正题吧。"一听到要说正事，大家也就收起了玩笑的心态。"情况是这样的，徐叔叔公司推出了C品牌的一款相机，叫炫橙相机。但是这款相机在咱们市的销量不太好，所以徐叔叔的公司想找人想想办法来提高这款相机的销量。"大家听后，开始发散思维。"这款相机的特点是什么，有没有主打的功能？"林凡潮脱口而出，作为一个摄影的绝对爱好者，林凡潮知道数码消费者在意的是什么。"不错嘛，林凡潮，一下就问到点子上了，这款相机的主打功能是对事物的自主修饰，或者说自动美化，这也是这款相机最大的亮点。例如，你们看前方的墙是不是显得很昏暗、破旧？如果用这款相机拍的话，可以自动加以修饰使墙体变得整洁，焕然一新。""那这款相机的定价是多少？款式怎么样呢？"夏晓冰一连提出两个问题，让徐洁愣了一下："还以为你没在听呢，价钱在5000~8000元不等，款式比较时尚简约，对于男女的区别不是很大，因为有不同颜色的选择，一些相关配件的价位也会有所差别。""这样啊，我明白了，让我想想。"夏晓冰点点头，开始思考有什么办法能解决销量问题。

其他人也在七嘴八舌地讨论着，你一言我一语，努力想着怎么解决这个问题。"销量不多，那肯定是因为知名度不够啊，对相机加以宣传不就好了吗？"二胖说道。"对啊，我们举办一个活动，主题就是这款相机，让人们都知道，不就可以提升销量了吗？"林凡潮也说道。夏晓冰沉思了一下说："我觉得这个办法可行，只要我们做好宣传，一定会有人买的，关键是我们怎么举办这个活动。"王者说："这好办，我让家里在街上搭个台子，咱们做点横幅，做一张大点的海报，找个能说会道的，肯定能吸引观众，毕竟大家都这么爱热闹，到时候肯定人山人海的，宣传做好了，相机还愁卖吗？""我同意。""我也同意。"林凡潮和二胖都点头表示赞同。徐洁和韩雨馨对视一眼，也觉得不错，同时望向夏晓冰。夏晓冰被她俩看得有些不好意思，连忙说："那就这样办，说行动就行动，我们明天就开工，今晚大家准备一下，凡潮，咱们今晚去把海报搞定，二胖，你去打印店设计个横幅，一定要吸引人那种，王者你跟家里说一下，让家里准备准备，徐浩你平时那么活跃，明天你上台主持怎么样？这可是难得的表现机会哦。"徐浩一脸兴奋地说："没问题啊，包在我身上，看我明天嗨爆全场！"其他人也点点头，表示没问题。徐洁和韩雨馨连忙说："那我们呢？我们干嘛？我们也是很有能力的好不好！"夏晓冰笑道:"当然不会少了两位美女啊,明天你们要上台展示咱们的相机,毕竟有美女才会有人关注嘛。"她俩白了夏晓冰一眼,点了点头……

夏晓冰几人已经带着东西准备出发了。坐着出租车,他们来到市里著名的服饰特卖街,这里也是平时市区人流量比较大的地方,街道旁边已经竖起了一个方台,王者已经带着几个人在忙东忙西了,客流量渐渐多了起来,活动也拉开了序幕。

"走过路过不要错过啊,我们公司新推出一款炫橙相机,功能强大,可以让您亲手拍出最唯美的景色,不需要高超的拍摄技巧,不需要专业的拍摄知识,您只需要一款炫橙相机,就能让您瞬间化身为国际顶尖的摄影师,还在等什么,快来抢购吧……"随着徐浩一通激情四射的开场白,台前的人慢慢多了起来,随着活动的正式进行,渐渐地开始有人要求试一试样品,看看产品效果,咨询的人也多了起来,让夏晓冰几人忙得不亦乐乎,就连午饭都顾不上吃。很快天色暗了下来,预示着一天的工作要结束了。夏晓冰甩甩胳膊说:"兄弟们收工了,两位美女,大家今天都辛苦了。"徐浩一边灌着矿泉水一边说:"我嗓子都快喊哑了,可算过了一把主持人的瘾。"韩雨馨揉了揉粉红的脸蛋说:"我脸都快笑僵了,好累啊。""虽然累,但是咱们今天还是挺成功的,今天一天已经有好多人了解了咱们的相机,相信他们会考虑购买的,今天的任务完成了,但是咱们不能懈怠,咱们要周期性的来,两三天来一次,既能吸引顾客,又不能让顾客对咱们的活动感觉麻木。"夏晓冰说道。二胖苦着脸说:"还来啊,今天都快累死了,估计都瘦了好几斤。""放心啦,会补偿你的,前几天看到一家新开的餐厅,今晚去犒劳一下大家。"夏晓冰笑着说。"这个可以有。"众人纷纷点头道。

经过了昨天宣传活动的人流热潮,夏晓冰几人越发有信心了,每隔两天或三天就去举办一次活动,而且还增添了许多趣味活动,送赠品什么的,也吸引了不少人围观,而且每次咨询的人都很多,让夏晓冰几人越来越相信炫橙相机的销量一定会发生翻天覆地的变化。时间过得飞快,转眼一个星期过去了,一周的时间,夏晓冰几人也红红火火地举办了几次宣传活动。目睹了每一次活动引起的人潮,夏晓冰几人坚信相机的销售量已经翻了几倍。

这天下午,徐洁笑着对夏晓冰几人说:"一个星期过去了,咱们那么拼地举办活动,销售问题应该已经解决了吧?估计成果还不错呢,我去问他要报酬,咱们就等着吃大餐吧。"二胖一听到大餐,连忙说:"快去快去,我都快饿死了,这一个星期我都瘦了好几斤。"徐洁笑着说:"知道啦,你们等我回来。"说着对夏晓冰一笑，便去联系她爸爸了。夏晓冰几人便开始商量着去哪里吃大餐。

并没有让夏晓冰几人等太久，"我回来了，这是咱们的报酬。"徐洁手里拿着一个信封慢慢走过来，但是脸上并没有得到报酬的喜悦，反而是一脸的难过。"发生什么事了？"夏晓冰第一个注意到徐洁脸上的表情不对，连忙问道。徐洁犹豫了一下，还是开口说道："那款相机销量确实提升了，但只是提升了一点点，远没有达到咱们想象中的大幅度提升，可以说销售问题并没有得到解决，而这些钱是为了感谢咱们为他们公司所做的努力，谢谢咱们帮忙的。""怎么会这样？不应该啊，咱们都那么努力了，而且当时那么多人都咨询咱们的产品，销售量不应该这么少啊。"王者一脸的不敢相信。夏晓冰的眉头紧皱着，回想着一周来所做的事情："到底是哪里做错了呢？为什么销售量没有提升？"他们实在无法接受自己辛辛苦苦了一个星期都是做无用功，一个个脸上写满了颓废。晚上大家实在没什么心情吃饭，互相打了招呼就回去了，路上一个个无精打采的，像是精气神都被抽空了一般，回到宿舍，便倒在床上，一夜无话。

天空渐渐发亮，远处的天边泛起了鱼肚白。夏晓冰掀开被子坐起身来，想起上周的失败，他不由得叹了一口气，轻揉太阳穴，脑子飞快地转着：为什么活动会失败？到底怎么样才能把相机的销量大幅度提高呢？

看了一下课程表，今天上午是消费者行为学，夏晓冰脑中灵光一现，可以向老师请教啊！夏晓冰暗骂自己傻，作为一个大学生，竟然将这么得天独厚的条件忘了。老师研究市场营销这么多年，其知识和经验肯定不是我们能比的，有了他们的帮助，我们肯定能找出上周失败的原因。在哪儿跌倒就在哪儿爬起来，我就不信销量上不去！

徐浩、林凡潮他们几个早上起来睡眼惺忪地听了夏晓冰的想法，瞬间精神十足，跃跃欲试，恨不得现在就向老师请教。终于熬到下课了，他们几个冲上讲台，向老师表达了他们的意思，老师很乐意帮忙。约好下午3点，在老师办公室见面。他们几个讨论了一会儿后准备好向老师提出的问题。老师准时到了，看到他们几个站在门口等着，笑着说："来吧，让我听听你们的营销大计。"

落座后，夏晓冰将上周的营销活动完整地告诉了老师。老师边听边做记录，听完后，笑着对同学们说："虽然营销不够成功，但是你们的魄力不错。让我给你们好好分析一下。先说产品，这款相机的主打功能是对照片的处理能力,所以摄影技术一般的人会比较青睐。外形时尚简约,中等层次,性价比高,适合追求时尚但是收入不是很高的年轻人购买。所以你们选的宣传地点就有问题了……"

夏晓冰如此聪明,一点就透,立马说道:"原来如此,我们选择的地点是服装特卖街,那里卖的都是特价服装,而大多数能消费得起5000~8000元相机、追求时尚的人,一般不会来这里买廉价服装,所以了解产品的人虽多,但购买力却不足。"

老师笑着点头说:"这是一部分原因,一般去逛服装特卖街的大部分是女性,数码产品对女性的吸引力远不如化妆品服饰对女性的吸引力,在收入有限的条件下,很少有女性会选择够买相机,所以宣传对象也没找对。"

夏晓冰他们听完老师的分析后如醍醐灌顶,不仅明白了失败的原因,还想到了很多关于这款相机的营销方案。

"老师,谢谢您的分析,我们明白该怎么做了。"

"不客气,很乐意能帮助你们,期待你们胜利的成果哦。"

"好的,老师,等我们凯旋吧!"

夏晓冰等人坐在桌前,大家七嘴八舌地讨论营销方案。

夏晓冰说:"我说一下我的看法,我们先要选一处合适的地点进行宣传,要选有比较多潜在购买者的地方。我们还需引起产品潜在消费者的注意,老师在营销课上讲过布里特定理,大意是,企业经营如果忽视广告,就好像一个漂亮的姑娘在黑夜向心爱的小伙子传送秋波,再含情脉脉,但对方不知道,又有什么用呢?要想成功,必须引起消费者的注意。没有好的广告宣传,销售确实是寸步难行,所以我们要设计别出心裁的广告,能够加深消费者对产品的记忆。"

王者抢着说:"我认为,可以在科技市场门口进行产品宣传,因为大部分想要购买相机的人会去科技市场实体店了解产品,所以能够比较有针对性地让潜在消费者知道我们的产品。"

"这倒是个宣传的好位置。"大家同意。

"我也有个建议,"林凡潮说,"我们可以借助微信进行营销,购买者扫二维码后将咱们产品的信息和广告发到朋友圈,就可以获赠专业的三脚架,而且可以学习专业的摄像知识。"

韩雨馨笑着说:"对,我们产品的照片自动美化功能可以让小白变大神,通过赠送三脚架、学习专业摄像知识可以让消费者体验到专业摄像的感觉,进而吸引消费者购买。"

"广告就交给我了，我有个很不错的设计，暂时保密，到时包你们满意。"徐洁神秘地说。

"哎哟，连我们都保密。"

"就是，告诉我们呗。"

徐洁笑而不语。

分工之后，大家都散了，就剩下夏晓冰和徐洁。

"现在网购非常火，你可以建议你父亲，在主营数码产品的东茶网上开个官方旗舰店，线上线下同时销售产品，拓宽销售渠道，占领市场。"

"好的，我会告诉我父亲。"

"对你的广告拭目以待哦。"

"放心，绝对能加深消费者的记忆。"

周六，黎明像一把利剑劈开了夜幕，迎来了初升的阳光。

夏晓冰一行正在科技市场门口搭建场地，有了上次的经验，大家在有条不紊地工作。

一会儿，徐洁和韩雨馨抱着一张大海报过来了，男生们赶紧放下手中的活去接她们。

"快打开看看。"

"哈哈，我都期待好几天了。"

说着夏晓冰几人把海报拉起来，海报上画的是几个外观时尚颜色亮丽的相机对着脏乱的街道拍摄，而相机拍出来的景色却如同青岛八大关那样美丽。二胖也把横幅拉了起来——"炫橙相机，给你不一样的世界"。

"不错，好创意。"

"不枉我们期待这么多天。"

"那是，我的创意会差吗?!"徐洁得意地说道。

大家将手掌叠放在一起，充满信心地喊道："加油！"

忙碌的一天开始了，科技市场人流量不如服饰特卖街，但是来咨询的顾客却不少。而且大部分顾客都懂得一些相机知识，不像在特卖街的顾客，大都是小白，还要科普很长时间。

很多顾客都对海报上的广告很感兴趣，说这个广告让人记忆深刻。有一些顾客甚至完全是被这个广告吸引过来的，这时大家都用敬佩的眼神望向徐洁。徐洁只是向大家露出淡淡的微笑，便赶忙为身边咨询的顾客介绍起这款相机的特性，看到徐洁如此投入，大家也不甘落后，立刻开始了各自的工作。

当夕阳的最后一缕微光洒向大地时，便意味着繁忙、劳累的一天结束，上班族都挤进公交，奔波在回家的路上。夏晓冰、徐洁他们也在收拾用具，准备回去，疲惫虽挂在每个人的脸上，但说笑之声却不时传来，可见今天的活动很有收获。

几个月后，徐洁一路高喊着"请大家吃饭"时一切都已明晰，她的父亲已不再为相机的销售着急。几人顿时感觉心里的不安和压力为之一空，取而代之的是喜悦和轻松。没有什么能比经过自己辛勤劳动有所收获更让人愉悦了，一种自豪、一种满足感油然而生，仿佛自己能战胜一切，未来也触手可及。或许这便是他们现在的内心写照吧。夏晓冰此刻内心感慨万千，人生是如此的起伏，也是如此的美好，当你为挫折、失败痛苦不堪、羞愧难当时，或许成功的喜悦与满足正在不远处向你招手，如果没有了失败，也许成功总会显得有些苍白。

自创小说2号：年少不知愁　章节7：开门红

　　早上的太阳总是那么温和，微风中阳光传递的温度也让人感觉暖洋洋的。夏晓冰走在去教室的路上，表面冷静，思绪却已经纷飞了，自从老师说过广告设计大赛的事，夏晓冰就一直想着它，虽然大赛还有很长一段时间，但是老师已经开始让同学着手准备了，早行动会早有收获，每次看老师在课堂上播放往届学姐学长的参赛作品都有很大的震撼，这些作品有的在视觉和听觉上带给人很大的冲击力，让人迟迟不能忘记；有的是故事情节很曲折吸引了大家注意，有的则是在情感上打动观看者……想想自己要参赛的作品还没有一点眉目就有点小气馁。

　　想到广告，夏晓冰不禁想起上次炫橙相机促销活动中徐洁做的那个海报，不仅创意独特，而且视觉上的冲击力也很大，路过的人看到那个宣传海报后都想凑到展销台前看看是什么相机，竟有如此魔力般的效果。有空一定要和徐洁好好探讨探讨广告创意……

　　"夏晓冰。""嗯？"扭过头去："徐洁，是你啊，怎么了？"只见徐洁笑容满面地跑了过来，"我回去把咱们的想法跟我爸说了，他非常同意咱们乘胜追击的想法，决定线上线下同时发展，开专柜、运行网上专营店。现在已经跟幸福商场的王经理联系好了，这周末就可以上货。"徐洁边喘气边说道。

　　"太好了！"听到徐洁带来的好消息，夏晓冰也激动不已。

　　"还有啊，我爸爸给我下任务了，这周的专柜员一定要请你去，夏总，一定要屈尊前来啊，哈哈。"

　　"叔叔真是说笑了，这么好的机会我肯定会去的，放心吧。"

　　夏晓冰为了早些了解幸福商场的情况，就早早地把二胖他们几个叫起来了，到了商场，夏晓冰已经远远就看到徐洁和她爸爸在讨论着什么。走到炫橙专柜前，就看到上次那个海报和另外一个海报，但是通过镜头的不是青岛的美景，而是山区孩子学习的大眼睛。海报的下面写了一行小字：大学生为贫困山区学校做出的努力，希望与你同行。正在惊讶时，徐洁的爸爸拍了一下他的肩膀，说："晓冰，你们之前做得很不错，我就喜欢你们这样的干劲，不服输，我让公司的调研组调查了市场，发现这款相机有很大的市场发展前

景，今天专柜让给你们，公司那边让我赶快过去，具体细节我已经和小洁说过了，一会儿我会再过来一趟，看看你们的开门红，相信你们，加油！"徐叔叔走后，徐洁就很开心地和大家说起来："你们发现专柜前的两个海报有什么不同吗？"

"通过炫橙相机映射的画面不一样，下面还多了一些字。"夏晓冰指着海报上的字，他早有疑惑了，正需要人解答。

"对的，这就是今天我们专柜开业第一天的优惠。"

"啊？这算什么优惠，别的专柜开业都是送优惠券，吸引别人的眼球，激发别人的购买欲望啊，唉！老师刚讲的动机理论你白听了，说，是不是上课偷偷玩手机没听课？"一说到上课偷玩手机，小胖最后语气也弱了。

"看样子你听课了啊，二胖，还知道动机理论，那今天就要好好利用所学知识。你说的优惠券是从心理对消费者激发，人都是自私的，当消费者在买一样东西的时候感觉自己占便宜了就会激发他们的购买欲，但是这只是浅层次的。现在我要说的是马斯洛需要层次的更高层次——自我实现层次。这次的活动与大学生、贫困山区学校联系在一起。每个人根据自己的不同需要购买相机，但人心本善，人们在购买炫橙相机的同时想到自己又在做一件善事，相对于买其他相机，在自我实现方面有很大的满足，这也是我们相机竞争的一个优势；大学生来做这个事情，增大了事情的可信度，就会让购买者放下心里的警戒，在专柜店里放一些山区学校的教室照片和孩子的去色彩照片，与炫橙手机的色彩斑斓形成了鲜明的对比，这就给消费者造成了环境的激发，前后的对比增加了消费者的心理落差，与此同时，也增加了购买欲望。"

"徐洁，你行啊！想法这么独特。"王者都被这样的徐洁惊讶到了。

"我不知道这样行不行，但是，开业第一天，我们也都是大学生推销员，试一试吧，不行的话再想办法。"

"徐洁，这不会只是为了促销而想的假招吧，真有贫困山区学校？"二胖在旁边说。

"这个学校是真的，我爸爸和韩叔叔一直在为这个贫困山区的学校做慈善，我初中的时候还去过一次呐！"

夏晓冰看着滔滔不绝的徐洁，真的越来越佩服她了，听她说感觉心里暖暖的，对炫橙相机有了另外一份感情，感觉通过它的焦点就能够看到远处山区孩子的笑容……

一对中年夫妇被那张山里孩子的广告所吸引，走进了店铺，一向积极并且对相机知识非常了解的林凡潮迎了上去，他拿起一部炫橙相机，用很专业的术语滔滔不绝地介绍相机的参数和性能，这对中年夫妇静静地听着，眼睛时不时看看林凡潮，时不时又看了看他手中的相机，时不时又点点头，等到林凡潮讲完停下来时，三个人之间顿时有一种冷场的气氛，于是林凡潮又补了一句："您看这款相机怎么样？"夫妻俩仅笑了笑说："挺好，挺好，我们再看看。"眼看夫妇俩要走，林凡潮赶紧又说："我们现在也是在做公益活动，每卖出一部相机，我们就拿出10%捐赠山区。您购买相机的同时也是在做慈善。"但是夫妇俩也仅仅是笑笑，还是转身去了别的店铺。

　　林凡潮用失望的眼神看了看旁边的夏晓冰和徐洁他们，这时，有相机销售经历的夏晓冰走了过来，拍了林凡潮一下，说："凡潮，相机的性能你介绍得很棒，但是和顾客的沟通太少了，这样就不清楚顾客的需求是什么了。"经夏晓冰一点，林凡潮马上明白了问题的所在，他感慨地说："很对，刚刚我有点着急了。一心只想着卖出相机，却忘了本质的东西，我们应该致力于满足顾客的需求，做好服务，卖出产品不是目的而是结果。"夏晓冰他们也深表赞同。

　　店铺里来往的人还挺多，夏晓冰和徐洁几个人都忙着向顾客介绍着相机，让顾客体验相机，经过前面夏晓冰和林凡潮的总结，他们开始注重跟顾客的沟通，有时还会聊一些兴趣爱好，夏晓冰还结交了一位球友。

　　夏晓冰是个十足的足球迷，他看到一位年轻的男顾客，留着精致有型的短发，并且头的右侧剪出了一个"X"的个性图案，身穿巴塞罗那梅西的球衣T恤，一看就是一个狂热的足球迷。夏晓冰欣喜地走过去说："我也是巴塞罗那的死忠，并且酷爱梅西。"顾客脸上露出了欣喜的笑容说："那明天凌晨2点的巴塞罗那和皇马的世纪之战不容错过啊，为巴塞罗那加油！""哈哈，必须的，必须的！"两人的关系瞬间亲近了很多，好像许久未见面的老朋友，夏晓冰向顾客推荐了一款专门拍电视和电脑屏幕的相机，这款相机可以清晰地拍摄屏幕上的画面，没有任何阴影，几乎可以跟现场拍摄媲美，年轻的球迷顾客非常喜欢，说以后看比赛的时候，他可以对着电视拍下球星的特写镜头和那些赛场上经典感人的画面，这对于一名球迷而言是很幸福的一件事。夏晓冰轻松而愉快地销售出了一部相机。

　　夜幕悄悄地降临，昏黄的路灯把路面染成了暗黄色。此时的商场也在渐渐地回归安静。"大家辛苦了，今天就到这吧！"徐洁对大家说。"今天的销量不理想啊。"二胖说道。"嗯嗯，但是今天光顾的人还是挺多的，我们也都没闲

着,我们上次做的宣传活动还是有效果的。"林凡潮没有很大的失落感。

"我觉得咱们这个山区慈善广告激发不了消费者的购买欲望,这种自我实现的需求层次虽然很高大上,但是在消费者中引不起共鸣。没关系,咱们这才刚开始,慢慢改进,今天虽然销量不好,但咱们收获了很多,厚积薄发嘛!"夏晓冰鼓励大家,"大家这个周日要不要去逛一下商场,出去考察一下呢,正好那天不用去做兼职,我打算买两件衣服,再看看今年'双十一'的折扣怎么样。"

"双十一"是前几年淘宝发起的一个购物节日,每到"双十一"销量都会有新突破,而今年毫无疑问也会有更大的突破。站在互联网发展的风口上飞起来的阿里这次还是那么有战略眼光,把握住了这个商业时代的发展方向,创造了"双十一"文化。

夏晓冰他们三个约好了这周日出去逛商场,除了去对比一下自己要买的东西,还要看一下实体商圈如何应对电商大佬们的"双十一"。出去逛了一天,夏晓冰感到有点意外,在这种情况下,外面的商场应该是积极应对,然而事实并不是那样,只有少数几个卖服装的打出了打折的广告。夏晓冰认真分析了一下,觉得可能有几个原因:网上打出了五折的力度,而商场最近几年受到电子商务的冲击,经不起这么折腾,打折等促销力度肯定没法比,"双十一"是淘宝打出的网上购物节,消费者大多都把视角转移到了网上,商场搞打折促销只是无谓的挣扎而已,不仅销量上不去,而且宣传效果也出不来,只能眼巴巴看着电商大佬们晒不断被刷新的销售额了。

"双十一"的第二天,大家又聚在一起。

"你们都买了什么?"韩雨馨问大家。

"零食、日常生活用品啊,这个节日简直是为我们量身定做的!尤其是对于我们这些女生。你们男生呢?一样疯狂购物吗?"徐洁问道。

"是啊!铺天盖地的打折促销活动让人不买都难!"

"我们女生对于打折的概念就等于不要钱!这么多东西不要钱当然要多囤货,不管必需的、想要的、可买可不买的统统都买了!这个节日真是太诱人了,估计大家未来几个星期都要吃泡面了。"大家你一言我一语地讨论着。

韩雨馨突然说道:"你们有没有想过为什么购物节时间会选在11月11日光棍节?为什么如此火爆?又为什'双十一'仅仅7年已经成为一种文化现象?"

一直默不作声的夏晓冰说道:"这些问题我也想过,之前有国庆黄金周,之后有圣诞季，11月本没有什么节日，但是这时却是季节更换、天气刚刚转冷的时候，消费者的购物需求比较旺盛。虽然不排除一些商家提价之后再打折，但总体上的优惠力度比平时网购、实体店价格低。而且现在'双十一'经过几年的发展，已经不是11月11日这一天优惠，跨入11月就开始了各种宣传活动。你们大部分也都在喜欢的名人微博抢过购物券吧。网上'双十一'的活动信息铺天盖地，加上现在网络营销、网上销售已经成为一种普遍现象，自然的'双十一'不可能不火。不得不说这种疯狂购物行为抓住了消费者的心理。不如大家一人说一个疯狂购物的消费者心理如何？"

徐洁笑着说道："夏大才子，你还真是会学以致用啊！在下佩服。"说着还豪气地抱拳，又紧接着说道："我先说吧！不然话都被你们说了岂不是显得我挺没主见。我觉得是贪便宜或求廉心理，获得更多的让渡价值。打折，是'双十一'打出的最响亮的口号，虽然大家心里明白可能有水分，但还是怕错过占便宜的机会。而'双十一'还打出'仅此一天'的口号让消费者心理上更加紧迫，让消费者的欲望最终快速转化成实际购买行为，以抓紧时间占便宜。你们也是因为有红包、打折幅度大、多样折扣活动、包邮而在'双十一'网购的吧！这就是贪便宜或求廉心理。还有就是大家昨天凌晨开始参与网购的，也说明'仅此一天'的口号起了作用。"

刚说完，就被夏晓冰抢白："雨馨先说吧。"还在话尾接上一句"女士优先"。众人用暧昧的眼神看着夏晓冰跟韩雨馨被大家调笑得面红耳赤的脸。韩雨馨受不了大家一副八卦的样子赶紧把话题扯回来："我分析大家的心理是图方便、图省事。不用花大把的时间上街购物，然后大包小包地扛回家。方便快捷快递到家，而且可以随心所欲地做出购物决策，不受他人或环境所扰！"韩雨馨红着脸把话说完。

"从众心理，'双十一'在网上造势，热闹非凡，而中国人总喜欢在热闹的氛围中做出购买决策，进而可能导致盲从，以至于买大量可有可无的东西"，胖子终于插话道。

林凡潮摸着下巴说："寻找参与感，这么火热的全民活动不参与的话，跟大家也没有这么多共同话题了。"紧接着王者说道："这么说吧，其一，图炫耀，有表达的欲望，亲身体验满足吐槽、晒货的表现欲。其二，有成就感，有面子。买到便宜又好用的有成就感，别人羡慕自己，虚荣心得到满足。我说的是不是正中你们下怀啊？"

大家一起鄙视地看着王者七嘴八舌道："切！肤浅。"……

看着大家吵嘴在一起,夏晓冰暗暗感慨:这大概就是世上最纯真的友谊吧?理越辩越明,情越交流越深。此刻,学习的压力、情感的迷茫在一瞬间仿佛烟消云散,只觉得身心通畅。

自创小说2号：年少不知愁　章节8：遇见惊喜

今年的秋天比较短，不知不觉已经立冬了，因为天气比较冷，大家都比较愿意待在温暖的宿舍和自习室，连带着校园里也冷清了不少。此时正是放学的时间，校园里人流如织，三三两两地从夏晓冰和徐洁身边经过。

"前几天'双十一'，生意应该很不错，卖了很多相机吧？"夏晓冰还记得上次宣传售卖的事情。一说到这个，徐洁不禁扯出了一个苦笑："我们也是这样想的，趁着'双十一'来临，店里也推出了很多优惠活动，可是实际情况压根儿就跟想象不沾边儿。"

徐洁把店里的情况告诉林凡潮、徐浩他们，大家都为这样的情况焦急忧心。毕竟上次宣传售卖大家都有参与，当然希望情况越来越好了。

徐洁想调动大家的气氛，说："大家别难过了，现在网络那么发达，网购一定程度上的确会影响实体店的销量。营销本来就需要与时俱进，便利让大家购物，所以我们不应该对结果感到难过，我们应该想的是出现问题的原因，还有解决的办法。我们应该做一些实际的调研。"

胖子疑惑道："调研？我们怎么调？这么大的商场，我们从何调起？方式是什么？我们调的又不一定对。"

"对了，我记得我爸有一个挚友，姓王，他就是专门研究和调研企业的营销的。之前听他们谈话听到过，商场反映出问题的时候，就是调研的好时机，每个商场想要销售得更好，绝对离不开调研。"徐洁说道。

夏晓冰心想，确实是这样啊，自己只知道调研，但具体怎么调研他并不是很清楚。暗暗想了后，夏晓冰来了兴趣，问道："徐洁，我们能找到王叔吗？能让他帮忙吗？"

徐洁说："交给我吧，我来安排。"

徐洁果然不负众望，约到了王叔。他戴着老式眼镜，笑容洋溢，看着是一个很和蔼的老先生。王叔看了看夏晓冰他们疑惑的脸，笑了笑，然后款款道来："你们啊，不要着急，其实你们想的是对的，有问题了就要解决，所以企业的销售才离不开调研。调研可以通过你所询问的得到你想要的答案。调研的方式有很多种，通过不同的调研方式，你可以得到不同的结果。消费者的动机、行为，都是可以通过调研分析得到的。"

夏晓冰他们听了王叔这一番话，一下就明白了，放宽了心。他们把问题跟王叔说了一下，王叔分析后说："像你们说的商场相机销量下降的现象，我们先要找出来问题的原因。"

"原因啊，我知道，不就是'双十一'嘛！"胖子说道。

王叔说：'双十一'增加了网购的销量，但不一定就是造成问题的主要原因啊，它其实只是外部的因素，虽然造成了一定程度的影响，但不是根本。我们应该从根本的角度来调研，那么最根本的角度是什么呢？调研消费者的角度、消费者的消费动机，了解消费者的购买行为和需求，我们才能搞好销售。"

夏晓冰心想，这王叔果然专业，几句话就分析出来了原因的根本，心里早已对王叔佩服得五体投地。

王叔接着说："这样吧，光说也没用，我们做起来吧。调研相机，我们要了解消费者，先要做调查问卷，调查问卷的问题有很多设计方式，今天我给你们讲的是一种很直接的方式，叫'语义极差'，就是问卷里的问题是在最好和最差之间选择。问题设计得比较简单、直接，通过让消费者填写，可以第一时间发现消费者对产品认知的差别。简单地说，'语义极差'的方法就是评商品的两个词语一定是相对的和反义的，例如问消费者对沐浴液包装的印象，用'浪漫—理智'来作反义，两者之间分不同的程度，进而让消费者不同程度地选择。"

王叔说完，拿起了桌子上的杯子，喝了口水，接着说："像你们调研相机，'语义极差'的问卷调查方法，你们会出哪些问题、用哪些词呢？"

徐洁想了想，说："既然是从调研消费者消费方式、动机、行为角度来调查，那应该问一些消费者对相机的一些主观认知、了解程度啊什么的。"

"哎，对了，这个角度是对的。"王叔说道。

接着夏晓冰说道："可以问相机的一些功能，如成像效果、耐用程度啊。"

王叔说："对，很对，大家果然很富有热情和想法。这样吧，给你们30分钟，你们去街上拦截路人进行问卷调查，就用你们自己定的问题，记住，对于调研对象，我们要分男消费者和女消费者，不同类别消费者的选择程度也很不同。"

大家分好组，拿着笔纸，走出了咖啡店，在路边对路人进行询问。

王叔背靠座椅，拿起了水杯，透过咖啡店的落地玻璃窗看着夏晓冰他们来回奔走拦截路人，不停点头感谢、采访记录的模样，又很和蔼地笑了，满脸赞赏。

25分钟后，大家纷纷走进来，拿着调查表给王叔。王叔说："怎么样，有收获没？"

夏晓冰说："我们问了路人购买相机的渠道，有些人觉得在实体店买不实惠，在网上买的话，便利而且便宜。但有些人会觉得相机这种东西在实体店买的话放心，质量比较有保障。"

"看来，今天很成功。你们的问题提得也不错。调研最重要的就是要设计好问卷，这是所有调研的基础，但今天我看到你们的问题很直接，结果很直接地就发现消费者的消费行为与认知。你们的确很出色，很富有激情，很有想法，也很有干劲，今天跟你们共事，让我感觉自己也年轻了一回！"王叔很畅快地笑了。

夏晓冰心里想："今天虽然很累，采访路人吃了不少闭门羹，受了许多冷漠，但一切辛苦都是值得的。"

"好，今天就到这吧，你们调查的这些数据还远远不够，看在我和老徐多年老友的份上，他这个忙我是一定要帮，给我三天时间，我要带领我的专业调研团队进行一次小规模的问卷调查，到时候把调研的结果给你们，我们再分析调研数据。"王叔说道。

三天很快就过去了，夏晓冰整个宿舍都起了个大早，想到经过这么长时间的沉寂，马上就要看到黎明了，连胖子也不像平时那么磨蹭了。与徐洁会合后，他们坐上第一班公交车，由于是第一班，车上少有的清静，路上也鲜有行人，他们在一起叽叽喳喳地讨论着、盼望着即将到来的惊喜。

很快这一行人来到了咖啡馆门口，距离约定的时间还有20分钟，透过落地的玻璃隔板，他们看见王叔叔已经早早坐在了一张典雅的木桌旁，徐洁一行人欢快地走进了咖啡馆，王叔叔一边微笑着向这群满腔热血的青年示意，一边起身迎接他们，简单地问候过后，调研结果很快呈现在了大家眼前，其他人早已经按捺不住那强烈的好奇心了，没等徐洁开口，林凡潮就开问了："怎么样？怎么样？找到突破口了吗，王叔？"

王叔不慌不忙地说："我先卖个关子，你们来看看专业的技术人员用'词义级差'做的调研问卷的结果分析。"说着拿出了分析表。

没看内容之前，这帮人就已经被分析表惊呆了，夏晓冰嘴上不说心里却不由得感叹：昨天晚上才听说王叔的团队为了这次调研下了真功夫，不但在各个问卷网站挂了问卷，还请了 50 多个人在街道、小区、购物中心门口等地方做问卷调查。据说最后输入系统的有效问卷居然有 1200 多份，而现在整整 1200 人的调研问卷，竟然能浓缩到小小的一张 A4 纸上，而且最后的分析结果还得根据这张纸呢！营销调研真是一门深奥的学问啊！

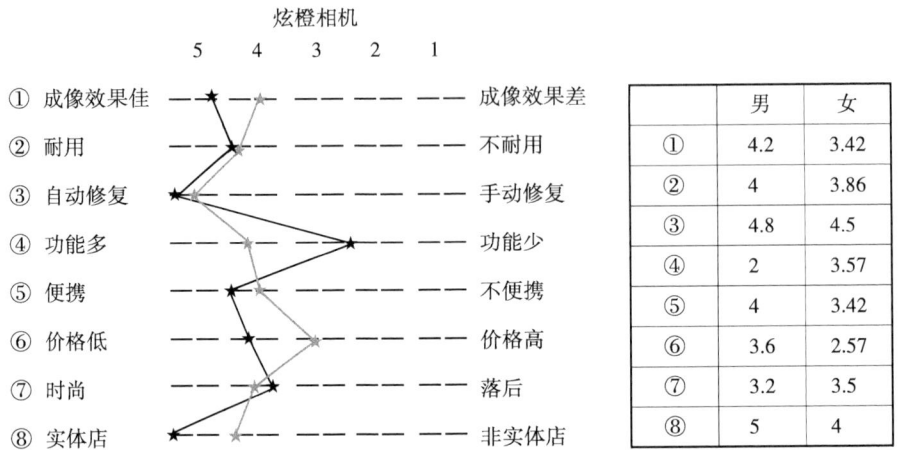

王叔叔似乎看出来大家都有话要说，示意夏晓冰先谈谈对这个分析表的认识。

夏晓冰毫不局促地开口说道："分析表很简单，从分析表可以看出，调研问卷设计了 8 对'词义极差'的问题，分别是成像效果佳对成像效果差、耐用对不耐用、自动修复对手动修复、功能多对功能少、便于携带对不便携带、价格低对价格高、时尚对落后、实体店对非实体店，两条折线在不同的位置连接了这 8 对对比词，对比词中间是五个数字：5、4、3、2、1，从旁边的注释看得出来，一条线线代表女性，另一条线线代表男性，数字大概是产品带给消费者的感觉！"

"不愧是天启大学的高才生，你说的很对，我们运用'词义极差'的方法对 1200 名消费者进行了调研，其中包括 500 名男性消费者和 700 名女性消费者，你提到的数字大小相当于消费者对产品的感觉，就拿成像效果佳对成像效果差来说吧，选择最靠近成像效果佳的'5'就代表消费者非常认可此产品成像效果，'4'就代表消费者比较认可此产品的成像效果，'3'就代表消费者对此产品的成像效果印象一般，'2'则代表消费者比较不认可该产品的成像效果，那么'1'就是非常不认可该产品的成像效果了！那你们谁能告诉我，这两条折线是怎么画的呢？"

胖子抢先道："我我我，注释的旁边不是还写有①、②、③嘛，总共到⑧，这应该就是题号，而后面的数值又分为男性列和女性列，这张表并没有在别的地方出现其他数值，说明这些数值应该是接受调查的所有男生每道题答案的平均数和所有女生每道题答案的平均数，再把这些值挨个填到表格里，再连线，显然男性的平均值折线和女性的平均值折线就出来咯！"

听他说完，其他人都投来了赞同的目光，王叔也赞许地点了点头，一副祖国的大好河山交给你们年轻一代的样子。

这时徐洁道："也就是说分析表里折线图是关键，我们很容易能看出来，这个词义极差表左边部分都是积极美好的词语，而右边刚好是这些词语的对立面，折线偏左是我们产品优势比较明显的所在，但如果偏右，说明我们的产品在这一方面处于劣势。"

看到王叔并没有要打断的意思，她继续说道："我们从表中看出来男性平均值折线大部分折点都偏左，可唯独③的时候忽然转右，而③是问功能的多少，这也就告诉了我们，产品的功能太少，满足不了大多数男性消费者，而被问到购买渠道时，所有被调查的男性消费者出奇一致地选择了实体店，这也从一个侧面说明理性的男性消费者更相信自己的手感，在相机的消费过程中更愿意眼见为实，而女性消费者不满意我们的是价格，她们普遍认为我们的相机价格高，另外，虽然成像效果和自动修复功能一直是我们相机引以为傲的资本，但是女性消费者对我们相机这两大功能的认可度却不太高，而且女性消费者在选择购买渠道时不会像男性消费者那么坚决，以上种种说明女性消费者追求的更为感性细腻，而男性消费者则更为理性执着。"

王叔欣慰地点了点头，总结道："你们说的都很不错，对'词义极差'分析表的分析也很透彻，里面的问题也被你们发现得差不多了，你们能从小小的一张表里捕捉到这么多信息真的很让人佩服，不过目光还是要长远，现代科学可不止数理化这么简单，营销也是一门科学，营销调研是营销里很重要的学问，而问卷设计又是营销调研里的重中之重，'词义极差'也属于封闭式问题设计之一，它只是营销海洋里的一片浪花，你们虽然了解它，可距离真正理解营销调研、掌握营销的真谛，你们还有很长的一段路要走，这条路充满了挫折与挑战，这条路偶尔也会让你体会到成功的喜悦，生活也是这样，痛苦是永恒的，而快乐却总是短暂的，我们要在永恒的痛苦中享受短暂的快乐，想学好营销就要做好这样的准备。我现在要给你们布置一个作业，你们可以把有关这次调研的所有资料带回去，三天后给我送来一份完整的调研报告，到时候我还在这里听你们说！"

三天后，夏晓冰一声轻笑开口："王叔叔，调研报告我们都整理好了，您看看。"说着把电脑推到王叔叔面前。

王叔叔仔细看完夏晓冰他们整理的调研报告，点头以示赞许："果然是天启大学的高才生，报告整理得很不错。那大家说说，就这次咱们调研的结果，大家都有什么想法？"

林凡潮率先开口："我的想法是这样的，从这次调研结果来看，不同的消费者对于同一类产品的购买需求不同，我觉得咱们营销除了要针对消费者喜好制定具体方案，还要学会改变消费者的态度。"胖子听完急忙开口："哇，这消费者的态度怎么改？"夏晓冰听见林凡潮的话后略做思索，开口示意林凡潮接着说。

林凡潮清了清嗓子："我记得咱们消费者行为学课上，老师说过，我们可以通过不同的图片效果，来改变消费者看到广告时对产品的态度，例如，咱们可以帮徐叔店里的相机拍几张宣传图片放在店内。咱们这次调研结果显示，女孩子基本上都比较倾向外观时尚、能自动美颜的相机，那咱们就可以拍一些颜色亮丽、拍出来的自动美颜后的照片啊，凸显出咱们相机这些特点来吸引她们购买。至于男生呢，我们可以采用一些有对比效果的图片，来凸显咱们相机像素高这种特点。"

王叔叔浅啜了口咖啡："嗯，凡潮的想法不错，大家还有什么其他想法？"

夏晓冰略微思索了下开口："我觉得咱们不一定非要把相机推销给那些喜欢拍照的人啊。""怎么讲？""特定消费者对于某个产品的情感反应也会随情境的变化而变化啊，例如，熬夜与喝茶。"

"熬夜的人可能并不喜欢喝茶，可是喝茶可以提神，所以也会喝茶"，徐洁接着夏晓冰的话说到道。

王叔叔听见夏晓冰这番话，笑着开口："晓冰这个想法非常好，从行为学的角度讲，情境改变了，消费者会去选择他可以原本不需要的东西。"

"嗯，对了，我记得老师讲过，消费者行为学中有一个 ABC 理论，从消费者的感情、行为、认知之间进行了说明。"胖子开口："这个 ABC 理论还是老师在消费者行为学的课堂上讲到的。其中的 A（Attention）是消费者对产品的情感成分，B（Behavior）是消费者对产品的行动成分，而 C（Cognition）则是消费者对产品的认知成分。ABC 三个过程的不同排序构成不同的 ABC 态度要素模型。"胖子顿了一下又说道:"消费者态度的 ABC 模型主要有三种。第一种是低介入层级的 CBA 模型;第二种是标准学习层级的 CAB 模型;第三种是经验层级的 ABC 模型。"胖子说完后,夏晓冰略微沉思了一下,问道:"那么这几种消费者态度的 ABC 模型对于我们研究消费者态度有什么作用呢?而且咱们怎么知道该用哪种模型呢?"说到这儿,大家都陷入了困惑……

王叔叔看到他们几个困惑的表情,轻咳了一下,说道:"ABC 态度模型是消费者行为学中一个很好用的态度模型,对公司进行消费者市场细分是非常具有参考价值的。感情是指消费者对态度对象的感觉;行为包括人们想要对某一态度采取的行动的意向,但意向不一定会发生实际行动;认知是指消费者对一个态度对象所持有的信念。""小胖所说的三种态度模型实际上是态度研究人员提出的层级效应,每一层级都规定了态度形成的固定步骤。例如,标准学习层级即认知→感情→行为,其实就是消费者基于认知信息加工的态度。"说到这里,王叔叔拿出纸笔画出了标准学习层级的示意图,并示意夏晓冰他们:"这种标准层级主要适用于那些发达国家和地区,因为这些国家和地区的文化程度和经济发展水平都比较高,所以人们的解读理解能力也比较强。"

"原来是这样……"大家都明白过来了。"我知道了,我知道了,这样的话,那么低介入层级肯定就适合落后一些的国家和地区……"胖子高兴地说道。王叔叔给了胖子一记赞赏的眼光:"说得不错,至于经验层级适用的是基于享乐主义的消费态度的地区和人群。哈哈,课堂上的知识你们学得倒是不错,不过不能纸上谈兵,把理论吃透了,能用在实际中才行呀!"听到王叔叔这句话,大家都不好意思地嘿嘿一笑。

说到这里,徐洁赶紧趁热打铁:"'听君一席话,胜读十年书',嘻嘻,王叔叔的话让我们受益无穷啊。不过,我们虽然知道了 ABC 态度模型,但是该怎么利用它改变消费者的态度呢?"

徐洁说完,本来活跃的谈话气氛瞬间安静了下来。大家都在暗自思考该如何用 ABC 态度模型来改变消费者的态度……

王叔叔的淡定从容与徐洁他们这群涉世不深的大学生形成了鲜明的对比,在商界摸爬滚打了这么多年,王叔叔早已不是那个遇到一丁点问题便不知所措、愁的像热锅上的蚂蚁般的少年了,而徐洁他们目前正处在这一阶段。王叔叔深知,这个时候直接告诉他们怎么做并不会对他们的成长有丝毫帮助,徐洁他们现在最需要做的就是思考——用自己的思维去思考,这样才会得到成长。所以,虽然王叔叔知道怎么做却并没说一个字,只是边喝咖啡边默默地观察他们，希望他们能有所顿悟。

突然，一直在默默听大家讲话的夏晓冰打破了这短暂的寂静。

"我认为啊，解决问题就要明白问题的源头在哪儿。我们已经知道了ABC态度模型代表的就是基于情感、行为、认知三方面建立起来的模型，那用ABC态度模型来改变消费者的态度就要从情感、行为、认知三方面下手。说白了，改变消费者的态度就是改变消费者的情感成分、行为成分和认知……"说完，夏晓冰看了一眼王叔叔，在看到王叔叔微笑着点头表示赞许后，夏晓冰才继续说下去。

"所以，我们把重点放在如何改变消费者的情感成分、行为成分和认知成分这三点就行了，这才是问题的本质。大家伙儿觉得怎么样？"夏晓冰说完环视了一下众人。

大家紧皱的眉头慢慢舒展开。胖子一拍脑门说道："呀呀呀，我突然想起来了，这个老师也提到过，一紧张全给忘了。我也记不太清了，毕竟上课偶尔会开个小差，我记得老师讲这一部分时提到过经典性条件反射、激发对广告的更多情感和更多接触三方面的内容。"

"那你就好好给我们讲解讲解吧，胖子老师！"徐洁打趣道。

胖子清了清喉咙，一本正经道："经典性条件反射，是指一个并不能引起某种本能反射的中性刺激物，由于它总是伴随某个能引起该本能反射刺激物出现，如此多次重复之后，这个中性刺激物也能引起该本能反射。"

胖子一说完，夏晓冰就忍不住马上称赞说："不错啊，记得挺准确的！"

"那是，上次课我也是好好听了的，再说我平常也看一些心理方面的书籍，没想到在消费者行为学上也用到了啊，看来还是多看书好啊！"胖子一边说着一边得意地扬起了嘴角。

"真让你小子也长了一次志气！"林凡潮也开起了玩笑。

"我记得一些广告作品中也运用到了经典性条件反射原理，例如益达口香糖、步步高音乐手机。益达无糖口香糖广告的温暖画面、甜蜜爱情的场景、关爱他人的细腻举动，给消费者传递了一种良好的消费信号，极大地刺激了消费者的欲望。步步高音乐手机广告中的背景音乐能引发消费者的正面情感，将背景音乐与步步高紧密联系起来，在广告中同时出现，这样步步高音乐手机也可以引发消费者的正面情感了。其实现实生活中也有不少经典性条件反射的例子，冬天看到别人穿得少，自己就会觉得冷，还有用手去点火时，火苗大了，本能地避开火苗。"徐洁随后说道。

"还有还有,看到别人吃好吃的,自己反射流口水。"胖子急急地说了起来。

王者嗤之以鼻:"胖子,什么时候你都能想到吃,真是货真价实的吃货!"

王叔面露满意之色,也对这几个年轻人的谈话感到好笑:"抱歉了,孩子们,刚刚接到电话,工作需要,不能在这继续陪你们了,你们有什么不懂可以给我打电话,或者下次咱们再见面也行!""好的,王叔叔再见。"大家纷纷跟王叔叔道别。送走了王叔叔,徐洁说:"好了,胖子老师,继续给我们上课吧。"

"咳咳……"胖子清了清嗓子继续说道,"同学们,我们都知道一个好的广告能引起消费者的情感共鸣,那除了让人们形成经典性条件反射以外,还有哪些方法呢?"

"是不是可以让消费者亲身体验一下,如买化妆品的话导购会拿试用装让人们试。"徐洁说道。

胖子听后朝徐洁竖起大拇指:"对!徐洁说的是让消费者与产品有更多接触,通过亲身体验来改变情感成分。除此之外,还有之前提到过的通过改变我们消费者的行为成分来改变消费者的态度。"

看着大家一脸的疑惑外加崇拜的眼神,胖子笑道:"不要崇拜哥,哥只是个传说。"说完还摆了一个迈克尔·杰克逊的经典动作,配上他肉嘟嘟的身躯,成功地逗笑了小伙伴。

"哈哈,胖子,你太闹了。"

"哎哟我的肚子,笑死我了。"

大家嘻嘻哈哈闹了一阵,夏晓冰看了一眼墙上的表,已经快十一点了。他赶忙正色道:"胖子你快别闹了,快说说怎么才能改变消费者的行为成分啊。"

胖子:"好好,别着急嘛。"

说着便端起了桌上的一杯咖啡:"一个人每天都喜欢喝一杯星巴克咖啡,这种行为已经成为了一种习惯,如果让他改变每天喝一杯雀巢咖啡是很困难的。想要改变他的行为,我们就要先想想他为什么会喝咖啡,也许是为了提神以便更好地开展工作。所以从这个角度出发,作为商家必须要以雀巢咖啡的提神效果更好说服消费者,打破消费者的惯性。例如给消费者发放优惠券或进行打折活动,促使消费者理性思考究竟哪一款咖啡更省钱。当然打破惯性不是一件容易的事情,所以必须要用一种出乎意料、有冲击性的方式来强迫消费者改变现有的行为习惯。一旦消费者选择了你的产品,就要让消费者持续这种选择,直到他形成了新的行为习惯。"

夏晓冰听着胖子的话若有所思，胖子看着夏晓冰若有所思的神情调侃道："夏才子，你有什么想法说出来给大家听听。"

夏晓冰："刚才听胖子的话我忽然想到，咱们可以拍个广告，利用炫橙相机记录一个人从幼年到成年的过程，通过记录自己和家人的美好回忆来激发消费者的情感共鸣。然后我们可以再宣传，凡是前10名购买相机的顾客可以免费获得拍艺术照的机会。这样可以增强消费者的购买欲望。"

徐洁听后摇了摇头："你的想法很好，可是很多商家都会采取类似的措施进行宣传，我们的优势不够明显，得想想还有没有其他方法来凸显我们的特点。"

说完大家便都沉寂在思考中，气氛有些沉闷。

这时候王者高举起手："嘿，小伙伴们，我有一个好的想法，不如我们先吃饭，吃饱了才有力气想。"

自创小说2号：年少不知愁　章节9：万事俱备

简单吃过饭之后，一行人决定到处逛逛，寻找灵感。

在经过商场化妆品专柜的时候，夏晓冰看见几乎每个产品前面都摆着试用装，售货员一边给人介绍一边让人试用。突然想起刚才大家讨论过试用装，通过亲身体验改变情感成分，从而改变消费者态度，急忙喊住继续往前走的几个人。胖子回头看见夏晓冰停在面膜专柜前面，忍不住调侃："我说大兄弟，你是想学小女生敷面膜啊，还是想买面膜送给小女生啊？不过我说，送面膜可不好呦，人家会误以为你嫌人家皮肤不好滴。"说完还煞有其事地拍拍夏晓冰的肩膀。

夏晓冰一个巴掌招呼在胖子头上："去你个胖子，我是看见这个忽然有了个主意，我们边走边说。"夏晓冰看见售货员瞄准他们几个，有拉他们进去的意思，赶紧拖着胖子往前走。

"我刚看见售货员在给顾客试用产品，就想到我们是不是也可以搞一个炫橙相机的试用会，让消费者自己试用。消费者的第一体验才能带给他们最直观的感受。"

对于夏晓冰的建议，徐洁第一个做出反应："这要怎么搞？跟我们之前的宣传活动有什么区别吗？具体说说你的想法吧。"

"这次的重点就在于让消费者自己试用我们的相机，可以把试用会办在风景比较好的地方，美好的景物可以刺激人拍照的欲望。"夏晓冰一边说一边在脑海中搜索适合的地点。

"我觉得人民公园挺不错的，周末的时候人也多，风景也不错。"王者接着说："不过，大家都是去玩的，不会带那么多钱去买相机吧。"

"我觉得不一定非要他们当场买，如果试过之后觉得不错，我想很多人会专门去买的吧。我们也可以接受预订，如果有意愿买，可以送货上门，货到付款。"林凡潮撑着下巴说："我觉得晓冰这主意可以试试。"

徐洁也点点头，接着说："还可以搞一些活动，如给那些愿意购买相机的人免费冲洗照片，设个抽奖环节什么的。"

"你们说的都挺好的，不过我还有一个更好的建议"，胖子一脸的正经，看大家都好奇地望着他，忽然摆出一副妖娆的姿势："你们不觉得我要是当模特的话能吸引更多的人吗？"

"说正经的啊，周末一家人或情侣出去玩的居多，我们可以举行一些比赛，胜利者的奖品可以是拍摄一套全家福或情侣照。这样可以吸引更多的人，达到更好的宣传效果。怎么样？"夏晓冰可没空欣赏胖子。

大家就这样你一言我一语的，不知不觉天都快黑了，夏晓冰抬头，觉得今夜的星星特别亮。

微弱的月光洒在床边，夏晓冰躺在床上辗转反侧思绪万千，难以入眠。虽说明天就要在人民公园开始行动，但丝丝疑虑仍缠在他的心头如鲠在喉，总觉得事情有些太过于仓促，准备欠妥。想了下，还是从床头拿出手机，翻开QQ，通讯录上徐洁的头像此时是灰色的，是一株朝向阳光的向日葵。夏晓冰自顾自地笑了笑，果然像她，开朗乐观如此。想了想，还是给她发过去了个晚安。

没过多久，那棵向日葵像是有了生命般跳动了起来："你也还没睡啊？"夏晓冰愣了一下，眉头不自觉地舒展开来，仿佛有她在，事情就会变得简单多了。"对啊，因为明天的活动头绪还不是很清楚，还没有掌控到细节。"

徐洁思考了许久，给晓冰发了一番意味深长的话："失败本身就是一种成长，计划书里虽然已经有了总体的规划，但是事在人为，你要相信你可以统治这个战场，像一位将军，虽黄沙满地、尸骨万里，仍犹如战神一般披荆斩棘，最终也会荣归故里。你现在需要的就是考验和岁月的打磨。"

夏晓冰沉思了许久，或许就如徐洁所说，自己有时候还是不够自信，怕自己做不好每一件事。如今一语惊醒梦中人，幡然醒悟的他眸中出现一种从未有过的光芒。"谢谢你，我知道该怎么做了"，他如是说。"这样才是你夏晓冰嘛，对了，我们消费者行为学老师曾给我讲过发现消费者问题的方法，可以给你一些借鉴。""真是雪中送炭啊，愿意洗耳恭听。"随之发来的笑脸露出了大门牙。"发现消费者问题的方法主要分为三大类，一是活动分析，例如在家庭主妇中做的有关厨房问题的调查显示，主妇们最头疼的是厨房用品的摆设而不是事物储藏和剩饭剩菜。联系要卖的相机，也可以做个如此的调查显示，看看大众最关注的是什么。二是产品分析，研究的是特定的产品和品牌的购买和使用。三是问题分析，由一系列的问题开始，要求被调查者指出哪项活动、产品和品牌涉及此问题。例如，相机笨重，相机方便易携带等问题。消费者在购买决策的过程中谨慎评论，理性选择购买。可以多挖掘消费者问题类型的被动型，被动型问题要求营销者不仅要使消费者意识到问题的存在，而且要使其相信企业所提供的产品或服务是解决该问题的有效方法，因为对于相机你很难挖到主动型的东西，所以只能从被动型下手，一点一点攻克，如何发掘被动型就看你夏大才子的了。"夏晓冰咀嚼完这句话的时候，夜已经很深了。夏晓冰慵懒地伸了个腰，抬头望了一下窗外。静寂的夜空中只有几颗星星，泛着苍白的光，疲倦地眨着眼。陷入沉思忘了给徐洁回复的夏晓冰赶紧发过去个抱歉，却久久得不到回复，应该是抱着手机睡着了吧……

冬天的雪总是来得这么不经意，在万物沉寂之时，它犹如精灵潜入人间。一觉醒来，夏晓冰发现外面已是一个银装素裹的世界，他兴奋地走到阳台，放肆地呼吸着初雪的气息，是如此的清新。享受完这雪景，夏晓冰马上去洗漱，今天他要和徐洁一起去人民公园卖相机。当一切准备完之后，徐洁一个电话打过来说自己昨天晚上因为没睡好感冒了，所以今天不能和他们一起去了，夏晓冰嘱咐她好好休息然后就向着人民公园出发。

雪后的路虽然难走但并不影响他们此刻的心情，一路颠簸终于来到了人民公园，因为刚下过雪，所以公园里面有好多人赏雪，小孩子兴奋地打着雪仗，小情侣小心热乎地堆着雪人，老人们三五一起谈笑风生。找好了合适的地方后，夏晓冰和小伙伴们开始工作了。"快来瞧快来看啊，我们的相机做活动，免费试用了……"在夏晓冰吆喝的同时其他人去其他地方宣传，一大群人围住了他们，因为这场雪，很多人都想留住这美丽的瞬间，其中不少青年，也不乏中老年人，在介绍产品之后他们也和客户一起拍照留念。

"晓冰，你看那边一对情侣正在拍照，女生似乎在埋怨男生拍得不好看。"王者指向池塘边柳树下的一对男女。

夏晓冰迅速从包里拿出一款炫橙品牌微型智能相机走向那对情侣。

"嗨！哥们儿，我是炫橙相机公司特聘在这里做相机的体验推广活动，刚才看您家那位似乎对您的拍照技术不是太满意，要不您试试我这款相机？"

"哎，别提了，我这整天上班，对于拍照这些东西完全不懂，这不好不容易有机会带女朋友出来玩玩，结果因为我拍不好照片闹得挺不高兴的。你这相机怎么样，我试试！"

"完全智能化操作，只要您能把镜头对准女朋友就行！"夏晓冰一边说一边把相机送到那位男生手中。

"哎呀，这还真是不错啊，清晰度就不说了，女朋友经常用美图秀秀做背景虚化，这直接就能拍出来，还这么自然！太好了！"

"那是当然,我们这款相机非常适合你们这种上班族休闲时拍摄,携带方便,外观时尚,最重要的是操作十分简单!"

"感觉是不错,你们这款相机在哪里有卖?"

就这样,夏晓冰卖出了第一部相机。

夏晓冰走向池塘边正在拍摄飞鸟的老爷爷,问道:"大爷,您这是在拍鸟呢?"

"嗯,退休了,整天清闲,得给自己找个乐子。"大爷盯着镜头专注地拍摄并没有回头。

"摄影确实是个不错的爱好,能够陶冶情操,能让我看看您拍的照片吗?"

"这个嘛……拍的并不好,我刚开始学习,虽然感觉自己方法并没错,但是效果总是不满意。"

"拍鸟确实有点难度,飞鸟不同于静物,而且一般飞行速度较快,精彩的画面稍纵即逝,再加上距离较远,这对相机的要求就比较高了。是不是您的相机该升级了呢?"

"小伙子,我也是这感觉,看样子你还挺懂的,你知不知道什么相机合适?"

"嘿嘿,大爷您还真是问对人了,不瞒您说,我是炫橙相机公司派来做推广活动的,我们这有一款相机肯定能满足您的要求!"

"还挺巧啊,把你们的相机拿来看看吧。"大爷似乎有点怀疑地看着夏晓冰。

"好嘞,我们这款专业级相机很适合拍摄运动题材的照片,300毫米的长焦距能把池塘对岸鸟儿身上的绒毛拍得清清楚楚,自动追踪对焦技术让您再也不会因为鸟儿飞翔过快而不能准确对焦,再加上这款相机拥有较强的色彩还原能力,让您拍出来的鸟儿活灵活现,栩栩如生!"

"我刚才试了一下,还真是比我那老相机好多了,要不你来给我拍张试试?"大爷对夏晓冰的相机有了兴趣。

夏晓冰略微思考了一下,拿起相机,架上三脚架,迅速调整相机参数后对准一只准备捕鱼的飞鸟,眉宇之间透露着专注又有几分严肃的神情,静静等待时机来临。

咔嚓!咔嚓!两声轻快的快门声响起后,夏晓冰取下相机转身递给大爷。大爷接过相机,看着照片,先是瞪大眼睛扬起眉毛,然后又皱起眉头思索了一会儿……

"这是你拍的吗?真是难以想象可以拍这么好!那只鸟飞去水中溅起的水

花充满了动感,真是完美再现了飞鸟捕鱼的场景!"

"过奖啦,主要是这款相机性能太好,没有它肯定拍不好。"

"我那相机是该淘汰了,你们的店在哪里,我现在就去!"

匆匆一天就这么结束了,夏晓冰和朋友们一起收起东西准备回学校,当汽车缓缓开动,夏晓冰透过沾满雾气的玻璃看着窗外模糊的世界,在黄昏的笼罩下,积满雪的公路仿佛有一种说不出的萧瑟,即便是不少商店灯火通明,霓虹灯更是在白色的世界里显得格外艳丽,但是依然无法掩饰那由内而外的凄凉,这份凄凉来自夏晓冰,看着这美丽的世界,可爱的人儿相互打闹,相互嬉戏,相互拥抱,更让夏晓冰感到孤独。

如果说欢笑过后是失落,那么我们宁愿用失落来换取这短暂的欢笑。如果说爆发过后是沉默,那么我们宁愿用这爆发来反抗平静的生活,如果说相聚过后是等待,我们宁愿用这等待来守候黎明的幸福,如果说幸福之后是孤独,我想我们宁愿品味这孤独以迎接随时可能到来的幸福。

夏晓冰的心情是复杂的,也许他也不知道是失落抑或是平静,孤独抑或是烦躁。只是他知道他前面的路就如同眼前的路一样崎岖难行,未来的世界如同眼前的世界一样冰天雪地,寒风呼啸,但是不管如何,正如现在一样,终究是要一个人走下去,过程注定是孤独的,没有人可以替代,不过还好路边的风景不错,让我们疲惫的身心得以放松。正是这样,我们才能在不断的孤独和煎熬中慢慢地认识自我、找到自我、欣赏自我。这正是我们的成长,我们的青春!

自创小说 2 号：年少不知愁　章节 10：迈进社会

　　时光荏苒，愉快充实的大学时光即将结束，夏晓冰刚毕业没多久，就找到了与自己专业对口的工作，再加上销售部经理又很看好他，极大增强了夏晓冰的自信心，心里暗暗地想：以后自己终于可以养活自己，不再依靠父母了。夏晓冰对未来充满了憧憬。

　　刚开始参加工作，夏晓冰非常认真，因为要学习工作的新技能，积极向周围同事学习推销房地产的经验，主动查找资料以了解并学习关于房产的知识，例如，房地产的类型、房地产产业的主要内容、房地产的特性等。每天面对那么多的文件，夏晓冰也很不适应，晚上躺到床上，身心俱疲，但想到胖子和那些没找到工作的同学，自己已经很幸运了，至少自己每天都在进步，过得很充实，想到这里，也是幸福感爆棚。

　　转眼间，夏晓冰的实习期已接近尾声，三个月来，夏晓冰认真工作，任劳任怨，向公司展现了自己的工作能力，多次受到公司高层的表扬，同时抛开同事们对自己的成见，热情待人，渐渐地赢得了同事们的认可。眼看自己对工作越来越得心应手，与同事们也不再有隔阂，夏晓冰心里有着说不出的高兴。

　　这一天，夏晓冰像往常一样在办公桌前工作，这时，同事小张走到了他的桌前："晓冰，经理找你。"

　　"哦，什么事？"

　　"不清楚，不过我觉得应该是好事，你实习期马上就要结束了，应该是谈你转正的事吧。等着请客吧，夏晓冰同志。"小张开玩笑道。

　　"哈哈，一定一定，这都不是事儿。"

　　"快去吧。"

　　"好嘞。"

　　夏晓冰一路小跑，到了经理办公室门前，轻轻地敲了敲门。

　　"请进。"

　　"陈经理，您找我？"

　　"晓冰，来，先坐。"陈经理放下手中的文件，招呼夏晓冰坐下，又接了一杯水递给夏晓冰。

"晓冰啊，你的实习期就要结束了，公司马上就要根据你这段时间的表现对你进行评估了，这涉及你能否转正，告诉我，紧张吗？"

"不紧张。"

"为什么？"

"因为我相信，我能够胜任这份工作。"夏晓冰自信地说。

"这么自信？晓冰啊，其实从第一次面试你帮我捡起文件，我就觉得你这个小伙子不一般，这段时间你的表现也确实没让我失望，所以，在我眼中，你已经是盛德公司一名正式的员工了。"

"谢谢经理！"夏晓冰站起来冲陈经理鞠了一躬。

"不过在你转正之前，公司高层给你们这批员工设置了最后一项考验。"

"什么考验？"夏晓冰问。

"你应该也知道了，昨天盛德公司的一处新楼盘开盘了，公司需要一批销售人员去对顾客进行营销，明天开始，你们就要去那里开始销售了，这也是公司对你们业务能力的最后一项考察。晓冰，虽然你这段时间的表现已经赢得了公司高层的认可，但千万不要骄傲，也要认真对待这最后一项考验啊。"

"经理放心，我一定会全力以赴的。"

"对了，给你提个醒，前几天分公司那边给我推荐了一个人，叫谢文山，也是你们这一批的，听分公司那边说，这个小伙子也是学市场营销的，实习期间表现很出色，公司高管很看好他，他也会参加这次的楼盘销售，所以，他估计会是你最大的竞争对手，虽然这次的楼盘销售对你们能否转正已经影响不大了，但对你们两个在公司日后的发展还是很有影响的。"

听了陈经理这番话，夏晓冰已不像刚才那样轻松，心中感到了一股隐隐的压力，一向争强好胜的他已经把这次的销售考察当成了一次较量。

"晓冰，我看好你，不要有压力，努力去做就好了"，经理似乎看出了夏晓冰的心思，安慰道。

"谢谢经理，我不会让您失望的"，夏晓冰坚定地说。

第二天一早，夏晓冰就和几位同事乘坐公司的专车来到了新楼盘的售楼大厅，安顿好之后，所有销售人员在大厅里集合，到了大厅里，夏晓冰发现，除了他们一行几位同事外，还有分公司那边推荐过来的几个实习人员，在他们中间，夏晓冰发现了一个身材挺直、阳光帅气的小伙子，正面带微笑地与人交谈，虽看起来十分谦逊，但眉宇间却透露出一股非凡的自信，夏晓冰偷偷地瞅了一眼那人整洁西装前的工牌，上面写着看起来有点刺眼的三个字——谢文山。

一位公司高管简单训话之后，大家开始各忙各的，在夏晓冰研究新楼盘的资料时，后背被人轻轻地拍了一下，夏晓冰一回头，发现那人正是谢文山。

"你好啊，我叫谢文山。"谢文山伸出手来。

心中的竞争对手突然过来问好，夏晓冰有点慌乱，赶紧站起来和他握手。

"哦，你好，我是夏……"

"我知道你是谁。"谢文山突然用高八度的语调打断夏晓冰："我已经听我的领导们说了。夏晓冰，天启大学市场营销系的优等生，实习期间表现出色，创意与能力并存，很被公司高层看好，你是我这次销售中最大的竞争对手，而且我有预感，你也会是我日后在盛德发展的最大对手。"

"那我深感荣幸。"夏晓冰表情凝重。

"不过那都是将来的事了。不管怎么说，这次有幸一起共事，还望不吝赐教。"

"彼此彼此。"夏晓冰坚定地说。

谢文山走后，夏晓冰心想：都说职场如战场，现在看来，果真如此，没想到看起来谦逊近人的谢文山会这么盛气凌人，既然人家都来下战书了，那这次的销售对决，就要好好招呼他了。

如是想着，夏晓冰继续低头研究新楼盘的资料，心想："要做好楼盘的销售，必须透彻了解所销售房子的各个户型。这样在客人问起的时候快速反应，才能给人留下专业可信的印象。"

"别那么紧张嘛，他又不会吃了你，经理都说了对你的转正影响不大。"徐明拍拍夏晓冰的肩膀。徐明是夏晓冰在公司比较熟识的朋友，是与夏晓冰同期进入公司的，参加了他第一次聚餐。

"人家都给我下战书了，我不能不接呢，必须要好好准备。"夏晓冰严肃地说。

"好吧，负责销售的经理说今天带大家参观一下楼盘以及学习一下楼盘的相关资料，明天才开始销售。我们去新房周围转转，了解一下情况吧。"

"嗯，好啊。这样明天可以更好地向客人介绍了。"夏晓冰皱紧的眉头缓和了下来。

"好认真啊。"徐明打趣地说着。

夏晓冰朝不远处的王东和杨洋打了声招呼："小东、杨洋！来来来，咱们商量一下战术！"王东和杨洋也都是刚刚毕业的大学生，三个月的时间足够让三个年轻小伙子打成一片了。由于夏晓冰在公司一直表现比较优秀，经常受到公司高层的表扬，为人也比较大方开朗，踏实能干。所以这两个对夏晓冰还是比较看好的。昨天公司售楼的通知发下来没多久，三个人就商量，临时组成一个小团队。

夏晓冰说："资料都研究得怎么样了，我昨天研究了一下盛德的楼盘，总12栋楼36个单元，18层。这次玩得有点大，总面积将近10000平方米。这还不带小区里面的车库、观景等！虽然这次我们不是销售的主力，但是我觉得这是一个机会，我们也不一定比那些老手们差啊。"

王东说："别想了，那些老油条，楼盘还没有开盘就已经卖出去不少了，昨天我向陈经理打听了一下，谢文山他们那一组3月的时候联系到了招商部的人，临近商业街的楼盘基本上卖得差不多了，咱们刚刚接手，现在手里一点资源都没有，拿什么和别人比啊？"

"那也不一定，12栋楼，一共588套房子，提前卖出去的也不多，今天邀请了不少的嘉宾和明星，客户一定不少，咱们要是把握好机会，一人卖出去三五套房子，5%的提成，可以大吃一顿了。"杨洋不同意王东的说法。

夏晓冰发表了自己的见解："资料咱们大概都了解的差不多了，现在咱们商量一下分工吧，咱们分在E区售楼处。杨胖子长得比较老实，一看就知道是个老实人，一会我叫帮手过来，你们拉到人的时候，注意一下！王东负责北门。你们随机应变。"

王东和杨洋脑门里同时出现一个大大的问号，比较好奇这个帮手是什么人？

三人迅速回到分配的位子，开始寻找目标，杨胖子看到门口来了一对中年夫妻，迅速迎了过去。揉了一下圆滚滚的脸，露出了一副忠厚老实的笑容："叔叔阿姨，早上好！这么早就来看房子啊？"

看着杨胖子已经进入了状态，夏晓冰也开始寻找目标，再次朝大厅扫了一眼，到门口时夏晓冰眼前突然一亮：嗯，身高90分，身材95，脸形90，气质90，综合评分93，发现美女一位，伊莲娜时尚套装，没有戴戒指，应该没有结婚，蓝色马丁靴。手链看不出来，水晶锁骨链这个值不了多少钱，羊脂玉耳钉，成色还不错，这个倒是值不少钱，全身5000元左右装扮，属于中高等收入人群，目标锁定，进攻。

夏晓冰暗自里又鄙视了自己一把，然后微微一笑，露出八颗洁白的牙齿，迎了过去:"早上好!美丽的女士,请问有什么需要帮助的吗?"

看着这个阳光的大男孩,杨紫曦忧郁的心情似乎顿时好了不少,离家那么久,真想拥有一个属于自家的家啊。不由得自嘲地笑了笑,说道:"你好,先生,我是来看房子的,能给我介绍一下吗?"

夏晓冰一听有戏,顿时来了精神,开始滔滔不绝地讲了起来:"美女您想要多大的房子,是一个人住吗?"

杨紫曦说:"嗯,暂时就我一个人,想要个88平方米左右的,阳光充足一点。"

夏晓冰说:"好嘞,来,我们这边走。"说着就把杨紫曦领到了大厅中间巨大的模拟楼盘旁边,顺便递给了杨紫曦一张选房的海报。"杨小姐,您看我们这里90平方米左右的房子,我建议您选3栋,高层的话阳光更充足。我们这里出了小区有三个公交站点,基本上能覆盖全城2/3的地点,交通十分便利。对了请问杨小姐您是在哪里上班啊!"

"我啊,我现在在凤凰茶城开了一家小茶馆,离这里不远。"

"没想到我今天遇到了一位女老板,凤凰茶城从这里坐33路公交差不多15分钟就能到了,上班可是非常方便啊!您看3栋1单元16楼这个89平方米的房子怎么样,两室一厅一厨一卫,还有个小书房,正适合您这样商业精英啊!"

"你们这里的电梯是怎么设计的,上班高峰期电梯够用吗?"

"杨小姐,这个您放心,公司这么大的楼房都盖了起来,小小的电梯怎么会搞不好呢?公司特地采用每栋楼两个电梯,6平方米的超大电梯,无论是安全性还是舒适性都非常有保证。而且住在高层,阳光充足,空气质量高,通风条件好。晾个衣服什么的干得特别快!"

"能带我看看房子吗?"

"固所愿也,不敢请耳!"

"你这人挺有意思的,我叫杨紫曦,很高兴认识您,你叫什么名字呢?"

"我叫夏晓冰,很高兴认识你!来,这边请,我们这边有专门负责带人看房子的销售人员。"好吧这就算认识了,和客户拉好关系是销售成功的第一步,夏晓冰看了一下王东正好没有事情,就把他叫了过来:"小东过来这边,带着杨小姐去看一下3栋2单元。"

夏晓冰看到陈经理往这边走了,忙过去打了声招呼。

"晓冰,感觉怎么样?"

夏晓冰说感觉还可以，就把刚才向杨紫曦销售楼房的过程说了一下。

陈经理听到后满意地点了点头说："你做得不错，不过我希望你能更进一步，不仅能看到客户的外表，还能看到一些内在的东西。"说着陈经理指了指不远处的一个客户："你看到那位男士了吗？他虽然一身阿玛尼，但是你仔细看，他的鞋子上有一层淡淡的灰尘，早上步行过一段路程的样子，也就是说，这位男士暂时还没有买车。一个人的衣着与自己的收入是有关联的，一般情况下他全身上下2000元左右的花费，那么他的收入大概就是6000元，在这个年龄段已经是不菲的收入了，27、28岁正是结婚的年龄啊！你看中指带着戒指，说明他还没有结婚，但已在婚恋中，这应该是来买婚房的，而且又是一个人来买房子，说明这是一个非常有主见的男人。而且家里应该没有给他太多帮助。"

夏晓冰接了一句："我看他一直皱眉，是不太满意吗？"

"那不一定，面由心生，喜欢皱眉的人性格比较稳重，喜欢尽善尽美，同时这种人也最难对付……"

自创小说2号：年少不知愁　章节11：竞争or合作

听着陈经理的话，夏晓冰心里也大概有了底儿。正欲上前，就看到不远处，谢文山和一个销售人员走了过去。该来的总是要来，既然他都下战书了，也该正面碰一次了。夏晓冰也就走了过去。谢文山看到夏晓冰也走了过来，相视点头一笑，算是打了招呼。

谢文山本来不在这区，一个处得挺好的同事郝明，说是碰到一个棘手的客户，推荐了几套房一直不满意，诸多挑剔，非让他来看看不可。一路上对基本情况也了解了个大概。刚跟客户聊上，就看到夏晓冰也过来了，大家本就是竞争对手，总不能让他给看了笑话，一时涌起了满满的斗志。

虽说是俩人过招，也不至于失了风度，非要跟谢文山去抢客户。夏晓冰也就挑了个合适的位置旁观，谢文山如若真能搞定了这个"尽善尽美"，他也就当学习了。如若不能……谢文山一脸笑意："梁先生，可是要选婚房啊？"

梁文昭是打算来选婚房，可是刚一进来，就被几个销售人员围着介绍什么单身公寓，自是有些心烦。他是一个人来买房，多少让人有些误会。看着这个小伙子，没想到他能看出自己是来买婚房的，紧蹙的眉头也就放下了。谢文山看着对面客户眉心舒展，知道自己的判断对了。"那要提前恭喜梁先生了。"梁文昭看着眼前的小伙子，想起几年前刚大学毕业，农村出身，全无背景、努力打拼的自己。"谢谢啦，我需要个大概110平方米左右的，三室一厅，一厨一卫。有合适的房子吗？"

谢文山看客户主动提要求，看来对自己还是比较认同的。心中也是一喜，这单自己是十拿九稳了。夏晓冰听着两人的对话，想着，三室一厅，三室，三室……原来是这样啊。就看谢文山能不能想到了。

"那梁先生看一下我们5栋6单元15楼的房子吧，不但符合您的要求，而且无论采光、观景也都是上选，您看可以吗？"

"15楼啊，还有没有其他楼层的房子？我觉得15楼太高。"

谢文山马上反应过来，想到他担心电梯、通水等问题："梁先生，请放心，电梯直达，也不会存在供水问题。"

"最好是4、5、6楼的房子，采光要是能好些，就再好不过了。"

听到这里，谢文山心里咯噔一下，我也说中了是婚房，怎么就不满意了呢？

"您要是不满意15楼，那5楼怎么样？也有符合您要求的房子。"

"5楼不行，采光太差。"

其实说到5楼的房子，谢文山明知会被拒。可是自己负责的几栋楼里，确实也就只有15楼是符合要求的。4、5、6楼的房子，也就只有5楼有三室一厅了，可是有卧室在背阴面，采光情况确实不是太好。郝明已经跟他说过了，客户一听采光差，5楼可是已经全部被否了的。

看到不远处的夏晓冰，面色也是眉头紧锁，也不知他是何想法。罢了，既然他看了笑话，就且让他也来试试吧，如若谈下，也是一单生意，总归是为公司出力，自己也全当学习了。"晓冰，这位客户的要求你也听到了，你负责的几栋里可有合适的？"

夏晓冰本想上前帮忙，听客户提到三室，就想到应该是新婚夫妇一间，为孩子留一间，另一间肯定是为老人留的了。大客厅，采光好，肯定是为老人考虑。只是谢文山没想到，他也挺意外的，考虑到他出生在城市，也就没什么可不能理解的了。只是寻不到契机上前提醒。虽说俩人刚开始确实有较量一番的意味，但是在一个公司，毕竟是同事，贸然上前，必然让谢文山失了面子，自己在旁围观，虽说有学习的心，到底还是看了他的笑话，也是左右为难。听到谢文山叫他，悬着的心也就放下了，长舒一口气，向两人走去。

"梁先生，您好。我是销售员夏晓冰。"夏晓冰笑着看向梁文昭，伸出右手。

"你好。你有什么合适的房子介绍吗？"梁文昭也是礼节性一握。

"我还是希望您考虑下我同事刚才提到的5楼，虽说采光差点，但是适合老人上下楼。"梁文昭大学毕业后，在城市打拼，一直的愿望就是能在结婚后，接乡下的父母同住。梁晓冰提到老人，也让他心头一暖。

"我母亲身体不太好，想着买套采光好点的房子，让老人晒晒太阳，住的舒服点。5楼采光不太好呀。"

"肯定是我同事刚才没跟您介绍清楚，5楼采光是差点，但只是一个卧室在背阴面，而且5楼的房子客厅挺大，也方便老人活动，而且附有阳台，正对楼下小区公园，老人家想下楼活动也方便。"

谢文山听到这才知道自己原来忽略了老人这一项，其实这也不能怨他粗心，他是本市人，家里早就给他备好了婚房，自己爸妈的房子是上下层，自是没考虑过以后是不是要同住的问题。心里更是多了几分对夏晓冰的欣赏。

"那行，我先去看看你说的这套房。"听到这，夏晓冰拍了拍身边的谢文山。

谢文山也是一愣，没想到夏晓冰会把这单让给自己，忙把郝明叫来，带着客户去看房。

"你是怎么想到他要接老人同住的？"谢文山此刻按捺不住发问了。

"他不是要求三室一厅吗？肯定有一间是留给老人的。"夏晓冰也不好意思地笑了。

"唉，我也听到了，就没往深处想，就想着新婚夫妻，高楼层采光、观景好。这次算我输了，以后你可要当心啦。"

"这个当然。"跟谢文山也是越聊越投机。夏晓冰心里也希望几年以后的自己能像梁先生一样，在这座城市里，有自己的家，家里有父母……

夏晓冰看见远处拼命往这边挥手的徐洁，也不知出了什么事。谢文山本是背对着徐洁的，看到夏晓冰往自己身后看去，也就转过身去，嘴角含笑，打趣道："佳人来寻，我也就不拖着你了，去吧。"

"你多想了，那有空再聊。"听着谢文山的打趣，夏晓冰也不是全无感觉的，只是这感觉微妙无可循，也就不甚在意了，往徐洁的方向走去。

看到徐洁慌张的样子，夏晓冰不禁好奇起来，一直都很沉稳的徐洁究竟遇到了什么事，心里想着，加快了脚步。

"刚刚我和胖子去了你向杨小姐介绍的3栋2单元，我们过去的时候王东正带杨小姐参观房子，我们便按照你说的看房子。我们从杨小姐和王东的对话中，感觉到2单元那套房子并不是杨小姐所爱！"

"哦？怎么讲？"夏晓冰一头雾水，自己明明是按照客户的要求推荐的啊，怎么就不符合要求了呢？徐洁接着说，王东给杨小姐介绍了房子的采光、便利性，这些杨小姐都很满意，但是她觉得户型过于古板，她不是很满意。

听徐洁这么一说，夏晓冰恍然大悟，看到杨小姐时尚的装扮和她的职业，而且是单身，就大致能判断出她应该是追求时尚自由的人。想到刚刚还能对客户的三室一厅做出及时准确的判断，不禁扶额，真是常在河边走哪有不湿鞋啊，还是需要锻炼啊！

"晓冰，我给胖子打电话，问问他那边进展如何了。"徐洁说着便拿出了手机。电话还没拨出去，王东已经带着杨小姐过来了："杨小姐，房子怎么样？"已经知道情况的夏晓冰象征性地问。

"房子的采光和面积都很好，这里的位置也很不错，距离我的茶楼很近，但是户型我不是很满意。"杨小姐说道。

"户型您哪里不满意呢？"夏晓冰问道。

"我比较中意开放式的户型，我是单身，不需要太多的房间，房子宽敞些，感觉更舒畅敞亮。"

有了徐洁和胖子的帮助，早就获悉情况的夏晓冰胸有成竹地说："我们这有 Loft 户型，这种户型很符合您的要求，房间灵活开放，很适合像您这种时尚、求新求异的单身人士。"看着杨小姐眼里透出的光，夏晓冰继续说道："这种户型装修后，空间上很有层次感，更具创意。而且，它的使用率很高，不同于复式，出售时只按一层的面积来算，简直就是单身时尚女性的最佳选择！"

听了夏晓冰的介绍，杨小姐是真的动心了："那带我去看看吧！"

"小东，带杨小姐去看看 Loft 户型。"夏晓冰说道。

看着王东带着杨小姐逐渐远去的身影，夏晓冰松了一口气，刚刚还帮着谢文山拿下了一个客户，这差点就让一个单子溜走了，看来自己还得练啊！也许是看出了夏晓冰的小心思，徐洁和胖子在一旁偷笑，夏晓冰看到了并嫌弃地白了他们一眼。

再掉转到另一个镜头：杨洋，那个一副忠厚老实模样的杨胖子，凭借着憨厚的面相，缩小了与消费者——中年夫妇的距离，因为年龄大的老人，都会对这类老实有礼貌的年轻人有着天然的信任。杨洋目测了下中年夫妇的年龄，大致在 50 岁左右，杨洋对这对中年夫妇微笑地说："您想要什么户型的？多大的面积？请把您的要求说一下，针对您的要求，我会尽量满足您的，为您介绍适合的房子。"

杨洋一本正经地说，其行为、举止淋漓尽致地展现出一个销售人员的职业素养。于是，那位先生说："我们已经退休了，辛苦半辈子，希望能在接下来的生活中，过得舒适和安心。"说完，这位先生和夫人微笑地看着杨洋，温和的眼光映在杨洋明亮的眼眸中，仿佛等着他接下来的介绍。

杨洋快速转动了一下眼球，微笑着对中年妇女说道："您可比我妈年轻多了，一点都不像是退休的年龄啊。"妇女笑了笑没有说话，杨洋脑海里想着言多必失，在不了解客户需求的情况下多听客户说。

中年妇女说道："楼层还是不要太高，这房子是我们用来养老的，就我们夫妇俩住，这样你先给我们介绍几套吧。"

杨洋立刻会意道："根据您的要求，我们有一款比较适合您的户型，大约在 3 层左右，上下楼比较方便，两室一厅，面积大约是 80 平方米，正好适合

两人居住,但是不足的就是由于楼层较低,采光效果不是很好",杨洋实实在在地对中年夫妇说。

中年夫妇中的那位女士脸上没有表现出明显的表情,只是没有说话,仿佛是思考刚才的一番话,一会慢慢地抬头对杨洋说:"我觉得房子的面积有点小,虽然大部分时间是我们两人居住,但是我们的孩子们会时不时地回来看我们,有时候还会在一起组织个家庭聚会,如果房子太小,会感到拥挤。对于采光,我们的要求并不高,只要不是太次就好,如果可以的话,我们能接受5层左右的房子。"

这时候,杨洋才意识到,自己把"两人"的概念看得太死了,没有从顾客的信息中扩展出新的信息。而且像这样的中年夫妇,都会有自己的孩子,即使孩子经济独立了,也会时不时地回家看看,即使孩子很少回家,但是父母永远会为子女留一片空间。另外,他们正是经济最敦实的时候,钱看起来不是多大的问题,问题的关键就是舒适和安心以及子女住宿的问题,所以,这类消费人群追求的更是一种精神上的享受。杨洋心里默默地想着,一边思考着更加适合这对中年夫妻的户型和居住环境,另一边又在想着,这笔单子一定要拿下来,以后好有资本对夏晓冰和王东炫耀。想到这里,杨洋又对他们提出了建议,带着职业般的微笑对中年夫妇说道:"根据您的要求,我这刚好有一套非常适合您的房子,同样是两室一厅一卫的,面积大概在110平方米左右,这个房子最大的特色是有个特别大的客厅,刚好满足您的需求。"说到这,杨洋故意停了下,看下中年夫妇表情,果不其然,有了一丝期待,暗中松了一口气,接着说道:"这个大客厅,完全可以满足组织家庭聚会之类的需求,而且您以后也会儿孙满堂的,这样大的客厅更适合小孩子嬉戏玩乐,而且这个户型是坐北朝南的,南北通透,就是楼层稍微有点高,在7层,但是采光效果比之前的好多了。就看您能不能接受了?"妇女点了下头,赞同地对杨洋说道:"听起来这个房子还是挺不错的,那这房子周边的基础设施呢?如附近的超市、娱乐场所之类的?"果不其然,看得出来中年夫妇对这套房产生了兴趣,心中默默给自己点了个赞,看来策略是正确的,在这样的年龄段更注重舒适和安心,以后再遇到这样的客户,可别说错话了。杨洋自信地说道:"此楼下面就有个公交车站牌,交通非常方便,500米有个小超市,完全可以满足生活所需,而且公交3站有个大型超市,同时这个社区有一个休闲娱乐的广场,您可以在休息之余锻炼身体或者同朋友聊天,总体来说,基础设施是比较齐全的。"

中年妇女带着一丝不相信的眼神说道："你说的这房子我还是比较满意的，就是会不会像你说得这么好呢？"

杨洋也有些不好意思地解释道："我也是实在地跟您说，刚才一直说的是好的一面，也不能光说好的一面吧，像这样的房子，同样的也比之前的贵上一点，这样吧，咱们眼见为实，相信您看了房子会有自己的判断。"

妇女说道："还真想去看看，这房子到底怎么样，还是得看了才知道啊。"

杨洋在前面领着路，说道："那是，什么东西也得眼见为实啊。我这就带您去看看，就在不远处的5栋3单元。"边走边给中年夫妇介绍着……

自创小说 2 号：年少不知愁　章节 12：大结局

　　夏晓冰打电话问了杨胖子的情况，现在都是朝着有利的方向发展，眼看临时小组马上就要开出今天第一单，心中不无得意啊！

　　"两位下午好，请这边坐，有什么需要我帮助的吗？"夏晓冰端来两杯热水放在二人面前，两个人礼貌性地露出了浅浅的笑容。"谢谢，是这样的，我们来看看房子，有没有户型小一点的、交通方便一些的。"那位男士先开了口。通过短暂的观察，夏晓冰推断两个人应该是新婚燕尔，无名指上的对戒闪闪发光，两个人看上去十分恩爱，男士一身西装革履，皮鞋虽是七八成新，但是被擦拭得很干净。而那位女士虽穿着比较时尚靓丽，但并不是什么名牌。"您可以看看我们的新户型，都是小户型，面积大概在 90~100 平方米，大多都是两室一厅，比较适合两个人居住，很温馨，二位可以看看我们的户型图纸，请问二位有孩子吗？""暂时还没有。"女士低着头，温婉地笑了，男士轻轻地握了握她的手。夏晓冰接着说道："以后有了孩子，也是非常方便的，我们住宅小区里面就有幼儿园，还有一些健身器材，方便小孩子玩耍。如果以后有老人一起居住的话，小区里面还有老年活动室，老年人一起聊聊天，可以打发打发时间。""我们再随便看看，麻烦你了。"两个人起身准备离开。

　　远处的谢文山看到了这一幕，原本打算离开的他不由自主地走向了夏晓冰，"晓冰，累了吧？不妨出去走走？"

　　一出门，夏晓冰就被一阵冷风吹得清醒了不少，刚刚下完雨，虽然寒风凛凛，让人瑟瑟发抖，但是空气倒是洁净了不少，深吸了一口气，夏晓冰觉得仿佛心中所有的烦恼和不快都被这场冬雨带走了。"你知道社会阶级与消费者的购买行为之间的联系是怎样的吗？"谢文山开口打破了静寂。夏晓冰想了想，说道："具有不同社会地位的人消费方式和需求也是不同的，他们的价值观和行为模式也是截然不同的。""你说的没错，所以，我们要依据社会阶层来制定营销策略，将社会地位变量与产品消费相联系，确定目标市场，发展产品定位，进行营销组合决策。其中，中产阶级是房子的主要购买者，他们一般 30~40 岁，有稳定的收入，有一定的存款，上有老，下有小，他们更倾向于温馨舒适又经济实惠的住宅，附近有学校、医院、商圈等设施的环境更适合他们。此外，交通的便利性对他们来说也非常重要。"谢文山顿了顿，看着夏晓冰若有所思，说："而上等阶级的消费者一般是独立购物，喜欢休闲，他们会展现出一股由内而外的自信。"夏晓冰看着谢文山会心一笑："谢谢你，文山，我知道了！"

　　下班回去的路上，夏晓冰看着公交车窗外，思绪依然停留在谢文山以及他说的话上。经过这些天的共事，夏晓冰知道谢文山对自己真的是一个实力派的竞争对手，而且魅力非凡。自己也很喜欢这个有能力又胸怀坦荡的人。突然，夏晓冰觉得这种情况与大学很像，好像谢文山就是大学里那个事事对自己很照顾的徐洁，每次在自己遇到困难时都会挺身而出。以及那个从懵懂时期直到现在都挥之不去的身影，韩雨馨。

　　第二天，夏晓冰带着饱满的精神早早地上班了。这天来看房的人明显比平时多了不少，夏晓冰忙个不停，不停地给顾客介绍房子，带他们看房子。一天忙碌下来，但是他一点也不觉得累。这要放在以往，这么火爆的场面，他早就口干舌燥，喝水喝个不停。快到下班时，经理把大家叫到了一块，简单地说了一下今天的业绩，他还说像今天这种火爆的场面还会持续一段时间，让大家做好准备。经理让大家回家早点休息。今天的看房人数和成交量双双创了纪录，夏晓冰他们个个兴高采烈，干劲十足，不是经理叫他们，他们都忘了下班了。

　　夏晓冰下班后就径直回家了，他想到今天自己一个人就卖出了10套房，其中有两个顾客一买就两套两套的买，更让他意外的是，今天成交特别顺利，大多数顾客看房时并没有斤斤计较，买房特别干脆利索，签字的时候没有半点犹豫。夏晓冰百思不得其解，为什么今天如此火爆，为什么今天成交得如此顺利……

　　后来几天售楼厅依旧火爆不止，这几天让售楼厅的工作人员忙得连喝水的工夫都没有，人人恨不得有三头六臂。然而，夏晓冰越来越开心不起来。这几天，他一直没搞明白为什么这几天如此火爆。思来想去，他决定找谢文山聊聊。于是下班后，夏晓冰约了谢文山一起吃饭，准备好好向谢文山取取经。

　　二人一块儿来到了一家餐厅，酒过三巡，夏晓冰开口了："文山兄，房市如此火爆究竟是为何？你给我说道说道吧。"谢文山把手中的酒一饮而尽，说道："最近股市崩盘了，股指暴跌，股民损失惨重。"夏晓冰回答："不知道。"谢文山又说道："央行上周大幅度降息降准，你知道否？"夏晓冰还是那句话：

"不知道。"夏晓冰追问道:"股市崩盘和降息降准与房市又有什么关系?"

谢文山放下手中的筷子:"股市崩盘,股指暴跌使股市进入熊市,股民对股市的预期转为负面,股市没有了赚钱效应,人们就不会把钱投入股市或者减少对股市的投资,而央行降息降准导致钱存在银行里的利息收入减少,而且如果扣除通货膨胀造成的资金缩水,钱存在银行里甚至是贬值的,这又导致银行存款搬家。这样,从股市和银行流出的钱就会流向房市,因为房市目前既能给他们带来高收益又有足够的安全性,还有央行降息会导致贷款利率下降,人们贷款买房的压力就会减轻。在这种情况下,房市必然火爆。"夏晓冰听后似乎有所明白,继续问道:"这几天买房的人明显与之前不同,他们看房速度快,签字干脆,一点也不斤斤计较,这是为什么?"谢文山回答道:"这几天来买房的人大多是不差钱的新晋中产阶级和暴发户,他们中很大一部分是从事股票投资的老股民或职业股民、投资家以及炒房者,对这些人而言钱不是问题,他们都看到了股市崩盘、央行大幅降息降准、房市必火的趋势。对于他们来说,最重要的是房市未来的升值前景,只要房市未来有可观的升值前景,他们甚至会不惜借钱来买房。"夏晓冰恍然大悟:"听君一席话,胜读十年书。"谢文山回道:"哪里哪里,我也是从网上看来的,算是现学现卖吧。做我们这一行的,不仅要十分了解各个社会阶层的消费行为和心理,还要关注相关的国家政策和时事热点,要做好我们这一行,这是非常重要的。就拿这次央行降息降准来说,处于社会中下阶层的农民、工人、草根阶层等对此反应就不会那么敏感,他们买房大多用于自住,降息虽然会减轻他们的贷款压力,但是对他们来说,买房需要花费他们大笔资金,而降息降准只是毛毛雨,对于他们购房决策的影响是很小的。而中产阶级就不同了,钱对于大多数中产阶级来说并不是难事,他们中的一些人把房子当成一种资产进行投资或者炒作,降息降准降低了他们的资金成本,他们常常用自己的钱或借来的钱来投资或炒作房子以获得高额利润。所以同是买房,各社会阶层买房的动机和需求是不同的。"夏晓冰听完直点头,顿感自己对消费者行为,尤其是各社会阶层的消费行为和心理了解还不够全面和深入,夏晓冰在心里做了个决定,回家后一定要把《消费者行为学》这本书研究透了,尤其是一定要好好看看介绍各社会阶层的消费行为与心理的内容。

临近过年,日子总是过得格外快。夏晓冰穿梭于公司和家中,偶尔和损友胖子出来喝喝酒,日子就这样过着,夏晓冰对于工作越来越得心应手,已经能够准确把握各种人群的消费心理,业绩越来越好。似乎那个曾经的自己已经越来越远，不知道这是不是所谓的成熟，在这个最需要奋斗的年华里，爱着一个能给自己动力的人，但是却又那么疲倦。夏晓冰和韩雨馨依旧保持着短信联系，可是似乎两人之间的话题越来越少，说来说去的依旧是生活的琐碎，渐渐的一句短信次日打开手机依旧是昨天的样子……这份距离似乎成了不可逾越的鸿沟。徐洁和谢文山恋爱了，他们依旧那么甜蜜；胖子依旧那么能吃，活得依然那么没心没肺；王者自己创业了；林凡潮继续读研究生了。这世上有很多事是解释不通的，例如突然的失落，莫名其妙的孤独，没由来的没落以及突然离开的你，突然无言的我们。人们常说朋友一个足矣，那个能永远在你需要时第一个赶到的人，对于夏晓冰，胖子便是这样的存在。但是又有谁能说这不是最好的结局呢，因为青春是值得怀念的。

后 记

我于 2004 年 3 月到河南财经政法大学工商管理学院工作,在近十年的教学工作中,我担任了五门专业课和两门双语课的教学。我引导学生们成为学习和实践过程的设计者、组织者、参与者、引导者、创造者、评价者,学生不仅学会吸收和应用,而且学会质疑、归纳、演绎和创新。2004 年 12 月,我带领学生走向企业做市场调研,获得六个企业的赞助支持;2005 年 3 月,我邀请了《大河报》广告策划部的宣传理事给学生开展实践讲座;2005 年 10 月,我大胆地让不同专业学生上课,先后邀请了河南工学院计算机和工艺美术的学生教我的学生绘图、使用设计软件,学生们亲手设计出第一幅广告作品;2005 年 12 月,我组织策划河南财经政法大学第一届广告大赛;2008 年 11 月,我把河南佳源乳业公司请到学校来做赠饮活动,以便学生观察消费者;2014 年,我开展了《消费者行为学》(双语)微课和网上课堂;2015 年,我创新性地开展了消费者行为学营销主题的自创小说写作,并获得校长、院长、学生们、编辑老师和家庭的支持。

体验式实践教学的过程让学生们亲力亲为完成一个又一个完整的营销活动,而教学相长的过程让我感受到了学生强大的主体性和社会适应性。在摸索教学的过程中,我获得了同事的支持与帮助,我的学生们也展示了创造能力和专业水平,收获了意想不到的成果:2015 年,学生们参与拍摄、设计和制作的微课《消费者行为学》(双语)得到全国微课比赛河南赛区一等奖,学生们自创的两部《消费者行为学》小说也得到《财经政法大学校报》的发表和经济管理出版社的出版。

我热爱我的职业,我热爱我的学生。再次感谢你们!

郭 震(指导老师)